研发网络风险传播机理及控制策略

张延禄　著

科学出版社
北京

内 容 简 介

本书针对研发网络上容易发生风险传播这一现象，揭示研发网络的风险传播机理并对此提出相应的控制策略。主要内容包括：总结研发网络的概念、特征及形成动因，揭示研发网络的形成机理并构建形成模型，基于相继故障理论构建研发网络的风险传播模型，提出研发网络风险传播上的灰色攻击策略，基于组织-任务网络模型揭示研发项目工期风险的传播机理，构建了关联研发网络的风险级联传播模型，最后针对研发网络风险传播提出了相应的控制策略。

本书可作为管理科学与工程、管理系统工程、工程管理等相关专业的硕士生、博士生开展理论研究的参考用书。同时，本书也可为从事研发管理、创新管理的实践人员提供一定的决策指导。

图书在版编目（CIP）数据

研发网络风险传播机理及控制策略 / 张延禄著. —北京：科学出版社，2020.6

ISBN 978-7-03-062838-1

Ⅰ. ①研… Ⅱ. ①张… Ⅲ. ①技术开发-网络传播-研究 Ⅳ. ①F062.4 ②G206.2

中国版本图书馆 CIP 数据核字（2019）第 240477 号

责任编辑：魏如萍 / 责任校对：贾娜娜

责任印制：张 伟 / 封面设计：无极书装

科学出版社 出版

北京东黄城根北街 16 号

邮政编码：100717

http://www.sciencep.com

北京盛通商印快线网络科技有限公司 印刷

科学出版社发行 各地新华书店经销

*

2020 年 6 月第 一 版 开本：720 × 1000 B5

2020 年 6 月第一次印刷 印张：13 1/2

字数：272 000

定价：122.00 元

（如有印装质量问题，我社负责调换）

前　言

随着竞争环境的日益激烈、市场需求的快速多变、产品研发周期的不断缩短、研发技术的日益复杂及研发资源的稀缺有限，单个研发企业仅靠自身力量已无法满足快速发展的需要。于是，在世界经济呈现全球化、一体化、网络化和信息化的今天，不同企业之间通过结成研发网络来共同合作研发成为企业快速获取竞争力的必然趋势和有效途径。例如，参与 C919 大型客机研发项目的企业就达到 200 多家，这些参研企业通过建立合作关系而结成研发网络，从而保证了 C919 大型客机的顺利交付与成功首飞。研发网络作为一种新型的合作研发组织形式，一方面可以使研发企业之间的优势资源形成互补，缩短研发周期，从而快速提高企业自身的竞争力；另一方面可以打破时间与空间的限制，降低高额的交易成本与沟通成本，从而提高企业应对市场变化的能力。

然而，研发网络在极大提高企业创新效率和创新绩效的同时，由于外部环境的不确定性、自身网络结构的错综复杂及研发活动固有的不可预知性，经常不可避免地出现工期延误、预算超支、新产品未达到指标要求等各类风险事件。更为严重的是，成员企业之间具有错综复杂的合作研发关系，研发网络上的各种风险事件并不是孤立存在的，而是具有相互影响和相互触发的关系，从而导致少数成员企业发生风险后便会借助合作研发关系而影响与之相关联的其他合作企业，进而触发这些企业的各类潜在风险，这种连锁反应持续下去就形成了研发网络的风险传播现象。风险传播现象一旦发生，将很有可能导致整个研发网络出现瘫痪，从而导致研发活动无法正常进行甚至失败。在此背景下，如何深入揭示研发网络的风险传播过程及其内在机理、提前预防并有效控制研发网络风险传播现象的发生从而减少风险传播对研发网络脆弱性的影响，就成为目前迫切需要解决的问题。

事实上，对研发网络来说，这种由风险传播引发成员企业相继失效的连锁现象与复杂网络上发生的相继故障（cascading failures）现象具有高度的内在一致性。因此，相继故障理论可以很好地用来描述研发网络的风险传播现象。于是，本书综合借鉴风险理论、复杂网络与相继故障等理论，采用理论分析、数学建模与数值仿真相结合的方法来提出研发网络的风险传播模型，并运用数值仿真方法来揭示研发网络的风险传播机理及其对网络脆弱性的影响，并在此基础上提出针对研发网络风险传播的控制策略，以期为提高研发网络的鲁棒性、提高合作研发活动的成功率提供理论与现实依据。

目　　录

第1章　绪　　论

1.1　研究背景

面对复杂多变的产品需求、快速多变的市场需求、不断缩短的产品研发周期、日益复杂的研发技术及稀缺有限的研发资源等现状，单个研发企业（泛指从事研发活动的企业、研究所、高校等各类研发组织）仅仅依靠自身力量独自研发已经越来越不能满足快速发展的需要。不同研发企业通过结成研发网络来共同合作研发成为企业快速占领市场和提升核心竞争力的一种必然选择[1]。例如，参与 C919 大型客机研发任务的各类企业就达到 200 多家，这些参研企业通过建立合作关系而结成研发网络，从而保证了 C919 大型客机的顺利交付与成功首飞。在这种新型的合作研发模式下，不同企业通过采用共建实验室或技术中心、建立技术合作联盟、以重大研发项目或重大投资为依托进行技术合作等不同方式，形成多方合作的网状研发关系，即研发网络（research & development network，也称为 R&D 网络）。学者 Tödtling 将研发网络定义为研发企业间为了达到共同开发新产品或新技术、获得互补的研发资源、缩短研发时间及降低研发成本等战略目标，通过契约、合作协议或社会关系等正式或非正式关系而形成的能够自我学习的技术创新网络[2]。在这种新型的合作研发组织模式下，研发网络突破了地域和时间的限制，规避了高额的市场交易费用，避免了较高的组织管理成本，从而在很大程度上保证了企业自身获取互补性优势研发资源、降低研发技术的攻关难度、促进研发知识的交流与共享、缩短产品研发生命周期等战略目标的实现，是企业开展技术创新活动有效的组织形式[2-4]。例如，IBM（International Business Machines Corporation，国际商业机器公司）在 1985～2002 年先后与 227 个企业结成研发网络，并利用该网络实现了从硬件生产到全球性软件服务的战略转型[5]。

然而，由于研发活动本身具有的高度创新性、复杂性及不确定性等特点，研发网络成员企业在参与研发过程中经常会出现各类风险事件，比如，市场风险依然存在，经济风险与政治风险时有发生，合作伙伴违约等道德风险难以避免，研发工期拖延，研发预算超支时有发生，研发技术无法攻克等，给整个研发活动的有序运行提出了巨大挑战。此外，由于研发网络成员企业的数量众多及成员企业之间的合作研发关系错综复杂，成员企业所面临的这些不同风险事件并不是孤立存在的。具体来说，当研发网络中的少数几个成员企业因受到内外部不利因素的影响而发生风险事件后，这些风险事件可能就会通过成员企业之间形成的合作研发关系而触发合作企业的其他潜在风险，这些合作企业被触发的各类潜在风险会进一步继续触发其他合作企业的各类潜在风险，从而产生风险传播现象，并最终引发整个研发网络的崩溃，给整个研发活动造成不可挽回的重大损失[6,7]。例如，在由 100 多家参研企业组成的 ARJ21（advanced regional jet for 21st century，21 世纪新一代支线喷气式飞机）研发网络中，承担主飞行控制系统研发任务的霍尼韦尔国际公司就曾出现过试验任务工期延误风险事件，该风险事件此后经过一系列的连锁反应最终导致 ARJ21 客机的首飞日期整整推迟了六个多月，给整个研发活动造成了重大损失。鉴于此，本书将试图构建研发网络的风险传播模型以真实再现研发网络上发生的风险传播过程，并在此基础上提出相应的控制策略来预防与控制研发网络上风险传播现象的发生，从而为提高现实研发活动的成功率提供一定的参考与依据。

事实上，关于复杂网络（complex network）的脆弱性问题一直受到众多学者的关注。学者 Albert 等最早对这一问题进行了研究，他以因特网（Internet）和万维网（world wide web，WWW）子网为例，分析了随机攻击（随机去除网络中的一部分节点）和蓄意攻击（按节点度由大到小的顺序，去除网络中一部分度最高的节点）策略下这两种实际网络的脆弱性，研究发现无标度网络（scale-free network）面对随机攻击具有极高的鲁棒性，而面对蓄意攻击则具有高度的脆弱性[8]。后来，众多学者在此基础上采用不同的方法做了大量研究，取得了许多有价值的成果和结论，例如，学者 Carlson 和 Doyle 通过研究就发现，“鲁棒但又脆弱”是复杂网络最重要和最基本的特征之一[9,10]。通过总结发现，上述研究都是基于静态视角探讨了网络的连通性面对节点失效的脆弱性，即节点的移除仅存在于网络的拓扑意义上，并没有考虑到节点移除后对相邻节点可能产生的动态连锁过程[11,12]。

鉴于此，有些学者开始针对复杂网络上发生的一种动态级联过程——相继故障现象及其对网络脆弱性的影响进行深入研究。事实上，相继故障现象普遍发生在供电网[13]、交通网[14,15]、通信网[16]、社会经济网络[17,18]等复杂网络系统中，它是指网络中的节点都承载着有限负荷，一个或少数几个节点因负荷过重而失效，这些超载的负荷会通过节点之间的连接关系而造成其他节点因负荷过重而失效（这种失效可能是随机攻击产生的，也可能是蓄意攻击造成的），从而产生连锁反应，并最终导致相当一部分节点甚至整个网络的崩溃[6,19]。例如，在因特网中，对少数几个路由器进行病毒攻击会导致其过载，迫使数据包重新路由从而引起其他路由器过载。在供电网中，变电站、输电线、断电器等因负荷过载而发生故障常常引发大范围的停电事故。比如，2003 年俄亥俄州克利夫兰市的三条超高压输电线路因过载烧断而引发北美大停电，数千万人一时陷入黑暗，停电范围多达美国的八个州和加拿大的一个省，经济损失高达数百亿美元[20]。鉴于相继故障对现实网络的显著影响，部分学者先后提出了几种相继故障的动态模型，比如负荷-容量（load-capacity）模型、二值影响（binary influence）模型、沙堆（sandpile）模型、耦合映象格子（coupled map lattice，CML）模型、Cascade（级联）模型、OPA 模型①等，并取得了许多有价值的研究成果和结论。

对现实中的研发网络来说，每个成员企业在运营过程中均会面临着各种潜在风险带来的影响。某些潜在风险发生后对成员企业所造成的后果可视为企业所需承载的风险负荷，而不同企业所能承载的最大风险负荷可能各不相同。一旦风险负荷超过了企业所能承受的最大负荷时，该风险事件就会通过企业间的合作关系进行触发和扩散，进而触发其他成员企业的潜在风险从而导致其风险负荷超载而失效，并最终有可能导致整个研发网络的崩溃。可以看出，这种由风险传播引发企业失效的连锁反应与复杂网络上发生的相继故障行为具有高度的内在一致性。因此，相继故障理论可以很好地描述研发网络上的风险传播现象。于是，本书将综合借鉴风险理论、复杂网络与相继故障等理论，采用理论分析、数学建模与数值仿真相结合的方法来构建研发网络的风险传播模型，并运用数值仿真方法来揭示研发网络的风险传播机理及其对网络脆弱性的影响，并在此基础上提出针对研发网络风险传播的控制策略，以期为提高研发网络的鲁棒性、提高合作研发活动的成功率提供理论与现实依据。

1.2 研究意义

1.2.1 理论意义

目前，关于风险方面的研究主要集中在两个方面：一是使用定性方法进行风险识别，即找出潜伏在组织运营过程中的各类潜在风险事件及导致该风险事件发生的具体风险因素，从而有针对性地提出一些风险控制的对策建议；二是使用定量方法进行风险评价，即通过建立风险评价指标体系并借助不同的评价方法对组

① OPA 模型是由美国橡树岭国家实验室（Oak Ridge National Laboratory，ORNL）、威斯康星大学（University of Wisconsin）电子系统工程研究中心（Power Systems Engineering Research Center，PSERC）和阿拉斯加大学（University of Alaska）的多位研究人员共同提出的，因此取三个研究机构的首字母命名。

织面临的风险大小进行定量化测度。

本书发现，上述研究大多从孤立、静态的视角对识别出的各类风险因素及风险事件进行分析，忽略了风险本身可能具有的转移、触发、扩散等动态属性。特别是近些年来，随着信息技术的快速发展，不同组织之间进行合作逐渐成为可能而且变得越来越频繁，合作程度也越来越紧密。于是，风险在不同组织之间具有的扩散与传播特性逐渐引起理论学者及实践专家的重视，从而对传统的风险管理理论与方法提出了一定的挑战[21]。在这个背景下，本书借鉴复杂网络与相继故障理论，通过构建研发网络的风险传播模型来揭示研发网络的风险传播机理及其控制策略，从动态视角揭示研发网络的风险如何通过成员企业之间的合作关系而发生扩散与传播，这对进一步丰富现有的风险管理理论具有一定的理论意义。

1.2.2 现实意义

研发网络作为一个由众多成员企业组成的复杂网络系统，由于内外部各种不利因素的影响，成员企业在运营过程中各类潜在风险随时可能发生。因此，在风险管理实践工作中，如何全面有效地识别各类风险事件及其风险因素，分析不同风险的发生概率及可能导致的严重后果，进而编制实时的风险预警预防系统，建立有效的风险控制策略对研发企业的正常运营乃至整个研发网络的正常运行具有非常重要的现实意义。

然而，现实情况下研发网络的成员企业之间具有错综复杂的合作关系，很容易导致网络中的某一成员企业发生的风险事件通过企业间的合作关系而触发合作企业的潜在风险，从而导致这些企业因发生风险而无法从事正常的研发活动，最终有可能导致整个研发网络出现瘫痪。风险的这种动态触发与传播特征使得成员企业在风险管理实践中不仅需要关注自身的风险状态，还应该关注与之相关联的其他合作企业的风险状态，这无疑在一定程度上增加了风险管理实践工作的难度与挑战。本书拟通过构建研发网络的风险传播模型，试图揭示风险如何从少数几个成员企业传播到其他企业进而扩散至整个网络，这对研发企业全面识别各类风险、实时监控风险的演化状态、科学制定风险预警预防系统、构建有效的风险控制策略从而提高整个研发网络的抗风险能力具有重要的现实意义。

1.3 主要内容

本书旨在将风险理论、复杂网络与相继故障等理论结合起来，根据研发网络具有的自组织演化特征来生成研发网络，并引入具体研发网络实例来验证理论形成模型的合理性。接下来，借鉴复杂网络与相继故障理论构建研发网络的风险传播模型，并运用数值仿真方法来揭示风险传播规律及研发网络面对风险传播的脆弱性。在此基础上，提出针对风险传播的控制策略模型，并运用数值仿真方法来定量分析控制策略对预防与控制风险传播的有效性。本书的主要内容安排如下。

（1）研发网络的概念、特点及形成动因。首先，对研发活动进行定义，在此基础上总结研发活动的主要特点。其次，按照现行的国际标准，对研发活动进行分类。在此基础上，对研发网络的概念进行界定。再次，对研发网络具有的不同特点进行总结。最后，从外部动因与内部动因两方面，分析研发网络的形成动因。

（2）研发网络的形成模型构建及仿真。借鉴复杂适应系统（complex adaptive system，CAS）理论的思想，将研发网络的形成过程视为复杂适应系统的自组织演化过程。在此基础上，通过理论分析将研发网络的整个形成过程划分为不同的宏观阶段，进而分析不同宏观阶段下研发企业的微观决策机制，从而揭示研发网络的形成机理，据此构建研发网络的理论形成模型。接下来，运用数值仿真方法对研发网络的形成过程进行定量分析。然后将仿真生成的虚拟研发网络与现实的研发网络进行对比分析，从而验证研发网络形成模型的合理性与有效性。

（3）研发网络的风险传播模型构建及仿真。首先，基于风险来源视角识别研发网络每个成员企业面临的主要潜在风险事件类型，并在此基础上对上述各类风险事件进行评估。其次，基于相继故障理论的思想，从节点企业风险负荷定义、节点企业风险容量确定、节点企业之间的风险局域触发规则建立这三个方面，构建研发网络的风险传播模型。最后，运用数值仿真方法揭示模型不同参数影响下研发网络的风险传播规律及其对研发网络脆弱性的影响。

（4）研发网络风险传播上的灰色攻击策略。首先，现实情况中很难完全准确地获取研发网络的全局信息，对引发研发网络风险传播现象的灰色攻击策略进行描述。其次，基于信息论视角，引入正向偏差度和负向偏差度这两个参数来共同刻画灰色攻击信息的不准确度，从而提出基于灰色信息的攻击策略。最后，运用数值仿真方法来深入分析不同偏差程度的灰色攻击策略下研发网络上的风险传播规律及其对研发网络脆弱性的影响。

（5）基于组织-任务网络的研发项目工期风险传播机理。鉴于组织失效对研发项目工期风险具有的重要影响，本书将参研组织的级联失效作为研发项目工期风险的影响因素，建立基于组织网络级联失效的研发项目工期风险传播模型。首先，将研发项目包含的组织和任务这两个要素联系起来，建立研发项目的组织-任务网络模型。其次，分别采用 CML 模型与元胞自动机（cellular automaton，CA）模型来揭示研发组织网络的级联失效现象，进而提出研发组织网络级联失效对研发项目工期风险的影响模型，最后，运用数值仿真方法揭示基于组织网络级联失效的研发项目工期风险传播机理。

（6）关联研发网络的风险级联传播模型构建及仿真。针对研发网络规模的不断扩大及成员企业之间合作程度的日益加深，不同研发网络之间还存在着各种各样的关联关系，从而形成了相互关联的研发网络。首先，在提出单个研发网络形成模型的基础上，通过理论分析与实地调研识别出不同研发网络之间存在的主要关联关系，从而提出关联研发网络形成模型。其次，在单个研发网络风险传播模型的基础上，通过描述关联研发网络之间的风险级联传播过程而提出关联研发网络的风险级联传播模型。最后，运用数值仿真方法揭示关联研发网络上的风险级联传播过程及其规律。

（7）针对研发网络风险传播的控制策略模型构建及仿真。针对风险传播现象对研发网络造成的严重后果，首先，从风险传播发生之后如何修复失效企业入手，通过从失效节点企业的修复机制与失效节点企业的策略选择两方面，提出基于失效企业修复的研发网络风险控制策略模型，进而运用数值仿真方法验证该风险控制策略模型对控制研发网络风险传播的效率与效果。其次，从风险传播发生之前如何对部分节点企业进行免疫入手，提出基于节点免疫的研发项目工期风险控制策略模型，进而运用数值仿真方法验证基于节点免疫的工期风险控制策略的效率与效果。

（8）针对关联研发网络风险级联传播的控制策略。针对风险在关联研发网络上具有级联传播从而给整个关联研发网络造成的重大损失这一现象，本书对关联研发网络上的风险级联传播现象提出控制策略。首先，针对关联研发网络的风险级联传播现象，从风险级联传播发生之前如何提高未失效企业的风险容量和风险级联传播发生过程中如何修复已失效企业两方面，提出针对关联研发网络风险级联传播现象的控制策略模型。其次，运用数值仿真方法验证风险控制策略模型对控制关联研发网络风险级联传播的效率与效果。

（9）针对研发网络风险传播的对策机制。研发网络的风险传播现象不是瞬间爆发而是会经历酝酿期、爆发期、结束期等不同的阶段，因此针对风险传播发生前、风险传播发生时、风险传播发生后三个不同阶段的特点，有针对性地提出针对研发网络风险传播的对策机制，并据此提出具体的措施与建议。

第 2 章　研发网络的概念、特点及形成动因

2.1　研发网络的概念

2.1.1　研发活动的定义

随着竞争的日益加剧和科学技术的日新月异，研发活动已经成为企业持续获得竞争优势的重要途径之一。2018 年，美国国家科学基金会发布的《美国科学与工程指标》显示，全球范围内的研发支出总额总体上呈现出不断上升趋势，全球研发支出总额从 2000 年的 7220 亿美元增长至 2015 年的 1.9 万亿美元，增长超过一倍。截至 2015 年，美国仍然是世界第一大研发支出大国，约占全球研发支出总量的 25.9%。中国已成为世界第二大研发支出大国，其研发支出已超过欧盟的总和，约占全球总量的 21.3%[22]。

研发，即研究与开发（research and development，简称 R&D），是科学研究与技术开发活动的统称。它指的是各类研究机构、企业为了获得科学技术新知识，创造性地运用科学技术新知识或实质性地改进技术、产品和服务而持续进行的具有明确目标的系统性、创造性的活动。通常来讲，研发活动包含四个基本要素：创造性、新颖性、运用科学方法、产生新知识或创造新应用。其中，创造性和新颖性是研究与开发的决定因素，运用科学方法则是所有科学技术活动的基本特点，产生新知识或创造新应用是创造性的具体体现。

研发活动与非研发活动的区别主要是：首先，研发活动的目的是探索和完善知识或技术，或探索知识或技术的新应用（包括获得新知识、寻求新方法和技术或将它们投入新的应用），因而具有创造性和新颖性，常常导致新的发现或发明，但对预定目标的实现往往存在技术上的不确定性。而非研发活动只涉及技术的一般性应用或一些常规性活动，因而不具有创造性和新颖性。比如，为了治疗某种

疾病而研制一种新药，是创造性活动，具有明显的新颖性，因而属于研发活动。再如，对已培育出的某新玉米杂交品种在不同区域进行推广应用，既不增加新的知识也不创造新的应用，不具有新颖性，因而不是研发活动。其次，一项活动虽然本身不具有创造性和新颖性，但如果该活动是为整个研发而服务的，那么该活动也属于研发活动。如果该活动为其他目的服务，那么该活动就不是研发活动。比如，对脑功能失调患者进行定期的检查，属于一般性医疗保健服务，是标准检查，不属于研发活动。但是，在研制某种新药过程中，为分析和确定该新药的效果及其可能的副作用而进行的检查，虽然其技术性质与上述标准检查完全相同，但其也应该是研发活动。

2.1.2　研发活动的分类

按照现行的国际标准，研发活动可分为三类具体活动：基础研究、应用研究、试验开发。

1. 基础研究

基础研究是指为了获得关于现象和可观察的事实的基本原理的新知识（如揭示客观事物的本质、运动规律，获得新发现、新学说等）而进行的实验性或理论性研究。它不以任何专门或特定的应用或使用为目的，又可进一步分为纯基础研究和定向基础研究。纯基础研究是为了推进知识的发展，既不考虑长期的经济利益或社会效益，也不致力于把研究成果应用于解决实际问题或把研究成果转移到负责应用的部门。定向基础研究是期望能产生广泛的知识基础，从而为解决已经认识到的或预期未来会出现的问题并为利用当前已经认识到的或预期未来会出现的机会打下基础。综合来看，基础研究的特点主要包括以下几点。

（1）以认识现象、发现和开拓新的知识为目的，即通过实验分析或理论性研究对事物的特性、结构和各种关系进行分析，从而加深对客观事物的认识，解释现象的本质，揭示物质运动的规律，或者提出和验证各种设想、理论或定律。

（2）没有特定的应用或使用目的，或虽然有特定用途但并不确知达到应用目的的技术途径和方法。

（3）一般由科学家进行该活动。

（4）成果通常表现为一般的原则、理论或规律，并以论文的形式交流。

2. 应用研究

应用研究是指为了获得新知识而进行的创造性研究，主要针对某一特定的目的或目标。应用研究是为了确定基础研究可能的用途，或是为了达到预定的目标探索应采取的新方法或新途径。综合来看，应用研究的特点主要包括以下几点。

（1）具有特定的实际目的或应用目标，具体表现为：为了确定基础研究成果可能的用途，或是为了达到特定的目标，探索应采取的新方法或新途径。

（2）针对具体的领域、问题或情况，为解决实际问题提供科学依据，其成果一般只影响科学技术的有限范围。

（3）成果通常以科学论文、专著、原理性模型或发明专利为主。

3. 试验开发

试验开发是指利用从基础研究、应用研究和实际经验所获得的现有知识，为产生新的产品、材料和装置，建立新的工艺、系统和服务，以及对已产生和建立的上述各项做实质性的改进而进行的系统性工作。综合来看，试验开发的特点主要包括以下几点。

（1）运用基础研究、应用研究的知识或实际经验，它不增加科学技术知识，而是利用或综合已有知识创造新的应用。

（2）为了开辟与生产活动相关联的新的应用，具体就是提供新产品、新材料、新系统或新服务，或对已有的上述各项进行实质性的改进。

（3）成果主要是专利、专有技术、具有新产品基本特征的产品原型或具有新装置基本特征的原始样机等。

三类活动的区别包括：基础研究和应用研究统称为科学研究，属于探索性的、理论研究的范畴，开展这两类活动的目的主要是获得新的知识，但基础研究没有特定的应用或使用目的，应用研究获得知识的过程具有特定的、具体的应用目的或目标；基础研究与应用研究主要是产生和扩大科学技术知识，而试验开发则是为了开辟新的应用，如产生新材料或新技术。

2.1.3　研发网络的定义

面对竞争环境的日益激烈、市场需求的快速多变、产品研发周期的不断缩短、研发技术的日益复杂及研发资源的稀缺有限等现状，单个企业仅靠自身力量进行独立研发活动已无法满足快速发展的需要。进入 21 世纪，随着全球经济的一体化、网络化和信息化，不同企业通过结成研发网络来共同合作研发成为企业快速获取竞争优势的必然趋势和有效途径。研发网络作为一种新型的合作研发组织形式，一方面可以使企业之间的优势资源形成互补，缩短研发周期，从而快速提高企业自身的竞争力；另一方面可以打破时间与空间的限制，降低高额的交易成本与沟通成本，从而提高企业应对市场变化的能力。

研发网络指的是企业与其他多个企业进行合作研发而形成的技术创新网络。目前，国内外不少学者从战略联盟理论、资源基础理论等不同视角对企业与其他企业进行合作研发或创新而形成的网络进行了一定的研究，但由于研究视角和研究范围不同，对研发网络产生了不同的表述，如技术创新网络、协同创新网络、集群创新网络、产学研合作创新网络、合作研发网络、协作研发网络、全球研发网络、企业研发网络等，同时也有采用联盟的表述，如技术创新联盟、研发联盟、研发联盟网络等。实际上，这些基于不同表述的网络本质上都是企业之间基于产品、资源、知识、信息流等不同驱动因素进行合作研发或创新而形成的关系网络。

研发网络这个概念首先来源于创新网络的概念。创新网络包括技术、生产、市场等方面的协同创新，涵盖范围较广。Sternberg 和 Arndt 将创新网络定义为不同创新主体形成的协同网络，创新主体共同研发、生产、销售新产品，彼此之间建立技术、市场等方面的直接或间接互惠关系，并通过正式或非正式的契约关系联系起来[23]；Freeman 将创新网络定义为一种基本的系统创新的制度，协作关系是支撑创新网络的主要构架[24]；Nonaka 和 Takeuchi 认为创新网络是指创新活动的各参与方，如供应商、客户、政府、金融机构和中介机构等，为了各自的利益参与到产品的设计、研发、生产、销售等过程中而形成的网络[25]。

本书将研发网络作为创新网络中以技术创新为核心活动的一种类型，侧重于研究不同企业之间的研发协作与创新。Tijssen 最早对研发网络的概念进行了定义，将研发网络定义为企业进行资源创造、交换、整合、转移、吸收、开发等活动的关系网络，实际上也是一个交互、依赖、演化的资源关系网络[26]；王方红将研发网络定义为不同主体在共同研发一项或多项技术时相互联系而形成的网络，主体之间拥有共同的利益，从而增强对科技资源的利用[27]；曾德明等将研发网络定义为成员企业通过契约协议、社会关系等纽带与外部企业、高校、科研院所、政府联结形成的研发组织，将内外资源结合起来进行创新，技术知识和信息可在组织内分享和传播[28]；王珊珊等提出研发网络是两个或两个以上的企业和有关机构基于共同研发目标而形成的战略联盟，它是以技术创新为目的、以契约为纽带而形成的一种资源共享、优势互补、利益均沾、风险共担的网络组织形式[29]；赵红梅和王宏起提出研发网络是由研发联盟企业通过契约或合作协议所构成的具有网络结构和战略意义的研发合作关系网络[30]；Doloreux 和 Shearmur 提出研发网络是由不同创新成员如个人、企业、科研机构、中介组织、政府等协同合作参与研发项目、论文、专利合作等研发活动而形成的网络组织[31]；冯科定义研发网络为以企业为主要构成主体的组织间网络，是企业、大学、科研机构、中介机构等主体通过组织间协作以完成技术研发活动为目标而形成的一种经济组织形态[32]。

通过上述定义可以看出，研发网络是创新网络中以技术创新为核心活动的重要组成部分，是以企业为创新主体，在企业之间通过正式或非正式的关系共同参与技术合作、专利合作、技术特许、项目合作等研发活动而形成的相互联系的组织网络系统。在研发网络中，参与主体包括真正从事研发活动的企业、研究所、高校等研发组织，也包括政府、中介机构、金融机构、行业协会、顾客、竞争对手等外围组织。同时在研发网络中，参与主体之间的联结关系既包括基于共同的社会文化背景建立的研发人员、技术中介人员、企业家、政府官员等之间的非正式人脉关系，又包含企业在研发活动中由研发目标的需要选择性地与其他参与主体以资金、信息、人才、技术、知识的流动等为介质而形成的正式的合作研发关系[33]。而且在研发网络的不同发展阶段，随着研发活动的推进及参与主体自身状况的改变和市场环境的不断变化，研发网络的规模和结构也会不断调整与改变。

综合上述分析，本书将研发网络定义为不同研发企业（泛指从事研发活动的企业、研究所、高校等各类研发组织）为了达到共同开发新产品或新技术、获得互补的开发资源、缩短研发周期、降低研发成本等战略性目标，通过契约、合作协议等正式关系或人脉等非正式关系而形成的能够自我学习与自我调整的动态创新网络。

2.2　研发网络的特点

2.2.1　开放性

面对市场需求的不断变化、产品周期的逐渐缩短、研发技术的复杂性和研发资源的有限性等现状，单个研发企业仅靠自身实力已无法满足快速发展的需要。因此，不同研发企业之间可以通过共建实验室、技术中心、技术合作或以重大研发项目、重大投资为依托的合作研发等方式，形成多方合作的研发网络。可以看出，研发网络不是一个封闭的系统，它作为耗散结构系统只有通过与外界环境不断地交换物料、信息、知识、资金等有形和无形资源，才可以使得成员企业能不断地获取最新、最先进的研发技术、研发工艺、研发知识与其他所需资源，从而使其自身通过保持竞争优势来应对激烈的市场竞争，并最终保证整个研发网络持续健康的发展。

研发网络在不同的发展阶段，一方面，开放性特点可以保证成员企业通过与外界环境进行交流获取所需要的各类资源，从而不断充实和完善自身实力。另一方面，开放性特点还可以不断吸引更多、更优秀的外部研发企业加入研发网络中，同时也会影响现有的成员企业，当不适合自身或整个网络的发展要求时现有的成员企业可以退出研发网络。

2.2.2 动态性

在研发网络的形成与发展过程中，各成员企业之间的合作关系不是一成不变的，而是随时都会发生变化。同时，研发网络成员企业之间传递的信息、技术及知识等也在不断地更新与发生变化。具体表现就是研发网络中会不断地有外部研发企业加入网络中，同时也会有部分成员企业退出网络，从而造成网络的规模及其成员企业之间的各种合作关系发生变化。

研发网络之所以具有动态性，主要有以下几方面原因：第一，由于外部市场环境具有较大的不确定性和不可预测性等特点，研发企业独自进行研发活动具有较大的风险和较高的失败率，而研发网络具有较高的知识外溢现象和资源互补优势，对那些非成员研发企业具有较高的吸引力；第二，网络环境的瞬息万变或技术更新换代的加快也会导致研发网络成员企业如果不能持续创新，也将会被其他企业所代替而退出研发网络；第三，研发网络进出的壁垒较低即研发企业进入或退出网络具有较大的自由性，也为研发网络的结构不断变化提供了便利条件。这些因素的存在都在一定程度上导致研发网络的结构不是一成不变的，而是具有高度的动态性。

2.2.3 协同性

研发网络是不同成员企业为了实现自身在竞争实力及技术能力上的提升而自发构成的一种网络系统。各成员企业虽然都具备一定程度的研发资源和必要的学习能力，但是任何单独企业都不可能具备进行研发活动所需要的全部资源与能力。基于现实资源的有限性这一约束条件，这就需要研发网络各成员企业必须进行相互协作与配合，利用互补的优势资源来弥补自身的不足，同时还要帮助其他合作伙伴，协同进行创新活动。只有成员企业之间共同协作，才能取长补短，共同进步。

研发网络具有的这种协同性，一方面，需要借助于各成员企业之间签订的合作协议或合作契约来维系。在合作协议或契约的约束下，成员企业双方在合作研发的过程中不得不遵守相关的合作条款，不能侵犯对方企业的核心知识产权与关键核心技术，同时履行协议中合作收益的分配规则。合作双方只有共同遵守与履行合作协议或契约，才能做到合作研发中的相互协作与配合，并最终实现共同研发新产品的目标。另一方面，除了借助合作协议或契约的约束之外，研发网络的协同性更需要各成员企业之间能够自觉主动地相互配合和相互帮助，需要彼此之间真正建立稳固的信任关系和可靠的社会关系。只有合作双方自觉自发地相互信任，才能真正促进彼此之间的深入合作，才能真正促进彼此之间的知识与信息共享，才能真正保证每一位成员企业都能从研发网络中受益，同时提升整个研发网络的持续性与鲁棒性，最终实现合作共赢。因此，在研发网络中，成员企业之间的协同创新对保持网络的持续健康发展至关重要。

2.2.4　异质性

研发网络中，成员企业的规模、所有权性质、地理位置、资源类型、企业文化等各不相同。成员企业具有的这种异质性会导致不同企业在研发网络中所担任的角色与任务、发挥的作用也各不相同。比如，有的企业由于具有较高的知名度与较强的研发实力，在研发网络中承担着主导者的明星角色，而有的企业则由于实力有限或知名度不高，在研发网络中承担着被领导的外围角色。有的企业虽然整体规模或实力有限，但由于具备了其他大多数企业所不具备的关键技术、知识、人才或资源而成为网络中不可或缺、不可替代的重要企业，而有的企业所掌握的技术或资源具有可替代性或普遍性，因而成为网络中可以替代的普通企业等。正是研发网络不同成员企业具有的异质性特点，才促进了互补性知识、资源、信息或技术在成员企业之间的流动与传递，才使得不同企业之间的合作研发成为可能，从而保证了研发网络的持续发展。

2.2.5　合作关系的多样性

与传统的供应链网络、制造网络等相比，研发网络中的合作关系具有多样性的特点。比如，在供应链网络中，成员企业之间的合作关系大多是供求关系或中转关系；在制造网络中，成员企业之间的合作关系大多为输入与输出关系，即一个企业的输出即产品是另一个企业的输入即原材料。而在研发网络中，成员企业之间的合作关系类型和范围要广泛得多，可以延伸到价值链上的每一个环节。比如，为了共同研发一种新产品，双方企业可以采取共建实验室或成立合资企业的合作方式，将双方各自的优势资产有机组合在一起，采取共同生产、共担风险和共享收益的组织形式来合作研发。有些企业通过互相购买对方股份的方式来共同研发某种新产品，这种合作方式通常不涉及设备、物资、人员等要素的合并，仅发生在资本层面，即购买方根据对方企业的经营状况及自身的资金周转能力来决定购进或者抛售股票，操作简单易行，具有较高的灵活性。有些企业采取输入与输出关系来合作研发，即一个企业研发出来的新产品（即输出）正好是对方企业所研发新产品的原材料（即输入），双方形成的是依赖与被依赖的合作关系。有些合作企业并不涉及研发活动上的业务合作关系，而仅仅是一种资金上的供给与需求关系。

此外，成员企业之间合作关系的强度也呈现出多样性。比如，在关键核心技术的研发环节，随着创新难度的增加及创新成本的提高，双方企业采用单向的输入输出关系来进行合作研发已经不能适应关键研发活动的需要，这就要求双方企业之间追求更深入、多元化、反馈式的双向合作伙伴关系，才能保证关键研发活动的成功，而有些非关键的研发活动则仅需要双方企业采取较弱程度的合作关系就可实现。有些企业之间建立的合作关系是通过签订正式的协议或契约来实现的，而有些双方企业的合作关系是基于领导层之间的私人社会关系而建立。因此，在研发网络中，成员企业之间的合作关系呈现出多样性的特点。

2.2.6　择优连接性

研发网络的形成不是一蹴而就的，通常会随着时间的推移而经历初始期、成长期、调整期等不同的阶段。在研发网络形成的初始阶段，通常首先是由一个或少数几个实力较强的主导企业来牵头组建研发网络的初始框架。在此基础上，一些新的研发企业会主动或被动地加入到研发网络中来，而新的研发企业加入研发网络也不是一蹴而就的，而是一个相互考察、相互评估、相互选择并最终组建合作关系的过程。然而，对新加入的企业来说，由于信息的不完备及研发活动的时间约束，为了减少合作过程中出现的各种风险，它们在选择合作伙伴时通常会选择那些研发实力较强、拥有核心资源较多、社会信誉度较高、拥有合作伙伴数量较多的核心企业。这些核心企业拥有更多的资源，在行业内拥有更强的竞争实力，如果新加入企业和这些核心企业进行合作研发，成功概率会高得多。因此，在研发网络的形成过程中，新加入的企业为了保证自身利益的最大化，往往会选择与那些核心企业建立合作关系，这就是所谓的择优连接性（preferential attachment）。比如，图 2-1 就是由三星公司为主导企业而组建起来的全球研发网络结构。在该研发网络中，几乎所有成员企业都与主导企业建立了合作关系，而外围企业之间的合作关系则较少。

当然，择优连接性只是从统计概率上具有这种现象，即新加入的企业会有很大概率与那些核心企业建立合作关系，但也不排除由于某些主观原因或研发活动的需要等客观原因而放弃与核心企业建立合作关系的可能性。

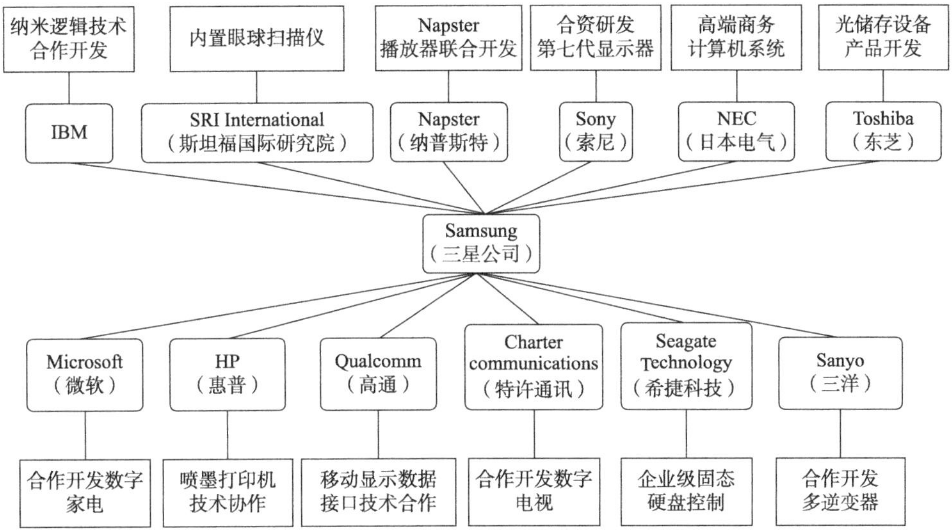

图 2-1　三星全球研发网络结构图[34]

2.3　研发网络的形成动因

2.3.1　外部动因

1. 世界经济的全球化与一体化

20 世纪末世界经济开始走向全球化与一体化，并开始深刻地改变经济运行的趋势。在经济全球化与一体化的背景下，各国、各地区之间的经济相互依赖、相互渗透、相互影响的趋势日益明显，同时阻碍生产要素在全球自由流动的各种壁垒也在不断削弱。比如，全球化和一体化促使国际贸易飞速发展，贸易壁垒不断降低。随着经济的全球化与一体化，企业的经济活动已不再受时间、地域的限制。

因此，为了适应经济发展中出现的全球化与一体化趋势，研发企业之间只有组建研发网络，依托研发网络提供的合作平台进行相互合作与配合，彼此之间共享技术、知识与资源，促进生产要素在研发网络内的流通与传递，才能有效应对经济全球化和一体化带来的机遇与挑战。

2. 不同科学技术的迅速发展与交叉融合

随着科学技术的迅速发展，在特定的同一技术领域上的深入持续创新将会变得越来越困难，甚至无法实现。于是，出现了不同领域技术的相互融合与交叉，以期产生新的技术创新机会。在此背景下，越来越多的研发企业不得不开始面对多领域的技术交织与融合，只有这样才能解决研发企业面临的技术与发展瓶颈。因此，如何将多种科学技术进行有效融合就成为研发企业面临的新问题。而现实情况是，研发企业由于各种内外部原因，不可能完全拥有并掌握多领域的科学技术，而只拥有某种或少数几种关键核心技术。因此，在科学技术迅速发展与交叉融合的背景下，不同研发企业之间只有通过组建研发网络，有效利用互补的优势技术与资源，开展相互协作，才能真正做到科学技术的交叉与融合，才能有效地解决不断出现的新技术问题，突破技术与发展的瓶颈。

3. 市场竞争环境的日益加剧

随着社会和经济的发展，企业特别是从事研发活动的企业数量日益增加，从而加剧了市场的竞争程度。在此背景下，单个企业仅仅依靠自身实力已很难在激烈的市场竞争环境中生存下来，尤其是那些刚成立不久的初创企业。因此，在日益加剧的市场竞争环境下，不同研发企业之间通过组建研发网络，可以在一定程度上规避竞争风险，形成 1+1>2 的整体效应，从而大大降低了自己独自面对激烈的市场竞争而可能失败的风险。

4. 技术标准的发展需要

现在，技术标准的竞争已成为企业特别是研发企业的主要竞争领域和竞争途径。其必要性在于在制定和实施技术标准战略上认识早、行动快的企业，可以抢先进入和占领目标市场，掌握竞争的主动权；而那些认识晚、行动慢的企业就处处受制于人，很有可能会被淘汰出局。因此，技术标准战略不仅是企业竞争战略，更应是企业应对技术标准竞争的战略选择。正所谓“一流企业卖标准，二流企业卖技术，三流企业卖服务，四流企业卖产品”，正是强调了技术标准的市场地位。因此，技术标准是研发企业竞争制胜的法宝，研发企业一旦在市场上建立了自己的技术标准，将取得“一招鲜、吃遍天”的优势地位。

然而，由于技术标准的高覆盖率要求，仅凭单一企业的实力往往很难在市场上形成绝对的垄断优势，需要通过组建研发网络使技术标准在成员企业之间广泛扩散并形成共识，才能形成稳固的技术标准应用市场。例如，通过组建广泛的网络联盟，松下公司早期成功地建立了 VHS（video home system，家用录像机系统）标准，并使这一标准在全球扩散过程中接受度远远超过了索尼公司的 Betamax（早期盒式录像机系统所使用的一种磁带格式）标准和飞利浦公司的 V2000 标准，最终 VHS 标准被包括飞利浦和索尼公司在内的所有录像机制造商所接受，从而给松下公司带来了巨大的利益。

2.3.2　内部动因

1. 快速实现自身战略目标的需要

在竞争激烈的市场环境中，仅靠自己的力量来获得生存与发展是十分困难的。对研发企业来说，战略目标的实现往往直接关系到企业自身的生存和发展。因此，如何在现有条件下通过与其他企业进行合作从而快速地实现既定战略目标，就成为摆在研发企业面前的紧迫问题。实践证明，组建研发网络作为一种全新的合作创新组织模式，在一定程度上减少了由于企业之间的过度竞争所带来的摩擦与消耗，可以为企业快速实现既定战略目标提供一条新的有效途径。例如，无锡小天鹅股份有限公司（以下简称小天鹅）与武汉荷花洗衣机联合公司（以下简称荷花）组建研发网络联盟，将小天鹅的无形资产（管理、商标、市场网络）与荷花的有形资产（厂房、模具、设备、人才）有机结合起来，一方面使小天鹅无需对固定资产进行新的投资，不必重新招聘和培训大批新的员工，从而迅速地增加了新的产品品种并实现了规模生产；另一方面，荷花也获得了小天鹅的先进管理经验，利用小天鹅的市场网络和品牌效应，一举扭转了严重亏损的局面，迅速盘活了荷花的国有资产。

2. 整合互补优势资源与技术的需要

在现代社会经济条件下，研发企业所拥有的资源往往是有限的，而企业进行研发与创新所需要的大量资源往往存在于广泛的社会网络中。面对日益激烈的市场竞争，由于社会化分工的不同，任何单一企业不可能拥有研发某一产品所需要的全部资源，而限于时间的紧迫性，往往又没有能力在短时间内拥有所需要的全部资源。在此背景下，研发企业之间组建研发网络，可以在一定程度上实现互补优势资源的共享，可以在一定程度上利用其他企业的互补优势资源来满足自身发展的需求，从而实现资源的互补，以达到“多赢”的协同效应。

此外，科学技术的迅速变化与发展也导致单个企业很难拥有最领先的全部优势技术，即便是拥有领先技术，也会因为各种原因而难以保证其快速成为技术标准。而企业之间组建研发网络，一方面通过共享最新技术，可以保证企业便捷地获取其他企业所拥有的互补优势技术从而支撑其自身的发展；另一方面，通过在研发网络内传播最新技术，可促使企业自身所拥有的领先技术被其他企业快速采用从而成为该领域的技术标准。

3. 开拓外部市场的需要

研发企业发展的最终目的就是使其研发的新产品可以向更广阔的市场进行拓

展，从而增大企业自身的利润。事实证明，研发企业选择与已经在某领域提供产品的合作伙伴建立网络联盟是企业开拓该市场的有效方法之一。例如，美国摩托罗拉公司与日本的东芝公司建立研发网络联盟，就是为了使自己的产品能更大规模地进入日本市场。例如，海尔集团在2002年决定进入保险领域，于是选择了与美国纽约人寿保险公司（New York Life Insurance）共同组建了海尔纽约人寿保险有限公司，从而很快地进入了保险领域。

4. 减少交易成本的需要

对企业来说，如果企业的内部生产成本或外包成本小于交易成本，那么企业就不会与其他企业合作，从而保持相对竞争对手更高的创新效率。然而，随着信息技术的日益发达及交易制度、合作机制的不断完善，研发企业之间通过组建研发网络，可以保证成员企业从合作伙伴那里获得规模经济，大幅度降低交易成本，从而使交易成本小于企业独自进行研发活动所产生的内部生产成本或外包成本。例如，美国杜邦公司与法国罗纳–普朗克公司共同组建合资企业布塔奇米公司，该公司主要生产丁二烯——一种在生产尼龙的新工艺中使用的化学介质。生产丁二烯需要大量的初始投资，只有大规模生产才能使新工艺的效果充分发挥出来，但是两家公司单独对丁二烯的需求量无法达到规模经济的要求，由此推动两家公司选择建立研发网络联盟，从而大幅降低了交易成本。例如，20世纪60年代，法国南方飞机制造公司（SudAviation）与英国飞机公司（British Aircraft Corporation）起初都在为独自研制超音速运输机而努力，后来两家公司意识到它们任何一家公司所拥有的资金和人员都无法满足研发这种飞机的需要，于是为了降低成本，最终组建研发网络来合作研发协和飞机。

5. 实现规模经济的需要

研发企业组建研发网络是企业扩大规模、降低生产成本、实现规模经济的有效手段。具体有三方面作用：第一，通过同类新产品提供者的联合，各自的相对优势在生产规模扩大的条件下得到更大程度的发挥，规模经济产生的效益使生产成本下降；第二，组建研发网络可以提高专业化和分工的程度，增强了合作伙伴在新产品研发、生产、管理、知识产权保护等各环节中自身的相对优势，从而使最终研发的产品成本大幅度降低；第三，通过建立研发网络还可以把剩余的资源充分利用起来，特别是对中小型研发企业来说，它们的研发能力、管理能力、市场营销能力较为薄弱，而自身经营不善或外部产业结构调整等会在一定程度上造成部分资源的闲置或不足，进而影响企业自身的竞争力，通过建立研发网络可以将企业自身的闲置资源充分利用起来，从而减少损失，增加利润。

6. 降低经营风险的需要

研发活动的不确定性与复杂性、市场环境的快速多变等内外因素增加了研发企业的经营风险。对研发企业来说，除了面临来自政治、社会、金融、市场等外部环境因素带来的经营风险以外，还要面临研发活动本身所带来的高投入、周期长、技术难度大、人员流动性高、管理难度大等内部因素所带来的经营风险。通常，研发活动往往需要持续的高额投资，尽管成功会带来丰厚的收益，但是一旦失败，即便是一次失败，也会给企业带来重创，尤其是对那些实力有限的中小型研发企业来说，一次研发失败便可能意味着破产。因此，研发企业建立研发网络，可以真正实现共同投资、共担风险、共享研发成果，从而找到一条真正降低经营风险的有效途径。

第 3 章　研发网络的形成模型构建及仿真

3.1　引　　言

在揭示研发网络的风险传播机理之前，首先对研发网络的形成机理进行研究。目前，关于研发网络如何形成的研究大多从宏观与微观两个视角展开，具体如下。

宏观视角主要集中在对研发网络宏观结构如何演化的定性研究上。例如，von Zedtwitz 和 Gassmann 按照投资的分散程度和组织间的合作程度，依次将跨国研发的组织结构分为本土集中式、地区集中式、多中心分散式、中心–边缘式、研发网络式五种类型，并提出研发网络式组织结构将最终发展为一种新型的研发模式[35]；刘洋等针对浙江盾安人工环境股份有限公司、上海银轮实业有限公司、浙江天正电气股份有限公司、浙江南都电源动力股份有限公司这四个典型企业在构建必要知识基、转型、构建战略能力三个不同阶段，阐释了如何通过组织边界、地理边界及知识边界来刻画研发网络的演化路径及结构特征[36]；李健运用社会网络分析法，分别构建了我国改革开放初期（1979～1987 年）、改革开放深化期（1988～1995 年）、亚洲金融危机时期（1996～2000 年）、加入世界贸易组织（World Trade Organization，WTO）后时期（2001～2006 年）四个发展阶段的区域研发网络，并以此分析了我国区域研发网络在动态演化过程中所呈现出来的结构特征，发现相对于其他区域，北京和上海等发达地区具有明显广泛的合作研发关系[37]；曾德明等提出企业研发网络的演化经历了从变动到稳定的过程，提出最初企业为了获取研发资源需要同其他主体建立联系，此时网络边界会快速扩张，而随着进出网络的企业数量达到相对均衡，此时研发网络便会趋于相对稳定的状态[38]。

微观视角则主要集中在研发网络中的成员企业如何基于自身收益最大化原则

进行合作研发决策的定量研究上。例如，Aspremont 和 Jacquemin 针对双寡头研发企业建立了两阶段博弈模型，提出了当研发的溢出效应超出一定程度时，合作研发比自主研发可以更快地促进企业的技术创新效率[39]；在此基础上，Suzumura 将上述模型中的企业数量扩展到两个以上，同时对产品需求及成本函数做了进一步完善[40]；鉴于上述研究是把自主研发和合作研发作为两个相互排斥的部分进行分析，而实际上在研发网络中这两种方式是可以同时存在的，于是 Goyal 等建立了包含自主研发与合作研发的博弈模型，并分析了在这种混合模式下企业的最优研发决策问题[41]；周青等建立了企业在研发网络中的动态博弈模型，并分析了在研发网络竞争、研发网络卡特尔和产业最优化研发网络这三种研发模式下企业的研发决策问题[42]；接下来，周青等将自主研发与合作研发同时加入企业所在研发网络的动态博弈模型之中，提出了在研发活动密集的行业中，网络化研发比单纯的自主研发更具竞争优势[43]。

通过总结发现，上述两方面研究均割裂了微观研发企业的行为规则与整体网络演化之间的关系，也就是尚未揭示研发网络在形成过程中微观企业的行为规则及其对整体网络结构变化的影响，而且大多数研究成果也没有得到现实数据的验证与支持。研发网络作为一个开放的动态系统，研发企业在进出网络时具有一定的不确定性和较大的自主性，因而导致研发网络在形成过程中具有自组织演化的特征[44]。具体来说，研发网络无时无刻不与外界环境存在着物质、信息、知识、技术、人员及能量的互动与交流。于是在利益驱动、市场导向、政策优越等各种内外部因素的影响下，不断有新的企业加入研发网络之中。与此同时，当某些成员企业因自身竞争力下降而被网络之外的同类型企业所替代时，该成员企业也就有可能退出研发网络。从微观意义上说，研发网络的形成过程就是微观研发企业在获得互补研发资源与技术、节省成本、分散经营风险及提高研发能力等多种因素的共同驱动下，基于自身收益最大化原则而不断自主选择加入或退出网络的自适应行为[45,46]。正是研发企业的这种不断选择加入或者退出网络的自主行为，才使得研发网络在整个形成过程中具有自组织演化的特点。而且，由于外部环境的多变性、研发企业自身行为的多样性及一些非理性因素的存在，研发网络在形成过程中整体会呈现出一定的复杂性，并同时容易受到某些关键因素的影响。

目前传统的还原论方法难以揭示微观企业间的行为规则与整体研发网络在形成过程中呈现的宏观特征之间的关系。鉴于此，本书作者借鉴复杂适应系统理论，将研发网络的形成过程看作由众多适应性主体（微观研发企业）所组成的复杂适应系统的自组织演化过程来进行研究。该理论的最大贡献就是提供了一种自下而上的建模方法，借用微观主体之间的行为规则来反映宏观系统的整体变化，能够将微观与宏观有机联系起来，可以合理解释复杂系统的形成和演化机制[47]。此外，现有的复杂网络形成模型如小世界模型、无标度模型等研究成果也为构建研发网络的形成模型提供了理论支撑。因此，本书作者借鉴复杂适应系统理论和复杂网络的研究成果，揭示了研发网络的形成机理，并构建研发网络的理论形成模型，进而运用数值仿真方法来定量分析研发网络在形成过程中所呈现出的整体特征，最后通过具体研发网络实例来验证形成模型的合理性与有效性。

3.2 复杂网络的基本概念与主要特征统计量

3.2.1 网络的图表示

任意一个网络均可以被抽象成一个由节点集 V 和边集 E 组成的图 $G(V, E)$，其中 $V=\{1, 2, \cdots, N\}$（N 表示网络的节点总数），$E=\{e_{ij} \mid i, j \in V\} \subseteq V \times V$。如果一个网络中任意节点对（$i$，$j$）与（$j$，$i$）对应于同一条边，则称该网络为无向网络（undirected network），否则称该网络为有向网络（directed network）。如果给网络的每条边赋予相应的权重，则称该网络为加权网络（weighted network），否则为无权网络（unweighted network）。其中，无权网络中每条边的权重通常被看作 1。

一个网络中可能包括不同类型的节点和边。例如，在社会关系网络中，年龄、地区、收入等不同的人代表了不同类型的节点，人与人之间的熟悉程度也并不相同，图 3-1 就给出了四种不同类型的网络。其中，这四种网络在图论中指的是没有重边和自环（任意两个节点之间至多只有一条边，且没有以同一节点为起点和终点的边）的简单图（simple graph）。

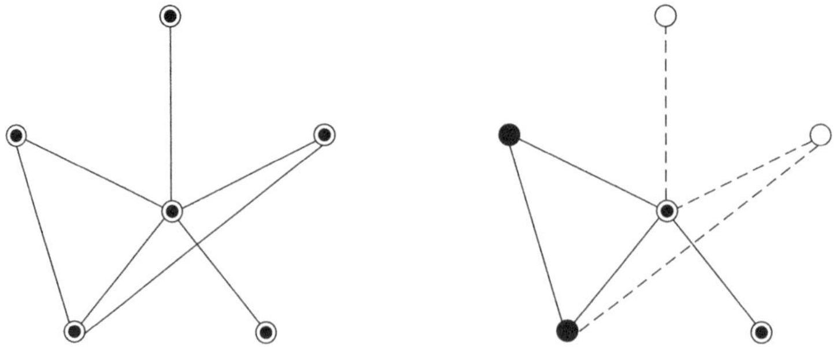

（a）单一类型节点和边的无向网络　　（b）不同类型节点和边的无向网络

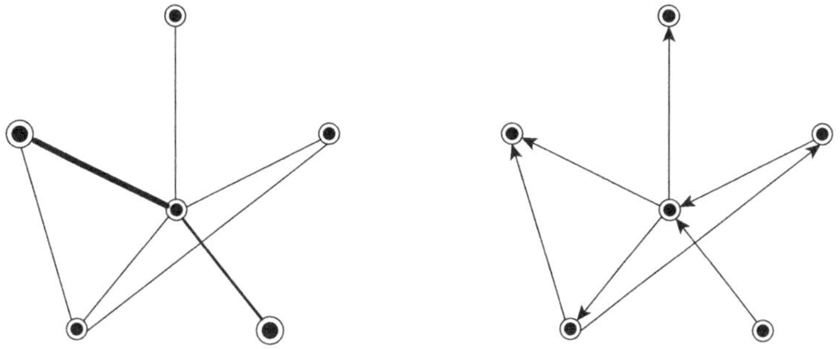

（c）不同节点和边权重的无向网络　　　（d）有向网络

图 3-1　四种不同类型的网络

3.2.2　度与度分布

度是表征节点特征最简单而又重要的概念。节点 i 的度 k_i 是指与该节点存在直接连接关系的邻居节点数目，如果用矩阵 $A=[a_{ij}]_{N\times N}$ 代表网络的邻接矩阵，则有

$$k_i=\sum\nolimits_{j\in V}a_{ij} \tag{3-1}$$

式中，V——网络的所有节点集合；

a_{ij}——矩阵 A 的元素，a_{ij}=0 表示节点 i 和 j 之间无连接关系，a_{ij}=1 表示节点 i 和 j 之间具有直接连接关系。

对有向网络来说，一个节点的出度（out-degree）是指从该节点指向其他节点的边的数目，节点的入度（in-degree）是指从其他节点指向该节点的边的数目。从某种意义上可以说，一个节点的度越大，意味着该节点在网络中越“重要”。

接下来，用度分布函数 $P(k)$ 来描述网络整体的拓扑特征。度分布描述了节点有 k 条边连接的概率，即网络中节点度为 k 的节点数量与网络规模 N 的比值。因此，度分布表示的是一个随机选定的节点的度恰好为 k（$0\leqslant k\leqslant N-1$）的概率，公式如下：

$$P(k)=\frac{n_k}{N} \tag{3-2}$$

式中，n_k——度为 k 的节点个数；

N——网络的节点总数。

有时也采用网络的平均度 $\langle k\rangle$ 来描述网络的拓扑特征。网络的平均度是指网络中所有节点的度的平均值，公式如下：

$$\langle k\rangle = \frac{1}{N}\sum_i k_i \tag{3-3}$$

按照度分布函数的定义，平均度$\langle k\rangle$还可以表示为

$$\langle k\rangle = \sum_k kP(k) \tag{3-4}$$

研究发现，规则网络中所有节点的度都相同。对随机网络来说，由于任意两个节点之间都是随机连接的，大部分节点的度会保持在平均度$\langle k\rangle$附近，其度分布近似为泊松（Poisson）分布，即当$k \gg \langle k\rangle$时，度为k的节点实际上是不存在的。因此，我们把度分布近似满足泊松分布的网络称为均匀网络（homogeneous network）。近几年的研究发现，现实中许多网络的度分布其实并不满足泊松分布，而往往遵循幂律分布，即$P(k) \propto k^{-\gamma}$，当k取较小值时，节点的度为k的概率很大；而随着k值的增大，节点的度为k的概率迅速下降。幂律分布也称为无标度（scale-free）分布，于是称具有幂律分布的网络为无标度网络（scale-free network），也称为非均匀网络（inhomogeneous network）。

3.2.3　边权

边权是指网络任意两个节点之间连接关系的密切程度。网络中任意两个节点之间的边权用边权矩阵W来表示，该边权矩阵的元素w_{ij}表示节点i和节点j之间的权重，有$w_{ij}=w_{ji}$。边权目前有两种定义方式：一种是相似权，即权值越小，表示两个节点之间的连接程度越不密切，其中，$w_{ij}=0$表示两个节点之间没有连接关系；另一种是相异权，权值越小，表示两个节点之间的连接程度越密切，其中，$w_{ij}=\infty$表示两个节点之间没有连接关系。下面以相似权为例，即权值越大，表示节点间的连接强度越大，公式如下：

$$w_{ij} = (k_i k_j)^{\theta} \tag{3-5}$$

式中，k_i——节点i的度；

θ——权重系数。

3.2.4　节点强度

在无权网络中，与某节点直接相连的边数称为该节点的度。在有权网络中，每条连接边都有一个权值，因此将与某节点直接相连的边的权值的总和称为该节点的点权或点强度，记为S_i，公式如下：

$$S_i = \sum_{j\in\Gamma(i)} w_{ij} \tag{3-6}$$

式中，w_{ij}——节点 i 与节点 j 之间的权重；

$\Gamma(i)$——与节点 i 直接相连的节点集合，即 $\Gamma(i)=\{j \mid a_{ij}=1\}$。

节点强度不仅表示了节点之间的连接与否，还表示出了连接强度的大小。$P(s)$ 表示节点强度所服从的分布，指的是任意选取一个节点，其节点强度为 s 的概率。通常来讲，网络中某节点的节点强度越大，表示该节点在网络中的地位越高，该节点属于核心节点。

3.2.5　平均路径长度

在无权网络中，任意两个节点 i 与 j 之间的网络距离 d_{ij} 指的是连接这两点的最短路径上的边数。进而将无权网络中任意两个节点之间网络距离的最大值称为网络的直径（diameter），记为 D，即 $D=\max\{d_{ij} \mid i,j \in V\}$。如果节点 i 和 j 不存在连通路径，则假定 $d_{ij}=\infty$。因此，将无权网络的平均路径长度（average path length）L 定义为网络中存在连通路径的任意两个节点之间网络距离的平均值，公式如下：

$$L=\frac{2}{N(N-1)}\sum_{i\neq j\in V,d_{ij}\neq\infty} d_{ij} \tag{3-7}$$

式中，V——网络的所有节点集合；

d_{ij}——节点 i 与 j 之间的网络距离；

N——网络的节点总数。

在加权网络中，不仅需要考虑边的个数，还需要考虑边权值的不同。以相似权为例，节点 i 与节点 j 之间的最短路径不仅与连接边的数量有关，还与边的权重有关。因此，加权网络的平均路径长度的计算公式如下：

$$L=\frac{2}{N(N-1)}\sum_{i\neq j\in V} d_{ij}=\frac{2}{N(N-1)}\sum_{i\neq j\in V}\frac{1}{w_{ij}} \tag{3-8}$$

式中，V——网络的所有节点集合；

d_{ij}——节点 i 与 j 之间的网络距离；

N——网络的节点总数。

3.2.6　聚集系数

聚集系数（clustering coefficient）衡量的是网络中与同一个节点直接相连的两个节点也直接相连的概率，它是表征网络拓扑结构的一个重要统计指标[48]。假设一个网络中的节点 i 的度为 k_i，即有 k_i 个节点与该节点 i 存在直接连接关系，如

果这 k_i 个节点之间同时存在 π_i 条相互连接的边，而它们之间最多可能存在 $k_i(k_i-1)/2$ 条相互连接的边，于是将无加权网络的节点 i 的聚集系数 c_i 定义为

$$c_i=\frac{2\pi_i}{k_i(k_i-1)} \tag{3-9}$$

式中，当 k_i =0 或 1 时，令 c_i =0。对加权网络来说，Barrat 等给出了加权聚集系数的计算公式[49]：

$$c_i=\frac{1}{S_i(k_i-1)}\times\sum_{j,k\neq i}\frac{(w_{ij}+w_{ik})}{2}\times a_{ij}\times a_{jk}\times a_{ki} \tag{3-10}$$

式中，c_i——节点 i 的聚集系数；

S_i——节点 i 的点强度；

k_i——节点 i 的度；

w_{ij}——节点 i 与节点 j 之间的权重；

a_{ij},a_{jk},a_{ki}——邻接矩阵的元素。

可以看出，加权网络中节点 i 的聚集系数不仅与节点的度有关，还与节点的点强度、节点之间的权重和邻接矩阵的元素有关。此时，整个网络的聚集系数 C 则为所有节点聚集系数的平均值，公式如下：

$$C=\frac{1}{N}\sum_i c_i \tag{3-11}$$

实际上，聚集系数 C 衡量的是一个复杂网络的社团化程度[50]，这就好比是社会关系网络中“物以类聚、人以群分”的特性。

3.2.7　介数

介数通常分为节点介数和边介数两种类型，其中节点介数 b_i 定义为网络中所有最短路径中经过该节点的路径数目占最短路径总数的比例，公式如下：

$$b_i=\sum_{j\neq k\in V}\frac{n_{jk}(i)}{n_{jk}} \tag{3-12}$$

式中，V——网络的所有节点集合；

n_{jk}——连接节点 j 和 k 的最短路径的数目；

$n_{jk}(i)$——连接节点 j 和 k 并且经过节点 i 的最短路径的数目。

节点介数是衡量节点中心性的方法之一，最初是为了量化个人在社会关系网络中的重要程度。类似地，边的介数定义为网络中所有最短路径中经过该边的路径数目占所有最短路径总数的比例。许多研究表明，对无标度网络来说，介数较大的节点往往就是度较大的节点，节点介数的分布也满足幂律分布[51]。

3.3 复杂网络的几种常见形成模型

现实中，许多复杂系统都可以通过不同类型的复杂网络来进行描述与分析[19,52]。关于网络的提出实际上最早可以追溯到 18 世纪伟大数学家欧拉（Euler）对著名的“柯尼斯堡①七桥问题”的研究，从而开创了数学的一个分支——图论（graph theory）。但一直到 20 世纪 60 年代，对图论的研究才有了突破性的进展。匈牙利数学家 Erdös 和 Rényi 建立了随机图理论（random graph theory），提出了 ER 随机网络模型，被公认为开创了复杂网络理论的系统性研究[53]。此后的 40 年时间里，随机图理论一直是研究复杂网络拓扑结构的基本理论，其中一些研究成果在目前的复杂网络研究中仍然非常重要。

但现实中，绝大多数的实际网络结构并不完全是规则的或是随机的，而是处于两者之间的状态。基于这种现象，1998 年美国康奈尔大学博士生 Watts 和导师 Strogatz 教授在 *Nature* 期刊上提出了“小世界”网络模型，即 WS 小世界网络模型[54]。1999 年，美国圣母大学的 Barabási 教授和博士生 Albert 在 *Science* 期刊上提出了无标度网络模型，即 BA 无标度网络模型[55]。WS 小世界网络模型和 BA 无标度网络模型的提出开创了复杂网络研究的新纪元。自此，关于复杂网络模型的研究层出不穷，受到了众多学者的广泛关注。

事实上，研发网络作为一个由众多研发企业及彼此间关系构成的复杂系统，在形成过程中既有一定的宏观规律性又存在一定的随机性，即研发网络介于规则网络与随机网络之间，完全符合复杂网络的特征。因此，采用复杂网络理论可以很好地解释研发网络的结构及其特征。从这个意义上说，对复杂网络的形成模型进行总结对构建研发网络的形成模型具有很好的借鉴意义。接下来，将对复杂网络的几种常见形成模型进行总结，以期对构建研发网络的形成模型提供一定的理论支撑与依据。复杂网络的几种常见形成模型主要包括 WS 小世界网络模型、NW 小世界网络模型、BA 无标度网络模型、适应度模型、局域世界演化网络模型、BBV 加权无标度网络模型。

3.3.1 WS 小世界网络模型

我们知道，规则网络和随机网络在现实生活中几乎不可能存在，而大多数的

① 柯尼斯堡是加里宁格勒的旧称。

现实网络介于二者之间。作为从完全规则网络到完全随机网络的过渡，Watts 和 Strogatz 于 1998 年首次提出了“小世界”网络模型，即 WS 小世界网络模型。该模型既具有规则网络的高聚类性，又具有与随机网络类似的小的平均路径长度，其形成算法具体包括以下两点。

（1）从规则网络开始：首先生成一个具有 N 个节点的最近邻耦合网络，将这 N 个节点围成一个环。其中，每个节点都与它左右相邻的各 $K/2$ 个节点相连接，K 是偶数。

（2）随机化重连：以概率 p 随机地重新连接网络中的每个边，即边的一个端点保持不变，另外一个端点则为网络中随机选择的一个节点。其中，任意两个不同节点之间最多只有一条边连接，而且每个节点都不能有边与自身相连。

在上述 WS 小世界网络模型中，$p=0$ 对应于完全规则网络，$p=1$ 则对应于完全随机网络。通过改变 p 值的大小就可以实现从完全规则网络到完全随机网络的过渡，如图 3-2 所示。

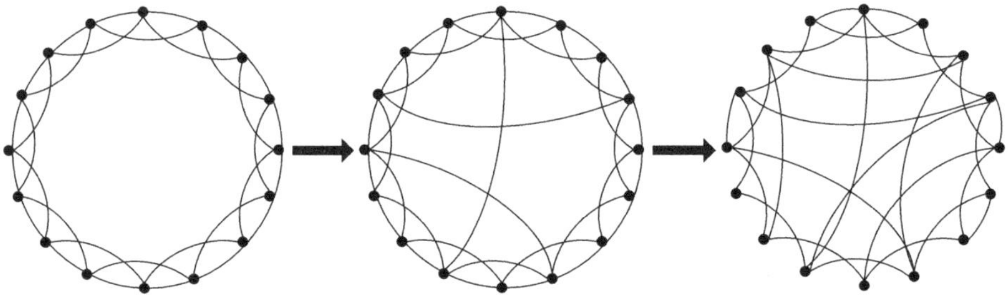

图 3-2　WS 小世界网络模型（随机化重连）

3.3.2　NW 小世界网络模型

可以看出，WS 小世界网络模型通过某一概率切断规则网络中原始的边并选择新的端点进行重新连接从而构造出一种新的网络，但这种构造方式可能会破坏网络的连通性。鉴于此，学者 Newman 和 Watts 提出了 NW 小世界网络模型[56]。该模型用“随机化加边”取代了“随机化重连”，具体形成算法包括以下两点。

（1）从规则网络开始：首先生成一个具有 N 个节点的最近邻耦合网络，将这 N 个节点围成一个环。其中，每个节点都与它左右相邻的各 $K/2$ 个节点相连接，K 是偶数。

（2）随机化加边：以概率 p 在随机选取的一个节点对上添加一条边，其中，任意两个不同节点之间最多只有一条边连接，而且每个节点都不能有边与自身相连，具体如图 3-3 所示。

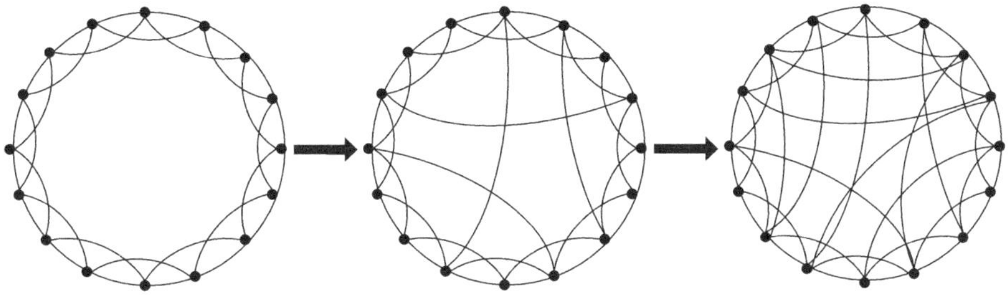

图 3-3　NW 小世界网络模型（随机化加边）

可以看出，小世界网络模型可以很明显地反映人群关系网络的一种特性，即人们大部分的朋友都是和他们在同一个单位上班的同事或住在同一个小区的邻居。当然，也有一部分朋友住得比较远甚至是远在异国他乡。此外，研究发现，小世界网络具有较短的平均路径长度和较高的聚集系数，所有节点的度都近似相等，度分布近似为泊松分布。

3.3.3　BA 无标度网络模型

近年来，复杂网络的另一项重大发现就是许多现实网络如万维网、因特网等网络的度分布具有幂律分布形式。这种特性无法用明显的特征尺度来描述，因此这样的网络被称作无标度网络。为了揭示幂律分布的产生机理，Barabási 和 Albert 于 1999 年将增长性（growth）和择优连接性这两个重要特性引入网络的形成模型之中，从而提出了 BA 无标度网络模型[55]。其中，增长性是指网络的规模是不断扩大的，比如，万维网上每天都有大量新的网页出现，每个月会有大量的学术文章发表等。择优连接性是指新加入的节点更倾向于同那些具有较高连接度的节点相连接，这种现象称为“富者愈富”，也称为马太效应。例如，新的个人主页上的链接倾向于指向新浪、网易、雅虎等知名网站，新发表的文章倾向于引用那些被广泛引用的参考文献等。基于增长性和择优连接性这两个重要特性，BA 无标度网络的生成算法具体包括以下两点。

（1）增长：从一个具有 m_0 个节点的初始网络开始，每隔相同时间引入一个新的节点，并且与已存在的节点相连接产生 m 条边，其中 $m \leqslant m_0$ 。

（2）择优连接：新节点与一个已经存在的节点 i 相连的概率 Π_i 取决于节点 i 的度数 k_i 和除新节点以外所有节点的度数总和，公式如下：

$$\Pi_i = \frac{k_i}{\sum_j k_j} \tag{3-13}$$

最后，经过 t 个时间间隔之后，将生成一个具有 $N = m_0 + t$ 个节点、mt 条边、平均度$\langle k \rangle = 2m$的无标度网络。这里，我们以$m=m_0=2$为例，经过 9 个时间间隔生成一个具体的 BA 无标度网络，如图 3-4 所示。

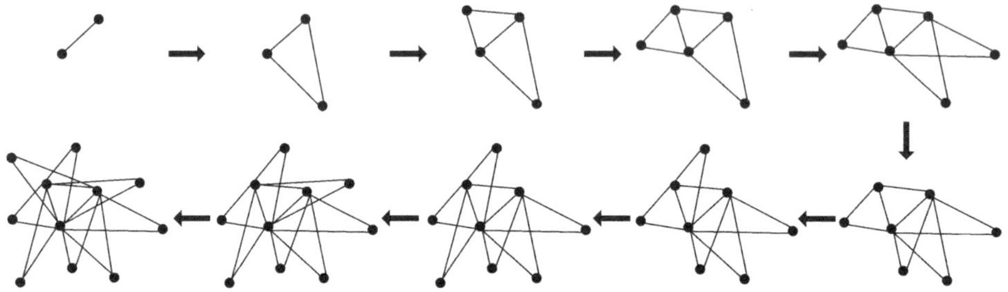

图 3-4　BA 无标度网络的生成过程（$m=m_0=2$）

通过理论解析和数值仿真，发现 BA 无标度网络具有较短的平均路径长度，聚集特征不明显，而且只能生成幂指数为 3 的无标度网络。

3.3.4　适应度模型

BA 无标度网络模型的主要贡献在于它将无标度网络的特性归结为增长性和择优连接性。但研究发现，BA 无标度网络与真实网络还存在一定的差距，比如，BA 无标度网络模型只能生成幂指数为 3 的无标度网络，而许多实际网络的幂指数并不如此，且大多属于 2 到 3 之间[57]。与此同时，通过 BA 无标度网络模型的生成算法发现，越早加入的节点具有越高的度，而现实情况往往并非如此。例如，万维网上的某些站点通过好的创意和市场推广，可以在较短时间内获得大量的超文本链接，甚至会超越一些较老的站点。一些高质量的学术论文也可以在较短时间内获得大量的引用频次等。显然，这些获得大量连接的节点与其本身的性质有关，如站点本身的内容和论文的质量等。Bianconi 和 Barabási 将节点的这一性质称为节点的适应度（fitness），进而据此提出了 BA 的改进模型——适应度模型（fitness model）[58]，具体的生成算法包括以下两点。

（1）增长：从一个具有m_0个节点的初始网络开始，每次引入一个新的节点，并且与已存在的节点相连接产生m（$m \leqslant m_0$）条边。同时，每个节点的适应度按照一定的概率分布选取。

（2）择优连接：新节点与一个已经存在的节点i相连的概率Π_i取决于节点i的度数k_i、除新节点以外所有节点的度数及适应度ϕ_i，公式如下：

$$\Pi_i = \frac{\phi_i k_i}{\sum_j \phi_j k_j} \tag{3-14}$$

可以看出，适应度模型中的择优连接概率与节点的度和适应度之积成正比，而不仅与节点的度成正比。因此，在适应度模型中，如果一个节点具有较高的适应度，那么该节点在随后的网络生成过程中就会获得更多的连接边，这就是所谓的“赢者通吃”现象，类似于市场中的寡头垄断。

3.3.5　局域世界演化网络模型

在 BA 无标度网络模型中，新加入的节点是根据所有已存在节点的度来计算每一个节点的择优连接概率。然而，在许多现实网络中，由于网络规模庞大和结构复杂，新加入的节点很难获取网络的全局信息，只能拥有和使用整个网络局部节点的连接信息。Li 等通过研究世界贸易网发现，全局择优连接机制并不适用于那些只与少数国家（20 个以内）有贸易往来关系的国家，许多国家都致力于加强同各自区域经济合作组织内部的国家之间的经济合作和贸易关系，这些合作组织包括欧盟、东盟和北美自由贸易区等[59]。因此，对许多实际网络来说，择优连接机制并不总是针对全局网络，而是在每个节点各自的局域世界（local world）中发挥作用。鉴于此，Li 和 Chen 在 BA 无标度网络模型的基础上，提出了局域世界演化网络（local-world evolving network）模型[60]，具体生成算法包括以下两点。

（1）增长：从一个具有 m_0 个节点的初始网络开始，每次引入一个新的节点，并且与已存在的节点相连接产生 m（$m \leqslant m_0$）条边。

（2）局域世界择优连接：随机地从网络已存在的所有节点中选取 M（$m \leqslant M \leqslant m_0 + t$）个节点作为新加入节点的局域世界，新加入的节点按照择优连接概率来选择局域世界内的 m 个节点相连接，公式如下：

$$\Pi_i = \Pi'(i \in V_{\text{local}}) \frac{k_i}{\sum_{j \in V_{\text{local}}} k_j} = \frac{M}{m_0 + t} \frac{k_i}{\sum_{j \in V_{\text{local}}} k_j} \qquad (3\text{-}15)$$

式中，V_{local}——随机选取的 M 个节点集合组成的局域世界；

t——总共经历的生成周期。

在上述模型中，新加入的节点从局域世界中按照择优连接概率选取 m 个节点进行连接，而不是像 BA 无标度网络模型从整个网络中进行选择。很显然，当 $M{=}m$ 时，新加入的节点与局域世界中的所有节点相连接，表示网络在生成过程中只具有增长特性而不具有择优连接特征。而当 $M = m_0 + t$ 时，每个节点的局域世界就是整个网络，此时的局域世界演化模型就等同于 BA 无标度网络模型。

3.3.6　BBV 加权无标度网络模型

上述网络模型形成的均是无权网络，即任意两个相连节点之间的连接边的权重都是一样的，即假设为 1。然而，有些现实网络的连接边存在不同权重。例如，供电网中不用输电线所承载的电压是不一样的，有些是高压线，有些是超高压线，有些是特高压线，而有些是正常电压线。因此，通过对现有的网络模型进行改进，Barrat 等提出了加权无标度网络模型（简称 BBV 模型，BBV 分别取自三位作者姓的首字母）[61]，具体生成算法包括以下四点。

（1）初始化：给定一个包含 m_0 个全连接的节点所构成的初始网络，初始边之间赋予权值 w_0。

（2）增长：每隔一个时间间隔加入一个新的节点 j，并且与 m（$m \leqslant m_0$）个已加入的节点相连接，产生 m 条新边，新边同样赋予权值 w_0。

（3）择优连接：新加入的节点 j 依据点强度比重选择与已加入的节点相连接，于是新加入的节点 j 与已加入节点 i 相连接的概率 Π_{ij} 为

$$\Pi_{ij} = \frac{s_i}{\sum_{k \in V} s_k} \tag{3-16}$$

式中，s_i——节点企业 i 的点强度；

s_k——网络任一已加入节点 k 的点强度。

（4）边权动态调整：假设每次新加入的节点都会给被选择连接的节点 i 的点强度 s_i 带来 δ 的增量，即节点 i 的点强度 s_i 会进行如下变化：$s_i \to s_i + \delta + w_0$。接下来，产生的增量 δ 会引发节点 i 及其所有相邻节点的边权进行调整，具体如图 3-5 所示。

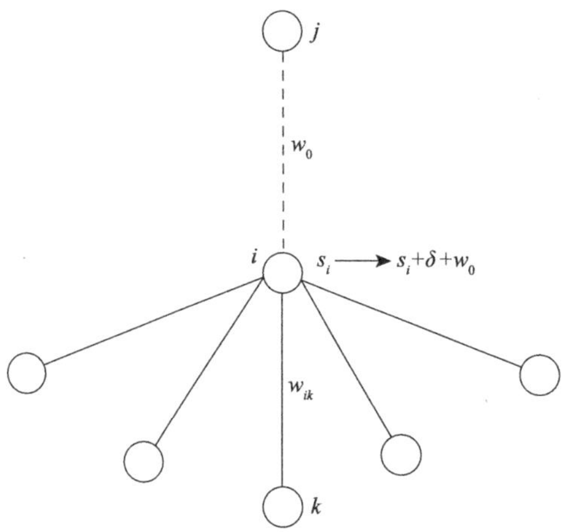

图 3-5　新加入节点引起边权动态调整示意图

图3-5中，节点 i 及其邻居节点 k 之间的边权 w_{ik} 会进行如下调整，即 $w_{ik} \to w_{ik} + \Delta w_{ik}$。其中，$\Delta w_{ik} = \delta \times w_{ik} / s_i$。

最后，经过 t 个时间间隔后，该模型将生成一个具有 $N=m_0+t$ 个节点、网络节点的度、点强度及边权均服从幂律分布的加权无标度网络。

3.4　研发网络的形成模型构建

3.4.1　基本概念

首先，假设研发网络由 N 个研发企业所组成，其中节点代表研发网络中的成员企业，两点间的连线代表两个企业之间具有合作研发关系。简化起见，鉴于现实中许多企业之间的合作研发关系往往是相互的，因此采用无向图 G（V, E）来表示研发网络。其中，V={1, 2, …, N}代表所有节点的集合，$E = \{e_{ij} \mid i, j \in V\}$ 代表所有边的集合。由于节点边的集合 E 中也包含了节点的数量信息，有时研发网络也被简记为 E。同时，将矩阵 $A = [a_{ij}]_{N \times N}$ 作为研发网络的邻接矩阵，定义元素 a_{ij}=1 表示节点企业 i 与 j 存在合作关系，而 a_{ij}=0 则表示两者尚未建立合作关系。

除此之外，基于前面介绍，定义研发网络节点企业 i（$i \in V$）的度为 k_i、聚集系数为 c_i、网络的度分布为 $P(k)$、平均度为 $\langle k \rangle$（该指标反映的是研发企业利用研发网络资源进行资源整合的广度）、平均路径长度为 L（该指标反映的是研发网络内成员企业之间获取研发资源的效率，数值越大说明企业需要经过越多的“中介企业”才能获取到所需要的资源，即成本越高，效率就越低，反之效率就越高）、平均聚集系数为 C。同时，定义 $E' = E + e_{ij} = E \cup e_{ij}$ 或 $E' = E - e_{ij} = E \setminus e_{ij}$，网络 E' 为网络 E 的相邻网络。简化起见，假设研发网络内所有成员企业均处在同一个平面内，于是引入节点企业 i 与 j 之间的物理距离 D_{ij} 这个概念，具体计算公式如下：

$$D_{ij} = \sqrt{(x_i - x_j)^2 + (y_i - y_j)^2} \tag{3-17}$$

式中，x_i——节点企业 i 的横坐标；

y_i——节点企业 i 的纵坐标；

x_j——节点企业 j 的横坐标；

y_j——节点企业 j 的纵坐标。

3.4.2　研发网络的宏观形成阶段

一般来说，研发网络作为由众多研发企业所组成的复杂网络系统，同其他复杂系统一样，整个的形成与演化过程会呈现出生命周期的特征，即通常会经历发展初期、发展成长期、调整期和衰退期这样一个完整的变化过程。事实上，根据复杂适应系统理论，微观研发企业作为适应性个体，通过与外部环境及其他的适应性主体之间的交互行为可以不断地进行自我学习或经验积累，并根据学到的知识适时地改变自身的结构和行为方式，从而做出选择加入或退出研发网络的自主、自利行为。从这个意义上说，研发网络中的研发企业通过这种适应性行为可以不断地寻求自身更好的生存与发展，进而使得整体研发网络在较长的一段时间内处于调整阶段，这与大部分技术创新系统的演化过程是一致的[62]。因此，研发网络的形成与演化过程本质上就是作为适应性主体的微观研发企业在自身收益最大化原则的驱使下，自主选择加入或退出研发网络的自组织演化行为。鉴于研发网络具有的这种自组织演化特征，将研发网络的整个形成过程分为起始阶段、成长阶段和调整阶段。

1. 起始阶段

在起始阶段，受快速获取研发资源、缩短研发周期、提高研发效率等潜在需求的驱动，掌握着行业关键核心研发技术的大型研发企业会首先同少数几个研发企业进行合作结成研发联盟。比如，IBM 与东芝和西门子结成三边研发联盟共同研发新型电脑芯片，波音公司与三菱重工结成研发联盟共同开发波音 767 宽体民用喷气客机等。在起始阶段形成的研发联盟中，那些掌握行业关键核心技术、主动搜寻合作伙伴的企业称为核心企业。这些核心企业会去主动搜寻那些具有专项研发技术的企业进行合作，而那些被动等待选择的企业被称为外围企业。

在起始阶段，核心企业为了找到合适的合作伙伴，会投入大量的人力、物力、财力对外围企业的信誉、研发能力和合作经验等进行全方位的考核，并最终与之建立直接合作关系。而与此同时，那些外围企业之间则由于暂时缺乏信任基础，只能通过核心企业的桥梁作用而彼此形成间接合作关系。因此，在起始阶段，研发网络也称为研发联盟，该阶段的研发联盟呈现出以核心企业为中心的星形网络结构。

2. 成长阶段

随着信息和通信技术的快速发展、市场竞争的日益激烈及研发企业之间资源禀赋的差异性和互补性特征日益明显，研发企业之间进行合作的动机也变得越来越强烈与普遍，彼此之间更愿意也更容易建立合作关系，于是研发网络进入快速成长阶段。因此，处于成长阶段的研发网络的自组织演化特征主要表现在不断有新的企业加入其中，从而使得研发网络具有无标度网络的增长性特征，此时网络的规模效应逐渐形成[63]。具体来说，一方面，研发网络的在位成员企业会不断寻求网络外的企业并试图与之建立新的合作关系；另一方面，网络外企业也会积极与在位企业寻求合作关系以期加入到研发网络之中。因此，这两方面作用将共同导致网络规模效应的快速凸显。基于网络规模效应，假设研发网络每经历一个演化周期，就会有一个新的研发企业试图与网络中的一个在位企业寻求合作关系。

当然，试图加入研发网络的新企业在选择合作伙伴时往往具有一定的偏好性，Hanaki 等将这种偏好性称为企业的择优连接性现象[64]。具体来说，就是一个企业的规模越大、拥有的资源越丰富、合作伙伴越多，就会有越来越多的企业与之建立合作关系。拥有的合作关系数量越多在一定程度上说明该企业具有越高的信任度，将来就越有可能成为其他企业期望合作的对象，最终将越有可能成为集散节点（hub node）。而那些起初拥有合作关系数量较少的企业最终获得的连接关系则很少[65,66]。研发网络之所以具有无标度网络的择优连接特性，主要有两方面原因：一是研发企业在选择合作伙伴时主要参考的是前人的经验；二是寻找到满意的合作伙伴需要付出一定的努力或成本。如果企业自己通过搜集大量信息去寻找可靠满意的合作伙伴，往往会消耗大量的精力和付出相当大的成本，而参考其他企业的合作伙伴就会大大降低搜寻成本。

学者 Albert 和 Barabási 指出，增长性和择优连接性是无标度网络的主要特征[67]。目前，许多学者 Hanaki 等[64]、Roediger 和 Barber[68]、Protogerou 等[69]、Cloodt 等[70]、Barber 等[71]、王珊珊等[29]从不同研究视角提出，研发网络具有无标度网络的增长性和择优连接性两大特征。其中，增长性主要体现为研发网络在运行过程中，在位企业会不断寻求网络外企业的合作，同时网络外企业也会积极与在位企业寻求合作以加入到研发网络中，最终使得研发网络的规模效应不断形成。择优连接性则体现为试图加入研发网络的新企业在选择合作伙伴时往往具有一定的偏好性。具体就是一个在位企业的规模越大、拥有的资源越丰富，就会吸引越来越多的新企业与之建立合作关系，并最终越有可能成为网络的中心节点，而那些起初拥有合作关系数量较少的企业则最终可能成为外围节点。因此，基于上述分析和前人研究成果，本书将成长阶段的研发网络视作无标度网络。为了体现成长阶段研发网络具有的增长性和择优连接性，采用 BA 无标度网络模型的生成算法，提出在成长阶段的 t 时刻，新加入的企业选取研发网络在位企业 i 的概率 $\Pi_i(t)$ 为

$$\Pi_i(t)=\frac{k_i(t)}{\sum_{j\in V_t}k_j(t)} \tag{3-18}$$

式中，V_t——t 时刻研发网络所有节点企业的集合；

$k_i(t)$——t 时刻节点企业 i 的度，其值越大，说明企业 i 被新加入企业选择的概率就越高。

3. 调整阶段

研发网络的规模越大，意味着成员企业能够获取的研发资源就越丰富。但是，过高的网络规模往往也会导致企业之间因管理模式、流程、制度、企业文化、战略目标等不同而阻碍企业之间合作研发目标的最终实现[63]。从这个意义上说，研发网络的规模不宜随着时间的推进而无限增加，只有适度的网络规模才是实现研发资源集聚效应与溢出效应的关键。因此，研发网络的规模达到一定程度后便进入调整阶段。假定在调整阶段，研发网络将不再有新的企业加入其中，即成员企业的数量将基本保持不变。此时，研发网络自组织演化的主要特征就是在位企业之间不断地相互选择与彼此试错，即那些拥有关键先进技术、良好信誉度和较大竞争力的企业很可能会被其他企业选择继续合作，而那些经常不被选择、竞争力较小、信誉度低的企业则很可能会逐渐退出网络[72]。研发网络具有的自组织演化特征反映在网络拓扑结构上，就是在位企业之间是选择维持原有的合作研发或独立研发关系还是解除或建立合作研发关系。

基于上述分析，假设在调整阶段，研发网络每经历一个演化周期，就依据一定概率从网络中选取一对节点企业 i 和 j 来决定两者是否合作。可以看出，如果网络的平均度越高即网络的合作关系越密集，那么选取出的节点企业对之间存在直接合作关系的概率就会越高，否则就越低。此外，简化起见，还假定所有存在直接连接关系的节点企业对具有相同的被选取概率。

而对于那些不存在直接连接关系的节点企业对来说，随机地选取其中的节点对来决定两者是否合作可能并不适用于现实的研发网络。因为许多研究表明，节点企业之间的距离（包括网络距离和物理距离）在研发网络的形成过程中同样发挥着非常重要的作用，具体来说就是节点企业更倾向于同周围的企业进行合作[73,74]。事实上，许多学者如 Barber 等[71]、Hanaki 等[64]、Newman[52]均提出研发网络同时也具有小世界网络的特征。为此，应选取网络距离和物理距离较近的两个企业来决定是否合作，即两个企业间的物理距离和网络距离越短，意味着双方企业进行合作研发所需要的成本就会越低，则双方被选取的概率就会越大。因此，本书提出在调整阶段的 t 时刻，选取研发网络一对在位企业 i 和 j 的概率 $\Pi_{ij}(t)$ 为

$$\Pi_{ij}(t)=\begin{cases}\Pi'(e_{ij}\in E_t)\dfrac{1}{N_t\langle k\rangle_t/2}\\ \left(1-\Pi'(e_{ij}\in E_t)\right)\dfrac{\sigma/d_{ij}(t)+\varsigma/D_{ij}(t)}{\sum_{e_{kl}\notin E_t}\left(\sigma/d_{kl}(t)+\varsigma/D_{kl}(t)\right)}\end{cases} \tag{3-19}$$

式中，E_t——t 时刻研发网络所有边的集合；

$\Pi'(e_{ij}\in E_t)$——t 时刻节点 i 和 j 存在直接连接关系的概率；

N_t——t 时刻研发网络的节点企业总数；

$\langle k\rangle_t$——t 时刻研发网络的平均度；

$d_{ij}(t)$——t 时刻节点企业 i 与 j 之间的网络距离；

$D_{ij}(t)$——t 时刻节点企业 i 与 j 之间的物理距离；

σ——可调参数，表示节点之间网络距离的重要程度，其值越大，表示选择网络距离越短的节点对的概率越高；

ς——可调参数，表示节点之间物理距离的重要程度，其值越大，表示选择物理距离越短的节点对的概率越高。

3.4.3 成员企业的微观决策机制

上面针对研发网络在形成过程中的不同宏观阶段，提出了研发企业如何选择拟合作伙伴进行合作的不同选取规则。而双方最终能否真正建立或解除合作关系则要取决于各自的研发收益。基于复杂适应系统理论，研发企业作为适应性主体，其选择合作伙伴、进而建立或解除合作关系等自主行为会导致研发网络在形成过程中具有自组织演化的特征。而研发企业做出上述建立或解除合作关系决策的最基本出发点或原则就是如何实现自身研发收益的最大化[45]。下面，首先定义研发网络中节点企业 i 在 t 时刻取得的研发收益 $s_i(t)$ 。

我们知道，研发企业进行研发活动需要具备一定的知识储备，而不同的企业在知识禀赋上存在着差异。有些企业经常从事研发活动，那么其积累的研发知识就会相对多一些。正是由于知识禀赋上的这种差异性，单个企业要想拥有持续创新与研发能力，就必须与其他企业进行合作研发充分利用外部研发资源才能实现知识上的互补。从这个意义上说，知识禀赋的差异性在一定程度上促使了不同企业之间合作研发的实现。

此外，按照知识是否可以用文字、数字、图形等语言清晰地进行描述及是否可以在企业之间进行传递、沟通与交流这个标准，将研发网络中每个研发企业所拥有的知识分为显性知识和隐性知识这两种类型。基于此，不妨假设企业 i 的知

识禀赋 $\omega_i = (\omega_i^A, \omega_i^B)$。其中，$\omega_i^A$ 指的是企业 i 拥有的研发设备、研发流程与工艺、软件、操作规范与规章制度等显性知识，ω_i^B 指的是企业 i 所拥有的研发能力、技能、窍门、经验等隐性知识。

对研发网络来说，成员企业拥有的知识储量除了包括自身的知识禀赋，还包括从研发网络中其他企业那里获得的知识溢出。而这些知识溢出则主要是企业通过直接或间接与其他企业进行合作来获取的。因此，简化起见，这里仅考虑从其他企业获得的知识溢出作为企业增加的知识储量。同时，考虑到现代通信技术的快速发展，知识在企业之间的传递过程受双方的物理距离影响越来越小。于是，假设知识溢出的效率仅与企业之间的网络距离有关，即企业获取的知识溢出量随着该企业与其他企业之间网络距离的增加而减少，而与彼此之间的物理距离无关。因此，最后提出企业 i 在 t 时刻所拥有的显性知识储量 $\varpi_i^A(t)$ 和隐性知识储量 $\varpi_i^B(t)$ 的计算公式如下：

$$\varpi_i^A(t) = \omega_i^A + \sum\nolimits_{j\in V_t}\left(\delta^{d_{ij}(t)} \times \max\{0, \omega_j^A - \omega_i^A\}\right) \tag{3-20}$$

$$\varpi_i^B(t) = \omega_i^B + \sum\nolimits_{j\in V_t}\left(\delta^{d_{ij}(t)} \times \max\{0, \omega_j^B - \omega_i^B\}\right) \tag{3-21}$$

式中，ω_i^A ——企业 i 拥有的显性知识禀赋；

ω_i^B ——企业 i 拥有的隐性知识禀赋；

ω_j^A ——企业 j 拥有的显性知识禀赋；

ω_j^B ——企业 j 拥有的隐性知识禀赋；

V_t ——t 时刻研发网络的所有节点企业集合；

$d_{ij}(t)$ ——t 时刻节点企业 i 与 j 之间的网络距离；

δ ——知识溢出效率，也称为距离衰减系数，表示企业之间知识传递过程中衰减的速度。其值 $(0 \leqslant \delta \leqslant 1)$ 越小，表示知识衰减的速度越快。

然后，借鉴科布–道格拉斯生产函数的思想，假设研发网络中的成员企业主要利用自身的知识禀赋及通过直接或间接合作关系获取的知识溢出来进行研发活动从而产生研发收入，于是提出节点企业 i 在 t 时刻获得的研发收入 $\gamma_i(t)$ 与显性知识储量 $\varpi_i^A(t)$ 和隐性知识储量 $\varpi_i^B(t)$ 存在如下函数关系：

$$\gamma_i(t) = \sqrt{\varpi_i^A(t)\varpi_i^B(t)} \tag{3-22}$$

当然，企业进行合作研发需要付出相应的研发成本。通常来说，研发成本主要包括两个部分：一是企业进行研发所投入的固定成本，即所谓的内部成本；二是变动成本，即企业与其他企业进行合作（包括直接合作或间接合作）所付出的成本，其中假定该变动成本仅与企业之间的物理距离有关。不难理解，双方企业之间的物理距离越大，双方进行合作时所必需的物料运输成本、人员往来成本、

信息沟通成本等就会越大。因此，提出节点企业 i 在 t 时刻所需付出的研发成本 $\theta_i(t)$ 为

$$\theta_i(t)=\theta_0+\sum_{j\in V_t}\varepsilon\times D_{ij} \tag{3-23}$$

式中，θ_0——企业研发所投入的固定成本，即内部成本；

V_t——t 时刻研发网络所有节点企业的集合；

ε——单位物理距离所付出的成本；

D_{ij}——企业 i 与 j 之间的物理距离。

接下来，综合式（3-22）和式（3-23），可以得出企业 i 在 t 时刻获得的研发收益 $s_i(t)$，计算公式如下：

$$\begin{aligned}s_i(t)&=\gamma_i(t)-\theta_i(t)\\&=\sqrt{\varpi_i^A(t)\varpi_i^B(t)}-\theta_0-\sum_{j\in V_t}\varepsilon\times D_{ij}\end{aligned} \tag{3-24}$$

基于此，根据企业 i 在 t 时刻获得的研发收益 $s_i(t)$，提出研发网络在 t 时刻的平均收益（average surplus）系数 $S(t)$ 这一指标。该指标指的是研发网络所有成员企业在 t 时刻所取得的研发收益 $s_i(t)$（i=1, 2, ⋯, N）的平均值，计算公式如下：

$$S(t)=\frac{1}{N}\sum_{i\in V_t}s_i(t) \tag{3-25}$$

式中，网络的平均收益系数 $S(t)$ 也称为网络的利用效率，数值越大，说明该网络的利用效率越高。

接下来，研发网络中的成员企业将在自身研发收益最大化原则的驱动下，适时地建立或解除自己与其他企业之间的合作关系。而企业做出上述决策的总体原则就是：某一时刻，对研发网络中已经存在直接合作关系的两个企业来说，如果至少有一个企业认为解除合作关系会对自身更好，那么这两个企业将会解除合作关系，否则将继续保持原有的合作关系；或者对于尚未存在直接合作关系的两个企业来说，如果它们认为建立合作关系会对双方都有利可图，那么这两个企业之间将会建立合作关系，否则将保持原有的关系不变。具体来说，在研发网络任一形成阶段的 t 时刻，企业 i 和 j 依据该形成阶段的选择规则被选取出来之后，将根据如下原则来决定是否保持原有的关系：如果 $e_{ij}\in E_t$，即企业 i 和 j 已经存在直接合作关系，除非 $s_i(E_t-e_{ij})\leqslant s_i(E_t)$ 和 $s_j(E_t-e_{ij})\leqslant s_j(E_t)$ 这两个条件同时成立，否则企业 i 和 j 将仍然保持原有的合作研发关系不变。否则，如果其中任意一方在解除与对方的合作关系之后出现了自身研发收益增加的情况时，双方将取消该合作关系；如果 $e_{ij}\notin E_t$，只有当 $s_i(E_t+e_{ij})\geqslant s_i(E_t)$ 和 $s_j(E_t+e_{ij})\geqslant s_j(E_t)$ 这两个条件同时成立且其中任意一方的研发收益为严格增加时，双方才会建立新的合作研发关系，否则双方将保持原有的关系不变。

从上述原则可以看出，上述的研发决策假设研发网络中的所有成员企业均是完全理性决策者，即企业所做出的合作与否的决策完全是依据自身研发收益最大化原则而做出的，其决策是理性和完全科学准确的。然而在现实生活中，由于信息的不对称和其他偶然因素的干扰，每个研发企业所做出的研发决策不一定都是完全理性的。鉴于此，引入研发决策误差因子 ζ（ $0<\zeta<1$ ），以此表示企业双方将以某一概率 ζ（ $0<\zeta<1$ ）去改变各自原先做出的理性决策，从而使研发网络的形成理论模型更加符合现实情况。

基于上述分析与假设，成员企业追求自身收益最大化这个行为原则将推动着研发网络的整个拓扑结构不断发生变化。最终，研发网络的拓扑结构将会达到一种稳定状态。学者 Jackson 和 Watts[75]结合成员企业的研发收益函数，提出了一个网络 E 如果被称为稳定网络，必须同时满足两个条件：①对于所有的 $e_{ij}\in E$ ， $s_i(E_t-e_{ij})\leqslant s_i(E_t)$ 并且 $s_j(E_t-e_{ij})\leqslant s_j(E_t)$ ；②对于所有的 $e_{ij}\notin E_t$ ，如果 $s_i(E_t+e_{ij})>s_i(E_t)$ ，则必有 $s_j(E_t+e_{ij})<s_j(E_t)$ 。因此，当研发网络处于稳定状态时，其拓扑结构将基本不再发生变化，即没有成员企业进出网络，同时成员企业之间的关系也将基本保持不变。

3.5　数值仿真及结果分析

下面，将对构建的研发网络形成模型进行数值仿真，以此揭示研发网络的形成过程及其规律。在此之前，有必要对研发网络形成模型中的部分参数取值进行固化。首先，在起始阶段，不妨假设研发网络的初始成员企业总数 N_0=6，并呈现出以核心企业为中心的星形网络结构，同时假定外围企业之间以 p=25%的概率建立合作关系；为了研究知识溢出效率 δ 的变化对研发网络整个形成过程的影响，令参数 θ_0 =0；同时假定节点之间的网络距离和物理距离对企业选择合作伙伴行为的重要程度相同，因此令 $\sigma=\varsigma$=1；基于对现实研发网络规模的分析与总结，不妨假定研发网络的最大可能规模 $N_{\max}$=300，于是假设研发网络在成长阶段总共经历 300 个演化周期；根据 Johnson 和 Gilles[76]的研究成果，当网络规模 N 为偶数时，单位物理距离所付出的成本 $\varepsilon=2/N_{\max}$ ，于是不妨假设 $\varepsilon\approx0.01$；简化起见，假设成员企业 i 的知识禀赋 $\omega_i=(\omega_i^A,\omega_i^B)$ 服从 0 到 1 的均匀分布，即 $\omega_i^A\sim U(0,1)$ 和 $\omega_i^B\sim U(0,1)$ 。因此，公式（3-24）可简化为如下形式：

$$s_i(t)=\sqrt{\varpi_i^A(t)\varpi_i^B(t)}-0.01\sum\nolimits_{j\in V_t}D_{ij} \qquad (3\text{-}26)$$

此外，基于 Jackson 和 Watts[75]的研究成果，当决策误差因子 $\zeta\to0$ 时，网络的演化过程最终将收敛于唯一的稳定状态。因此，提出决策误差因子 ζ 随着研发网络生成过程中演化周期 T 的推进而逐渐趋于零，具体公式如下：

$$\zeta=\begin{cases}0.05, & T<500\\ 1/T, & T\geqslant 500\end{cases} \tag{3-27}$$

接下来，将运用 MATLAB 软件，对 δ =0.50 时，处于不同形成阶段的研发网络的拓扑结构进行数值仿真，并通过 Pajek 软件对研发网络的拓扑结构进行了可视化操作，具体结果如图 3-6 所示。

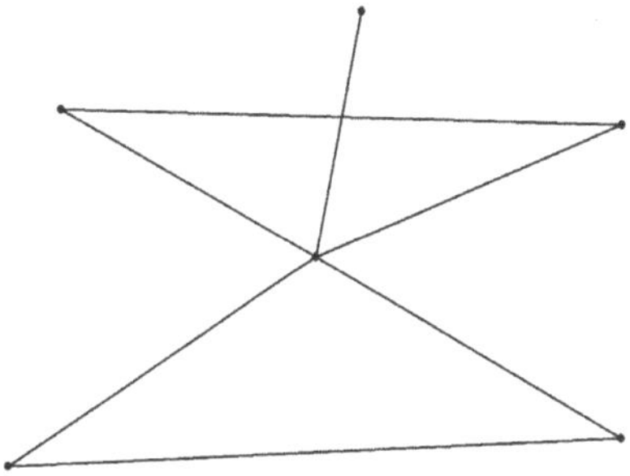

T=0

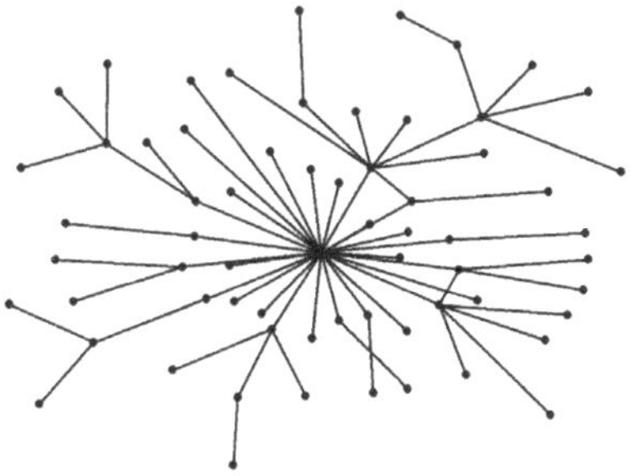

T=100

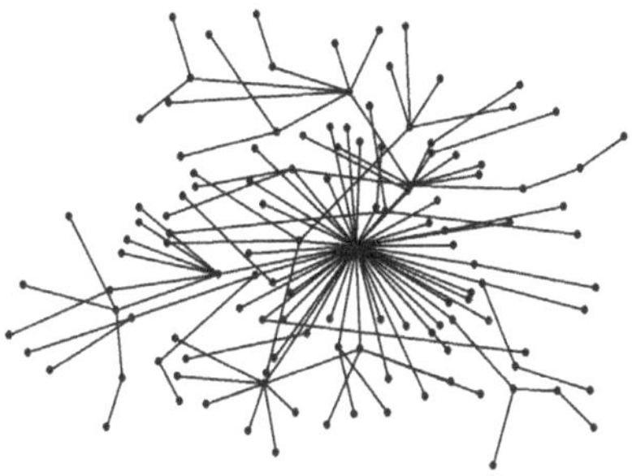

T=200

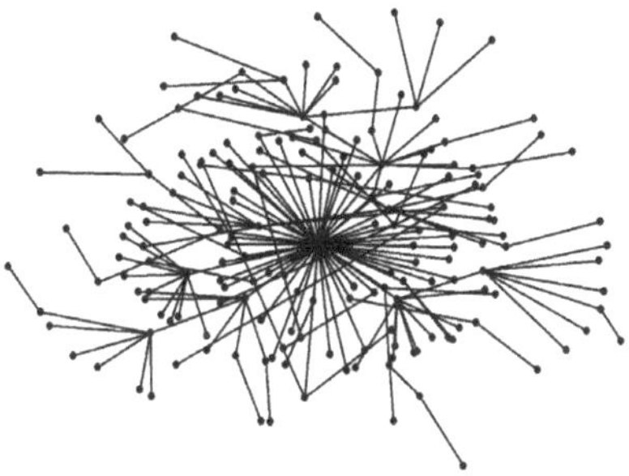

T=300

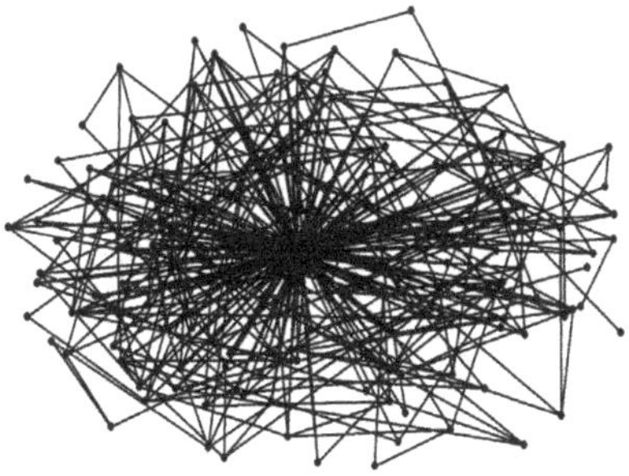

T=650

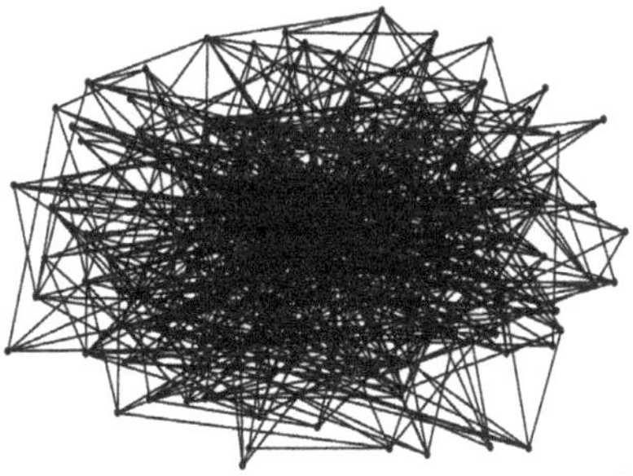

T=1000

图 3-6　研发网络的整个形成过程（δ=0.50）

图 3-6 较为形象地呈现了当知识溢出效率 δ=0.50 时，处于不同演化周期时研发网络的拓扑结构。可以看出，当 T=0 时，即研发网络处于起始阶段时，仅有 6 个研发企业通过合作关系形成了研发联盟。在研发联盟中，一个核心企业与其余 5 个外围企业形成了直接合作关系，而 5 个外围企业之间由于缺乏信任基础，相互之间的合作关系数量相对较少，从而呈现出了以核心企业为中心的星形网络结构。此后，研发网络进入了快速发展的成长阶段，此时网络的规模快速扩大。例如，当 T=100 时，研发网络的成员研发企业总数 $N_{T=100}$=65；当 T=200 时，网络的规模 $N_{T=200}$=124；当成长阶段结束即当 T=300 时，此时研发网络的规模达到了最大值，$N_{T=300}$=179。成长阶段结束后，研发网络接下来进入调整阶段。在调整阶段，研发网络的规模基本保持不变，即 $N_{T=650}$=$N_{T=1000}$=179，此时网络拓扑结构的变化主要体现为成员企业之间不断选择维持原有的合作研发（或独立研发）关系不变还是解除（或建立）合作研发关系。最后，当 T=1000 时，研发网络的整个形成过程结束，拓扑结构将基本保持不变。

3.5.1 研发网络的主要特征统计量（δ=0.50）

上述数值仿真结果仅大致呈现了研发网络在整个形成过程中的基本规律。为了更加准确地描述研发网络在整个形成过程中的演化情况及规律，首先对 δ=0.50 时，研发网络规模随时间的变化情况进行了数值仿真，具体结果如图 3-7 所示。

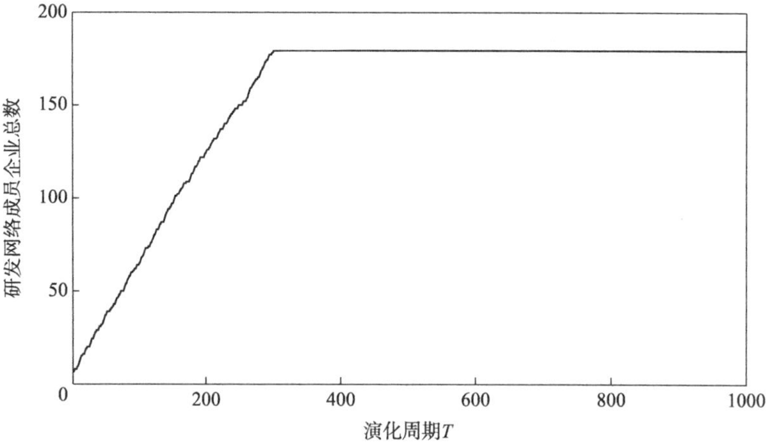

图 3-7 研发网络成员企业总数的变化情况（δ=0.50）

从图 3-7 可以看出，当 T=0 即当研发网络处于起始阶段时，只有 6 个研发企业结成研发联盟。而随着研发网络进入成长阶段，网络的规模快速增加直到成长阶段结束，此时研发网络的成员企业总数达到了最大值 179 个。此后，研发网络进入调整阶段，此时网络的规模保持不变，即没有新的研发企业加入到研发网络之中。因为对研发网络而言，规模过大或过小都不适合成员企业的发展，而只有适度的网络规模才能够真正实现研发资源的集聚效应。

为了进一步全面描述研发网络整体宏观特征在形成过程中的变化情况，接下来对衡量复杂网络整体宏观特征的主要特征统计量——平均度 $\langle k\rangle$ 、平均路径长度 L、聚集系数 C 及平均收益系数 S 的变化情况进行了数值仿真，具体结果如图 3-8 的四个子图所示。

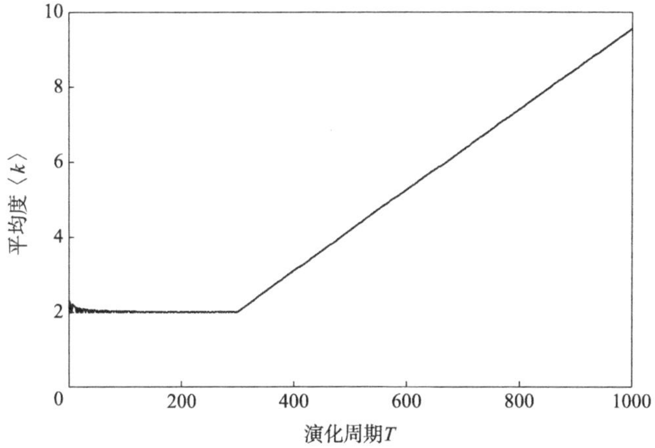

（a）研发网络平均度的变化情况（ δ =0.50）

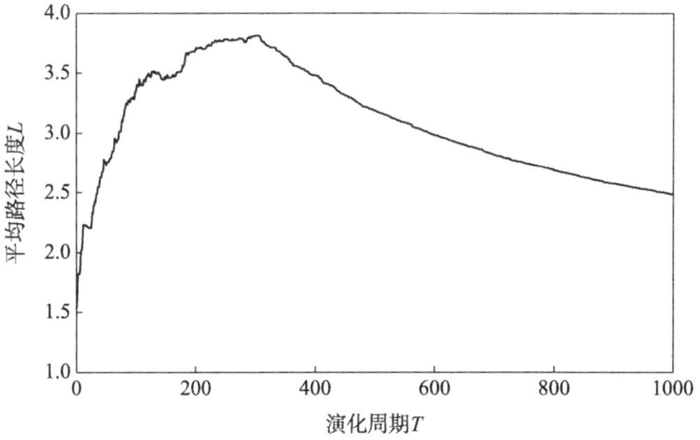

（b）研发网络平均路径长度的变化情况（ δ =0.50）

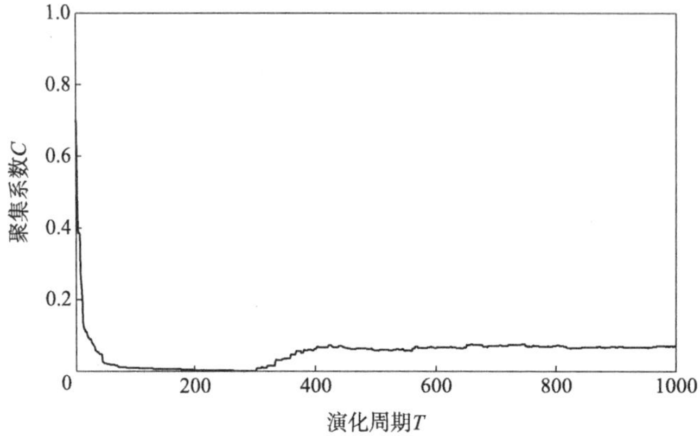

（c）研发网络聚集系数的变化情况（ δ =0.50）

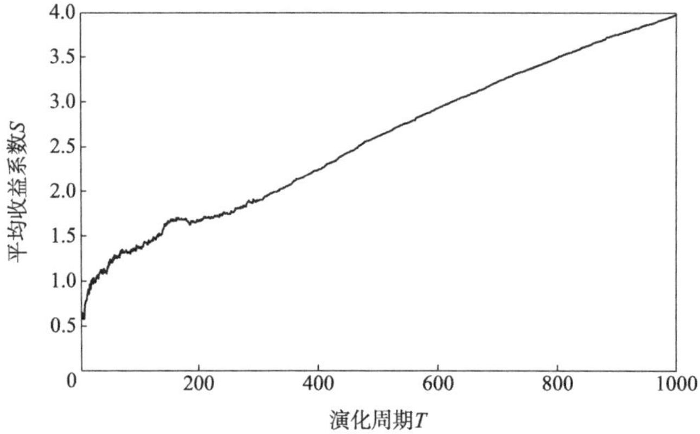

（d）研发网络平均收益系数的变化情况（ δ =0.50）

图 3-8　研发网络宏观特征统计量的变化情况（ δ =0.50）

从图 3-8 的四个子图可以看出，当研发网络从起始阶段进入成长阶段直到成长阶段结束即处于演化周期 1～300 时，研发网络的平均度 $\langle k\rangle$ 的下降趋势不大明显，只是从 T=0 时的 2.33 减小到了 T=300 时的 2.01。与此同时，研发网络的聚集系数 C 呈现出迅速下降的趋势，从 T=0 时的 0.7 迅速下降到 T=300 时的 0.0013。而平均路径长度 L 和平均收益系数 S 在此期间呈现出上升的趋势，其中平均路径长度 L 从 T=0 时的 1.53 增加到 T=300 时的 3.81，平均收益系数 S 从 T=0 时的 0.58 增加到 T=300 时的 1.90。因此，根据上述四个特征统计量的不同变化趋势可以看出，当研发网络处于成长阶段时，由于每个演化周期会有一个新的研发企业试图与研发网络中的一个成员企业建立合作关系。于是，由于互补性研发知识差异性的存在，双方在自身研发收益最大化原则的驱动下，彼此之间建立合作关系的概率较大。因此，处于成长阶段的研发网络规模不断扩大，平均度几乎保持不变。

此外，新加入的企业之间暂时缺乏信任基础，为了减少彼此之间因直接合作而可能产生的风险，它们更容易也更愿意只与核心企业建立直接合作关系，因而它们彼此之间的直接合作关系数量较少，只能通过核心企业的桥梁作用形成间接合作关系。因此，在成长阶段，研发网络的平均路径长度呈现出增加的趋势。同时，新加入的企业彼此之间的联系较少，形成小团体的可能性就较小，因而研发网络的聚集系数在该成长阶段呈现出迅速下降的趋势。对于平均收益系数 S 而言，新加入的研发企业与在位企业是否建立合作关系完全是依据自身研发收益最大化的原则做出的，只有当双方认为建立合作关系对彼此都有利可图时才会建立合作关系，因而平均收益系数呈现出逐渐上升的趋势。

当研发网络进入调整阶段即当 $T > 300$ 时，网络的平均度 $\langle k \rangle$ 逐渐上升，从 T=301 时的 2.02 持续增加到 T=1000 时的 9.55。平均路径长度 L 则有所下降，从 T=301 时的 3.81 减小到 T=1000 时的 2.48。聚集系数 C 呈现出缓慢增加的趋势，从 T=301 时的 0.0013 缓慢增加到 T=1000 时的 0.070。平均收益系数 S 始终保持上升的趋势，从 T=301 时的 1.90 持续增加到 T=1000 时的 3.97。该数值仿真结果说明，随着通信技术的快速发展和日益普及，处于调整阶段的研发网络的研发企业之间可以逐渐打破时间和地域的限制，最大限度地实现技术、人才、设备、物资、信息、知识等资源的互利共享，从而为企业之间建立合作关系提供了技术保障。

同时，经过成长阶段的间接合作，外围企业之间对彼此有了进一步的了解，逐渐建立起了一定的信任基础。在此背景下，研发网络内那些尚未建立直接合作关系的研发企业在自身研发收益最大化原则的驱动下，开始不断与对方建立直接合作关系，因而网络的合作关系数量有了显著增加，这从不断增加的网络平均度可以清晰地看出。与此同时，随着网络平均度的增加，企业之间的网络距离就变得越来越短，网络的平均路径长度随之减小，这在一定程度上增加了小团体出现的可能性，因而网络的聚集系数有所增加。同样，由于自身研发收益最大化原则的推动，研发网络的平均收益系数 S 在调整阶段仍然处于持续增加的趋势。

当调整阶段结束时，意味着研发网络的整个形成过程就此完成。此时，研发网络的最终规模即成员企业总数 N=179，平均度 $\langle k \rangle$=9.55，聚集系数 C=0.070，平均路径长度 L=2.48，平均收益系数 S=3.97。此外，为了进一步描述最终形成过程结束后的研发网络拓扑结构特征，对 δ=0.50 时的网络度分布状态进行了呈现，具体如图 3-9 所示。

从图 3-9 可以发现，最终形成的研发网络度分布大致满足幂律分布形式，即 $P(k)$ 基本上随着节点度 k 的增加而呈现指数形式衰减的趋势，这在一定程度上说明研发网络具有较明显的无标度网络结构特征。究其原因，在研发网络的整个形成过程中，新加入的企业想要寻找到满意的合作伙伴需要搜集大量的信息和付出一定的搜寻成本，这对企业来说往往得不偿失。因此，它们在选择合作伙伴时往往倾向于参考“前

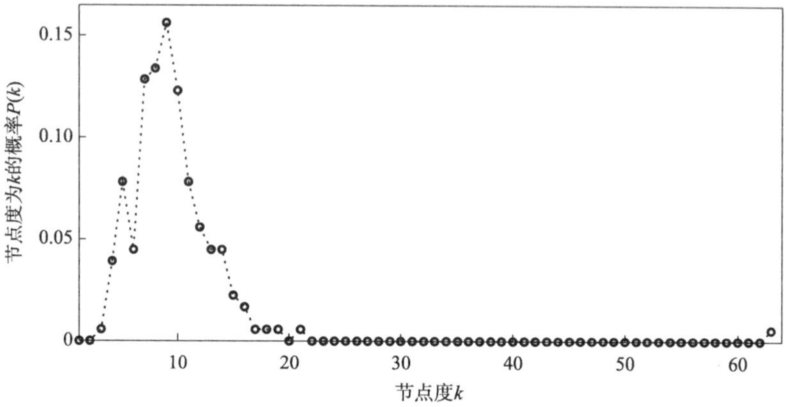

图 3-9　研发网络的度分布（ δ =0.50）

人的经验”，这种惯性行为使得研发企业产生了所谓的“共同意识”。这种“共同意识”的存在使得那些在最初阶段就获得大量合作关系的企业随着时间的推移，逐渐成为其他新加入企业期望合作的对象，从而导致研发网络在形成过程中逐渐涌现出了少数几个明星节点。这些明星节点获得了大量的合作机会，于是就成为网络中的集散节点[64]，而且，这些明星节点企业自身拥有着相对于外围企业更为丰富的研发资源和更高的信誉度，从而导致外围企业之间更倾向于通过明星企业的桥梁作用而建立间接的合作关系，而外围企业彼此之间的直接合作关系则相对较少。从图 3-9 可以看出，大多数成员企业的节点度集中在 3～11，该类企业占到了研发网络成员企业总数的 79%。此外，学者 Protogerou 等[69]、Roediger 和 Barber[68]、Hanaki 等[64]、Cloodt 等[70]的研究成果也在一定程度上支持了数值仿真得出的结论，这也说明了构建的研发网络形成模型的有效性和合理性。

3.5.2　知识溢出效率 δ 对研发网络形成过程的影响

知识溢出效率 δ 也称为距离衰减系数，表示企业之间知识传递过程中衰减的速度。知识溢出效率数值越小，表示知识衰减的速度越快，其值越大，表示知识衰减的速度越慢，即知识传递的效率也就越高。因此，知识溢出效率 δ 是研发网络形成模型中的重要参数，对研发网络的整个形成过程具有重要的影响。而且，研究参数 δ 如何影响研发网络的形成过程，对成员企业制定适合自身的研发战略乃至政府部门制定科学合理的宏观政策以保持研发网络的持续健康发展均具有一定的理论及现实价值。于是，分别对 δ =0.10、δ =0.30、δ =0.50、δ =0.70、δ =0.90 时，研发网络的四个特征统计量——平均度 $\langle k \rangle$ 、平均路径长度 L、聚集系数 C、平均收益系数 S 随演化周期 T 的变化情况进行了数值仿真，具体如图 3-10 所示。

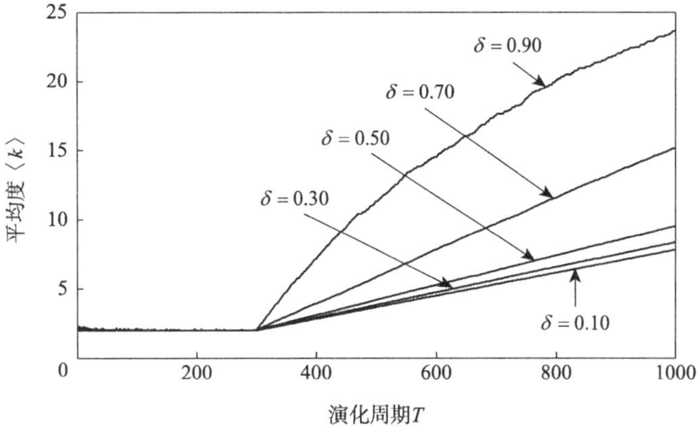

（a）知识溢出效率 δ 对研发网络平均度的影响

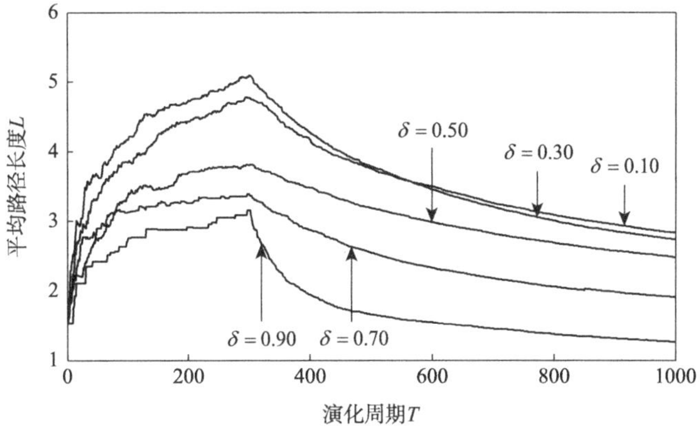

（b）知识溢出效率 δ 对研发网络平均路径长度的影响

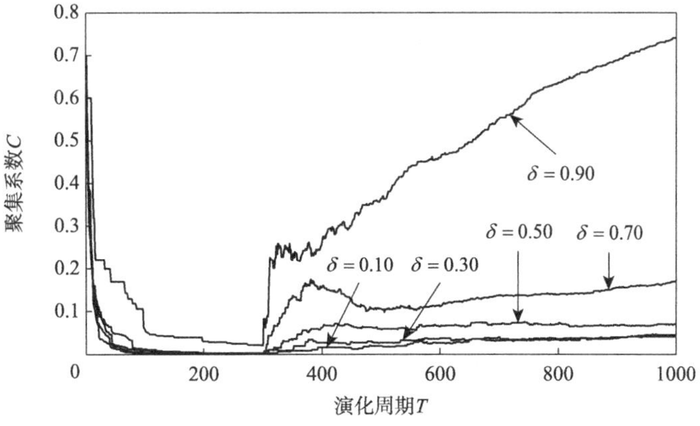

（c）知识溢出效率 δ 对研发网络聚集系数的影响

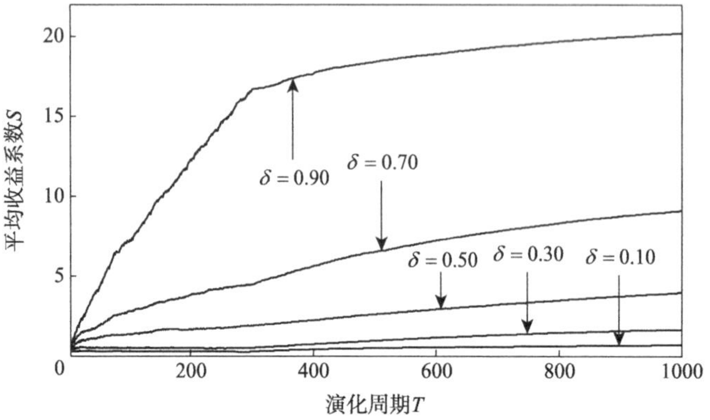

（d）知识溢出效率 δ 对研发网络平均收益系数的影响

图 3-10 知识溢出效率 δ 对研发网络特征统计量的影响

从图 3-10 的四个子图可以看出，不管参数 δ 取何值，上述四个特征统计量——平均度 $\langle k\rangle$ 、平均路径长度 L、聚集系数 C、平均收益系数 S 各自呈现出大致相同的变化趋势，这再次验证了图 3-8 中的仿真结果。此外，不同的知识溢出效率对不同的特征统计量具有不同的影响。其中，对平均度 $\langle k\rangle$ 、聚集系数 C 和平均收益系数 S 来说，在任意的演化周期 T，知识溢出效率越高即 δ 值越大，三者数值越大。而对平均路径长度 L 来说则正好相反，知识溢出效率越高即 δ 值越大，其值越小。说明在研发网络的任一形成时刻，知识溢出效率 δ 的提高，进一步激发了研发企业参与合作研发的热情和积极性，不断吸引越来越多的新企业加入到研发网络之中，网络的规模也随之增加。与此同时，随着知识溢出效率的提高，尚未建立直接合作关系的成员企业之间在自身研发收益最大化的驱使下，更加倾向于与对方建立合作关系以提高自身收益，因而网络的平均度随之增加。网络平均度的增加进而在一定程度上减少了任意两个企业之间进行合作交流所必须经历的中间环节数量，即减少了两者之间的网络距离，因而网络的平均路径长度也随之减小。此外，由于知识溢出效率的增加，同一研发企业的两个合作伙伴之间建立直接合作关系的可能性也随之增加，网络的聚集系数也随之增加，即研发网络内部出现了更多的小团体结构。对平均收益系数 S 来说，随着知识溢出效率的提高，网络的知识溢出效应更加明显，企业通过多边的合作研发关系最大限度地实现了研发知识的互补从而提高了自身收益，因而网络的平均收益也随之提高。

知识溢出效率与网络各个特征统计量之间的关系对政府部门制定宏观政策从而引导研发网络的持续健康发展也具有一定的启示作用。例如，如果政府的目标是想增加研发网络的整体福利水平和规模，应积极地提高成员企业之间的知识溢出效率，提供有助于企业间知识溢出与扩散的便利条件和优惠措施，提供更加完善的通信和交通设施来减少企业之间传递知识和信息的成本，从而为企业之间的合作研发提供更加便利的条件。

当然，随着知识传递效率的不断提高，成员企业为了获取所需研发资源而付出沟通与交流的成本也会变得越来越低，从而导致企业与合作伙伴建立或解除合作关系的现象越来越普遍，其门槛越来越低，这意味着研发企业发生不诚信行为的机会成本进一步降低，从而在一定程度上增加了某些企业窃取对方企业关键核心技术、传递虚假信息、中途违约等不诚信或不道德行为发生的可能性。鉴于此，除了企业自身加强防范意识和措施以外，政府部门还应该制定相应的措施来防止此类道德风险的发生。其中一个应对措施就是鉴于核心企业在研发网络中的集散地位及掌握着大量的合作企业信息，可以让那些核心企业充当监督角色，借助核心企业的便利条件建立研发网络内成员企业的信用收集、共享和反馈机制，为那些不诚信行为设定较高的机会成本与门槛，这有助于整体研发网络信用机制的建立[77]，从而可以在一定程度上保证研发网络的持续健康发展。

3.6 实 例 验 证

为了说明所构建研发网络形成模型的合理性和可适用性，接下来将以 IT 行业内的诺基亚（Nokia）公司为核心企业构建起来的研发网络作为实例，对该理论形成模型进行验证。之所以选择 IT 行业，是因为该行业是目前最典型地具有研发网络特征且最活跃的行业之一。学者 Hagedoorn[78]通过研究发现，自 20 世纪 90 年代以来，IT 行业就已经成为高科技领域中具有研发网络组织形态最普遍的行业，其中以诺基亚公司为主导企业而构建起来的研发网络最具代表性。

诺基亚公司成立于 1865 年，当时主要从事造纸及纸浆生产业务。1922 年与芬兰电缆厂和橡胶厂合并后，逐步向橡胶、轮胎、电缆等领域发展，并在电缆厂成立了电子部。后来，诺基亚公司逐步由橡胶、电缆等传统领域转变成一个经营电子产品如计算机、调制解调器、路由器的高科技公司。此后，诺基亚公司通过一些并购活动尤其是并购移动电话厂商，一举奠定了手机业务的领先地位。事实上，在诺基亚公司通信业务的增长过程中，研发网络发挥了重要的作用。总体来看，诺基亚的研发网络是基于其在网络中的主导优势、核心能力和超前的研发战略而不断发展壮大的，其生成过程总共经历了两个重要的发展阶段。

（1）第一阶段：从 1997 年开始，诺基亚积极与国内外企业、科研机构和高等院校进行各种类型的合作，并逐渐形成了具有一定规模的研发联盟网络。其中在 1997～1998 年，诺基亚公司先后与 11 个研发企业如 Siemens（西门子）、Motorola（摩托罗拉）、IBM、Intel（英特尔）、Sony（索尼）、Ericsson（爱立信）等结成了研发联盟网络。在此期间，诺基亚公司通过不断同网络中的其他公司进行合作并向它们学习，逐渐成为全球通信市场中最主要的公司之一，并在各个标准市场中均达到了领先地位。图 3-11 就是第一阶段即 1997～1998 年以诺基亚公司为核心企业建立起来的研发网络拓扑结构[1]。

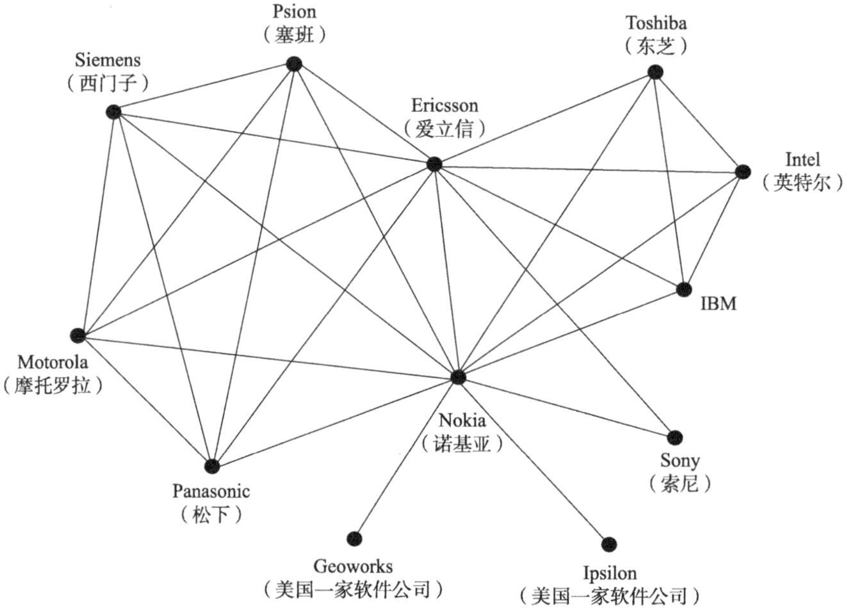

图 3-11　第一阶段的诺基亚研发网络（1997～1998 年）

（2）第二阶段：随着第三代信息技术的快速发展，许多研发企业意识到单靠自身研发能力已很难适应瞬息万变的技术市场，于是联合研发一些通用的信息技术就显得很有必要。其中最明显的一个实例就是 2001 年，诺基亚公司和日本电报电话公共公司（Nippon Telegraph & Telephone，NTT）通过签订合作协议来共同联合研发基于宽带码分多路访问（wideband code division multiple access，WCDMA）的第三代移动通信技术。在 2001～2002 年，诺基亚的研发网络成员企业数量开始迅速增加，其成员企业数量已增加到 40 多个。诺基亚公司通过构建更大规模的研发网络不断地培养自我学习能力，高效率地吸收研发网络其他成员企业的研发知识和资源。这一阶段，诺基亚已经成为 WCDMA 标准与技术最大的知识产权持有者。到 2002 年为止，在欧洲电信标准学会、日本无线电工商业协会及电信技术委员会等几家标准化机构注册的基本专利中，诺基亚的基本专利占到了 25%以上[79]。图 3-12 就是第二阶段即 2001～2002 年以诺基亚公司为核心构建起来的研发网络拓扑结构[1]。

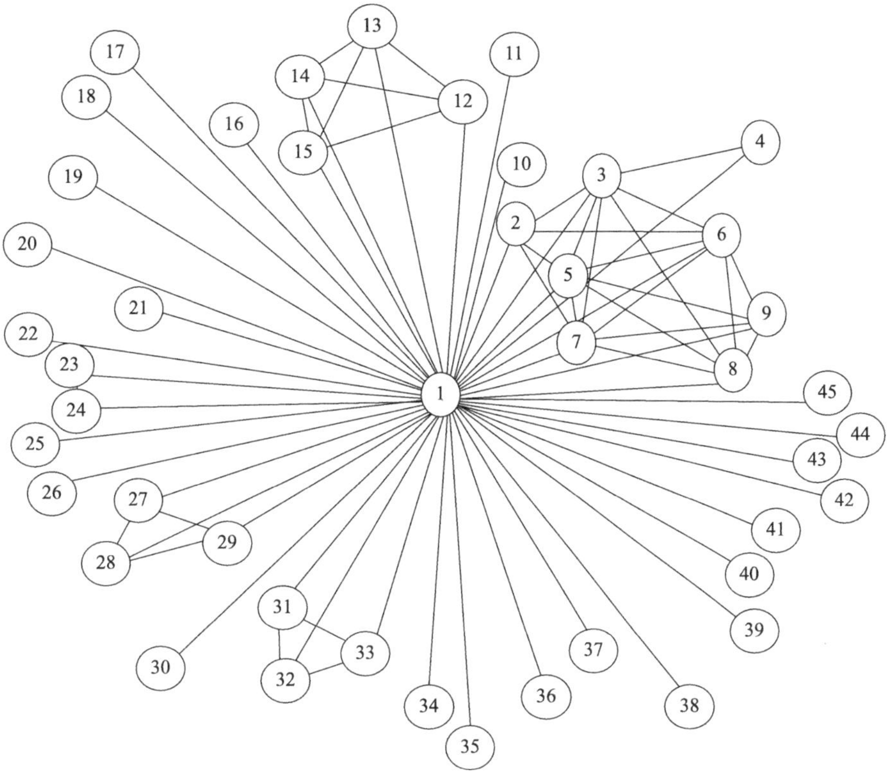

注：①Nokia（诺基亚）；②Siemens（西门子）；③Sony-Ericsson（索尼-爱立信）；④Au-Systems（Au 系统）；⑤Motorola（摩托罗拉）；⑥Logica（霍美斯）；⑦Cmg（Computer Modelling Group Ltd.，加拿大一家软件公司）；⑧Converse（匡威）；⑨Ericsson（爱立信）；⑩Sony（索尼）；⑪Supedo（英国一家公司）；⑫Ptic（普天）；⑬Catt（一家计算机软件公司）；⑭LG-Electronic（LG 电子）；⑮Texas Instruments（德州仪器）；⑯Wfi（美国沃富）；⑰Shanghai-Alliance（上海联盟）；⑱Zhejiang University（浙江大学）；⑲Telefónica（Telefónica of Spain，西班牙电话公司）；⑳TietoEnator（叠拓）；㉑Telenor（挪威一家电信公司）；㉒Sci-Systems（新美亚）；㉓Visa（维萨）；㉔Nordea（瑞典北欧联合银行，又称诺底亚银行）；㉕Primatel（英国一家信贷公司）；㉖Ntt-Docomo（日本一家移动通信运营商）；㉗Radiolinja（芬兰一家无线通信运营商）；㉘Luottokunta（芬兰一家移动通信运营商）；㉙IBM；㉚Marconi（意大利马可尼公司）；㉛Sampo（中国台湾新宝股份有限公司）；㉜3i group（英国一家私募股权投资公司）；㉝Accenture（德国埃森哲）；㉞Iss（丹麦欧艾斯公司）；㉟Intel（英特尔）；㊱Redback（瑞德贝克科技公司）；㊲Macromedia（美国一家软件公司）；㊳Elisa（芬兰一家通信服务公司）；㊴Checkpoint（以色列捷邦公司）；㊵Mavi Computer-Assoc（美国一家软件公司）；㊶Kone（芬兰通力公司）；㊷Intertrust（美国联聚信科软件公司）；㊸HP（Hewlett-Packard，美国惠普公司）；㊹Realnetworks（美国一家提供流媒体软件与服务的公司）；㊺724-Solutions（美国一家提供移动互联网解决方案的供应商）

图 3-12　第二阶段的诺基亚研发网络（2001～2002 年）

通过将第一阶段（图 3-11）和第二阶段（图 3-12）的诺基亚研发网络与运用数值仿真方法生成的研发网络（图 3-6）进行对比，发现不管是现实的诺基亚研发网络还是通过数值仿真生成的研发网络，两者都经历了从小到大、从简单到复杂的发展过程。此外，诺基亚研发网络的形成过程并不是在外部指令下强制进行的，而是由研发企业基于自身战略发展需要、技术实力和外部环境变化，在自身研发收益最大化原则的驱动下自主加入而形成的。研发企业选择加入或退出网络的决策完全是依据自身利益而做出的，因而，诺基亚研发网络具有自组织演化的特征，这也在一定程度上验证了理论模型的合理性。

此外，从图 3-11 和图 3-12 可以形象地看出，随着网络规模的不断扩大，诺基亚公司在整个研发网络中的集散作用日益凸显，充当着明星节点的作用，这与本书的数值仿真结果相吻合。为了更为准确地对该结论进行验证，将 2001～2002 年形成的诺基亚研发网络的度分布与 δ =0.50 时通过数值仿真生成的研发网络的度分布进行对比，具体见图 3-13 所示。

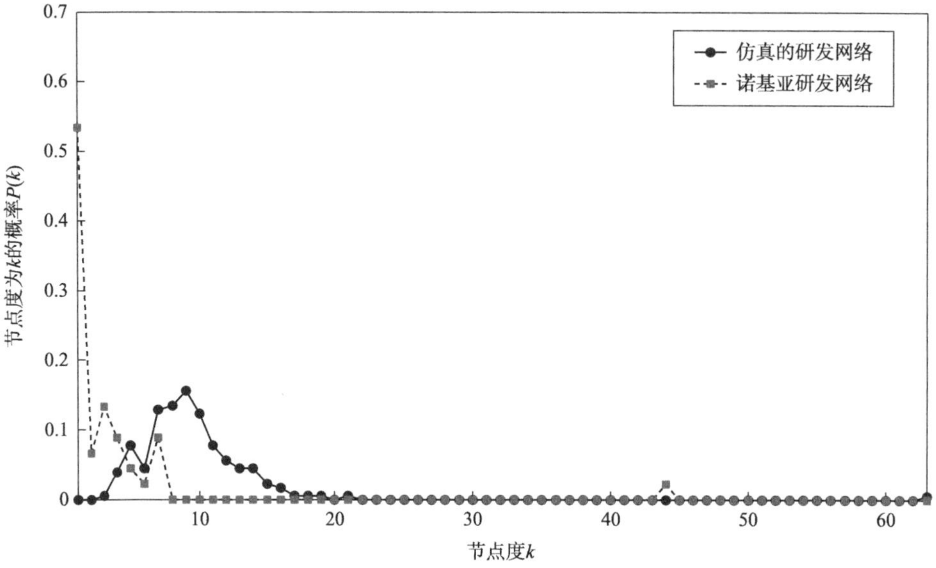

图 3-13　仿真研发网络与现实诺基亚研发网络的度分布对比图

经过对比发现，从整体上看，现实的诺基亚研发网络同仿真生成的虚拟研发网络的度分布大致相似，均具有较为明显的无标度特征，即形成了以诺基亚为核心企业、大多数外围企业之间直接合作关系数量相对较少的无标度网络结构。尽管虚拟的研发网络在节点度为 1～6 上的分布概率与现实的研发网络存在一定的偏差，但基本上呈现出了随节点度 k 的增加呈指数形式衰减的幂律分布规律。因此，可以认为本书所提出的研发网络形成模型基本能够符合现实情况，该结果在一定程度上验证了所构建理论模型的合理性和有效性。

3.7 本章小结

本章借鉴复杂适应系统理论，首先将研发网络的形成过程看作由适应性主体（研发企业）所组成的复杂适应系统的自组织演化行为，从而提出了研发网络的形成过程本质上就是微观研发企业在自身研发收益最大化原则的驱动下自主选择加入或退出网络的自适应行为，因而研发网络的形成过程具有自组织演化的特征。在此基础上，借鉴复杂网络理论的研究成果，将研发网络的整个形成过程分为起始阶段、成长阶段和调整阶段，并对每个阶段中研发网络表现出来的整体宏观特征及微观研发企业如何选取合作伙伴的行为规则进行了深入阐述。接下来，通过定义成员企业的研发收益函数，给出了研发企业选择建立或解除合作关系的微观决策机制。据此，本章通过划分研发网络形成过程的三个宏观阶段及建立研发企业的微观决策机制，从而提出了研发网络的理论形成模型。然后，运用数值仿真方法对研发网络在形成过程中所表现出来的整体宏观特征及如何受知识溢出效率 δ 的影响进行了深入分析。从数值仿真结果可得出以下结论。

（1）研发网络的规模在生成过程中会经历由小到大、最终基本保持稳定的演化过程。

（2）不同的特征统计量——平均度 $\langle k\rangle$、平均路径长度 L、聚集系数 C 和平均收益系数 S 在生成过程中会表现出不同的变化趋势：平均度 $\langle k\rangle$ 在成长阶段减小趋势不明显而进入调整阶段后则逐渐增加，平均路径长度 L 在成长阶段逐渐增加而进入调整阶段后则持续下降，聚集系数 C 在成长阶段迅速下降而在调整阶段则缓慢上升，平均收益系数 S 在研发整个形成过程均持续稳定增加。

（3）最终形成的网络的度分布基本具有幂律分布形式，整体网络呈现出较为明显的无标度网络特征。

（4）知识溢出效率 δ 对上述四个特征统计量具有显著的影响，随着知识溢出效率 δ 的增加，平均度 $\langle k\rangle$、聚集系数 C 和平均收益系数 S 均随之增加，而平均路径长度 L 则随之减小，该结果对成员企业制定研发战略及政府部门出台科学合理的宏观政策以保持研发网络的持续健康发展具有一定的理论及现实价值。

最后以 IT 行业的诺基亚公司为核心构建起来的现实研发网络作为实例，对构建的理论形成模型进行了验证。通过对比发现，基于理论模型生成的虚拟研发网络与现实的诺基亚研发网络在整个形成过程及网络拓扑结构两个方面基本吻合，从而在一定程度上验证了理论形成模型的合理性和有效性。

第4章 研发网络的风险传播模型构建及仿真

4.1 引　　言

研发网络作为研发企业之间新型的合作研发组织形式，突破了地域和时间的限制，避免了高额的市场交易费用和较高的组织管理成本，极大地满足了企业获取互补研发资源、缩短研发周期等的需求。与此同时，随着研发网络规模的不断扩大及成员企业之间合作程度的日益加深，研发网络在运行过程中出现了新的风险问题：由于成员企业之间错综复杂的合作关系，研发网络上的各种潜在风险并不是孤立的，而是具有相互触发和影响的关系。具体就是当研发网络中的少数企业因受到内外不利因素的干扰而发生风险事件后，这些发生的风险事件就会借助企业之间形成的合作关系而触发周围企业的潜在风险，从而形成研发网络上的风险传播现象，最终有可能给整个研发网络的脆弱性造成严重的影响。

例如，我国ARJ21支线客机合作研制项目一再推迟就是一个较为典型的例子。围绕该飞机研制项目，形成了一个由中国商用飞机有限责任公司（以下简称中国商飞公司）作为核心企业、100 多家参研企业作为外围节点的研发网络。其中，机体结构件的研制分别由上海飞机设计研究院、江西洪都航空工业集团有限责任公司（以下简称洪都公司）、西安飞机工业（集团）有限责任公司、沈阳飞机工业（集团）有限公司、哈尔滨飞机工业集团有限责任公司、浙江西子航空工业有限公司等多家国内航空企业负责，发动机、航电、电源等分系统通过市场竞标方式由美国通用电气公司（以下简称通用电气）、霍尼韦尔国际公司、罗克韦尔自动化有限公司、松下航空电子株式会社等众多国外航空企业参与研制。然而，面对如此庞大的研发网络规模及成员企业之间复杂的合作关系，缺乏经验的中国商飞公司面临的管理难度可想而知。2008 年 3 月，参与研制飞行控制系统的霍尼韦尔国际公司就曾因自身问题而延误试验条件，这一风险事件经过后续一系列的连锁反应最终导致 ARJ21 的首飞日期推迟了整整六个月。事实上，ARJ21 项目要求成员企业以“风险合作伙伴”的身份参与其中，这就要求所有成员企业在产品设计、研发和制造等方面比以前承担更多的责任，但这种向成员企业转嫁责任和风险的模式给中国商飞公司带来了风险控制上的难题。再加上庞大的研发网络规模及成员企业之间复杂的合作关系，少数成员企业出现风险事件很容易经过一系列的传播和扩散而导致整个项目的工期推迟。从 2002 年项目正式启动以来，ARJ21 的研制项目就历经了十余次的推迟。

从这个意义上说，整个研发网络的瘫痪或崩溃起初并非源于多数成员企业同时出现危机，而往往首先源于某一个或少数几个企业出现风险，进而发生的风险通过企业之间的合作关系而扩散至与之相关联的周围企业，从而导致周围企业因风险负荷超载而失效，并最终引发整个研发网络的崩溃。可以说，风险传播现象在一定程度上增加了研发网络的脆弱性，从而成为影响研发网络持续健康发展的重要因素。鉴于此，本章将在上述通过数值仿真生成的虚拟研发网络的基础上，通过构建研发网络的风险传播模型来揭示研发网络的风险传播机理，进而采用数值仿真方法来揭示研发网络面对风险传播的脆弱性，这对研发网络成员企业如何有效预防风险传播的发生、减小风险损失后果具有重要的理论与现实意义。

4.2　研发网络的风险识别与评估

在构建研发网络的风险传播模型之前，首先有必要对研发网络的风险进行分析，主要就是识别出研发网络成员企业可能面临的主要风险事件及评估这些风险事件的发生概率和损失大小。

4.2.1　研发网络的风险识别

风险识别是风险分析的第一步，只有准确、高效地找出可能存在的各种潜在风险，才有可能进行后续的评估与管理。1895 年，学者 Haynes 在 *Risk as an Economic Factors* 一书中最早提出了风险（risk）这个概念，他认为“风险是指损失发生的可能性，如果某种行为所导致的结果具有某种程度的不确定性，说明该行为需要承担这种风险”。实际上，上面提到的“某种行为”指的就是风险理论中的“风险因素”，“某种行为所导致的结果”就是指“风险事件”，任何一个风险事件的发生都是由风险因素所导致的，而风险事件本身则具有不确定性和损失两个特征。从 Haynes 给出的风险定义可以看出，风险实际上包含两层含义：一是风险因素，二是风险事件，其中特定的风险因素可以导致特定风险事件的发生。因此，风险识别也相应地分为了两个层次：一是根据风险造成的损失特征及大小对风险事件进行分类识别；二是根据风险事件识别出导致其发生的具体风险因素。在本书中，我们将研发网络的风险界定为研发网络在各种外部和内部不利环境因素的影响下，每个成员企业可能面临的风险事件。因此，研发网络的风险识别指的就是运用各种方法、系统全面地发现潜伏在研发网络每个成员企业上的主要风险事件的过程。

1. 风险识别程序

研发网络的风险识别与传统的风险识别程序一致，共包含以下三个部分。

（1）统一风险语言。统一风险语言是沟通的基础，如果没有一套支撑不同企业管理过程的共同语言，那么不同成员企业对同一事物可能会有不同的术语或称呼，因而沟通的效率就会十分低下。对研发网络来说，就是对那些尚未有统一定义或表述的主要风险事件进行统一。

（2）风险描述。风险描述则是根据搜集到的关于研发网络风险事件的信息，对主要风险事件发生后所体现出的主要特征及发生频率进行定性描述。

（3）分析风险来源。风险来源指的是可能导致风险事件发生的风险因素或来源，如果能将风险来源探索出来，就可以在源头上进行事先控制从而避免风险后果进一步扩散。

2. 风险识别方法

风险识别要求系统、全面地识别出那些重大的风险因素和风险事件，以防止在经营过程中潜伏危机和酿成更大的损失。对研发网络来说，如果某一种重大风险没有被识别出来，则可能导致整个网络的瘫痪，从而造成不可估量的损失。因此，应该采用科学合理的方法或综合使用多种方法来进行风险识别，常见的风险识别方法主要有以下几种。

（1）流程图法。根据研发网络中成员企业内部所设立的不同部门及其各自具体的职能，建立成员企业的运作流程图，并对每一个环节进行检查和分析，从中发现潜在的风险事件。该方法既可以具体地揭示成员企业在运作过程中可能面临的风险，还可以清晰地展示出不同风险所处的具体环节及风险之间的相互影响。

（2）SWOT 分析法。SWOT 分析法是在充分了解研发网络成员企业自身优势（strength）和劣势（weakness）的基础上，分析外部环境的机遇（opportunity）和威胁（threat），然后对研发网络成员企业在运营过程中可能出现的风险事件进行判断和筛选。

（3）敏感度分析。敏感度分析指的是当研发网络在运行过程中，选取网络规模、网络密度等指标，分析这些指标对收益、风险等网络经济评价指标的变动影响程度。敏感度分析是一种定量识别方法，但难度较大，目前基本停留在财务风险的分析上。

（4）财务状况分析法（财务报表法）。事实上，任何企业的经营活动最终所产生的后果不是用现金就是用财产反映出来。因此，通过分析研发网络成员企业各自的财务报表如资产负债表、损益表、财务状况变动表等来发现自身在经营活动中的（潜在）损失，就成为风险识别的一种有效方法。

（5）专家调查法。由长期从事风险理论研究与实践的专家、学者组成调查组，通过营造一个自由的环境，使每个人能够畅所欲言、相互交流、互相启发，可以更加全面地识别出潜在的主要风险事件。

3. 研发网络的主要风险类型

尽管研发网络的优势之一就是它可以在一定程度上分担成员企业面临的某些风险，但这并不意味着风险就不存在了或者说总体风险减少了[80]。事实上，对于研发网络而言，由于众多成员企业共同参与研发活动，不同成员企业之间既合作又竞争的复杂关系实际上加剧了合作研发过程的复杂性和不确定性，也更加容易诱发合作研发风险[81]。因此，研发网络的成员企业不但要面对由于自身原因而可能出现的风险，还要面临其他合作企业所产生的风险及一些跟研发网络这种组织形式相关的其他新型风险。从这个意义上说，同单一企业相比，研发网络中的成员企业所面临的风险反而是增加了。例如，Bernstein 和 Nadiri 的研究成果发现，研发联盟网络在建立后的前 6 个月之内即宣告失败的概率高达 60%，惠普公司的 1000 个结盟案例中大约有一半以失败告终，中国建立的企业间研发联盟网络的成功率不到 50%[82]。因此，对研发网络成员企业可能面临的主要风险进行识别就显得尤为重要。

研发网络的风险较多，按照不同的标准，分类结果也就各不相同。比如，根据风险来源的不同，可将研发网络的风险分为内源性风险和外源性风险；按照损失产生的原因，可以分为自然风险和人为风险；按照风险波及的范围大小，可分为局部风险和全局风险；按照风险的可控制程度，可分为可控风险和不可控风险等。本书按照风险来源这个分类标准，将研发网络的风险分为内源性风险和外源性风险。接下来，综合运用上述风险识别方法对这两大类风险分别进行具体阐述与进一步识别。

1）外源性风险

外源性风险是指由于外部环境的变化从而给研发网络成员企业带来损失的事件。该类风险是客观存在的，并不受研发网络的影响，因而一般情况不能或很难通过成员企业的努力而消除。成员企业只能利用风险预警系统进行事先感知，并在该类风险事件发生后采取相应的应对措施。在此，进一步将研发网络的外源性风险分为市场风险、经济风险和政治风险，具体内涵如下。

（1）市场风险。研发网络的成员企业作为营利性组织，其最终目标就是要时刻响应市场的需求、抢抓市场机遇、快速研发并生产出满足市场需求的产品，从而最大限度地占领市场份额、获取利润。因此，研发网络的成员企业必须时时刻刻与市场进行频繁地交互行为。但随着技术更新换代周期的日益加快，市场的需求变化速度也随之加快，加上不断有竞争对手的加入，研发企业在经营过程中经常会面临着来自市场方面的风险。

通常来讲，市场风险主要由市场需求变动、市场竞争等风险因素造成。一方面，如果市场的需求特点在短期内发生较大变化，而成员企业又没有及时地做出反应来应对这一变化，那么市场需求的变动就会导致部分成员企业因不能及时向市场推出新产品或研发出来的新产品不符合市场需求而被淘汰；另一方面，市场的竞争也会导致成员企业因研发成本过高而丧失竞争力。

（2）经济风险。研发网络作为特定经济环境下的组织之一，必然要受到所在国家或地区经济环境的影响。当今社会，企业面临的经济风险主要来自四个风险因素：经济周期变化、利率波动、汇率变动和股市波动。其中，周期性的通货膨胀会降低消费者的实际购买能力，此时包括研发活动在内的一切经济活动都会遭受重大打击；研发网络的许多成员企业开展研发活动会不可避免地向银行贷款，而贷款利率的上调会加重企业的债务负担，还会对成员企业之间的交易方式产生影响；研发网络的成员企业可能会进行跨国合作，而汇率的变动将会带来较大的货币兑换风险；股票市场的波动同样可能会给研发网络成员企业的投资和融资行为带来一定的损失，更加大了上市研发企业被恶意收购的风险[83]。

（3）政治风险。政治风险是指战争爆发、国家政局变动、重大政策调整等而导致企业蒙受损失的事件。政治风险属于系统性风险，是研发网络成员企业根本无法控制的风险，一旦发生将会对大部分成员企业造成重大的影响，但发生概率往往很低。

2）内源性风险

内源性风险是指研发网络成员企业在相互合作和竞争的过程中由于自身原因而导致出现损失的事件，主要来自成员企业的自身特征及彼此之间形成的相互关系。从整体上来看，内源性风险的发生频率比外源性风险要高，但对企业造成损失的范围和程度比外源性风险相对小一些[84]。在此，进一步将研发网络的内源性风险分为道德风险、工期风险、资金风险、技术风险，具体内涵如下。

（1）道德风险。尽管当今通信技术的快速发展已经使得企业间的信息共享变得越来越方便，但信息不对称仍然是制约研发网络成员企业之间进行高效、有序合作的关键影响因素之一。由于研发网络中信息不对称的存在，不少企业为了获取超额利润而有意隐瞒甚至提供虚假信息和恶意向网络之外的竞争对手泄露重要商业秘密，或者为了自身利益而不惜指责合作伙伴、推卸责任[85]。任何一方企业发生上述道德风险事件，都会使研发网络成员企业之间的相互信任变得脆弱，最终有可能造成整个研发网络信任的满盘崩溃，从而影响网络的正常运营。

（2）工期风险。在某一阶段或某一时期，研发网络的大多数成员企业往往是围绕同一个或不同的研发项目进行合作的。因此，在这种情况下，成员企业之间在工期上就应该相互配合、共同在规定的时间内完成预定的任务。但研发网络在实际运营中，经常会出现有些成员企业不能按时完成研发任务的情况。研发网络中各研发任务之间往往存在着紧密的时间先后联系，一旦某个成员企业发生工期延误，该风险就会在合作企业的传递过程中被逐渐放大[86]，并最终可能导致整个研发网络的失效。

（3）资金风险。通常来讲，收益与风险呈正相关，即如果一个投资的报酬率越高，则投资的风险就越大。因此，研发网络中的成员企业在进行投资决策时应该谨慎选择。投资一旦失败，到期无法获得利润甚至不能足额收回投入的资金，都会造成资金的巨大缺口甚至使得资金供应链断裂，从而加大合作破裂的可能性，增加了研发网络失效的可能性。

（4）技术风险。研发网络成员企业所使用的研发技术往往具有较高的复杂性。但如果研发企业对所使用的新技术的复杂度事先估计不足，那么新技术在实际应用过程中将大打折扣，极大地影响企业的研发效率，从而给企业造成一定的损失。另外，研发技术的复杂性也往往表现为研发技术之间越来越高的集成度[87]。当前，研发网络在运营过程中，众多成员企业为了共同提高研发效率和缩短研发周期，往往将众多研发技术集成在同一个研发平台之中，这已经成为比较常见且有效的合作形式[83]。但合作各方在工艺水平、技术实力、操作规范等方面存在着差异，研发技术在衔接过程中就会因为没有建立统一的技术标准与技术语言而造成使用混乱，从而给企业造成极大的损失，并最终可能导致研发网络不能正常运营。

基于上述分析与总结，从风险来源视角将研发网络的主要风险分为外源性风险和内源性风险，具体包括七种主要类型，如图 4-1 所示。

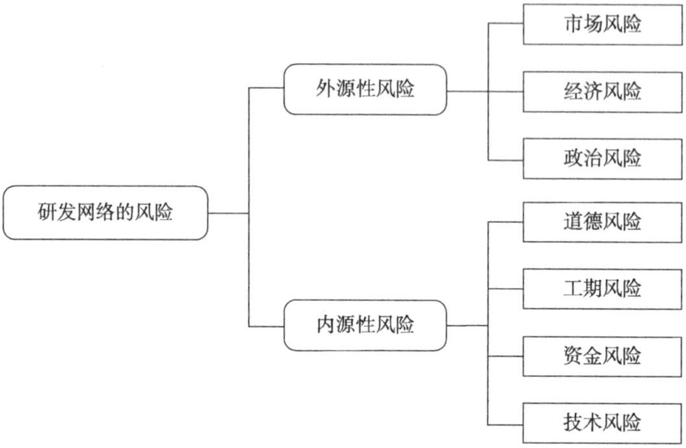

图 4-1　研发网络的主要风险类型

4.2.2　研发网络的风险评估

从 Haynes 给出的风险定义中可以看出，风险事件本身具有不确定性和损失两个属性。因此，风险评估就是对识别出的风险事件发生的可能性及风险损失的程度进行估计和衡量。可以看出，在对风险事件进行评估时，需要关注三个概念：①风险概率 p，它是指某一风险事件发生的可能性或概率，是一种主观判断，这里用百分比表示；②风险损失 w，它是指某一风险事件发生后造成的损失大小，通常情况下用财务指标来衡量；③风险值 v，它是用来衡量某一风险事件等级大小的重要参数，其值越大，说明该风险事件越应该引起重视和管理。风险值 v 的计算公式如下：

$$v=w\times p \tag{4-1}$$

在上述基础上，借鉴风险矩阵[88]这个概念，将研发网络的主要风险事件大致分为三个等级，如表 4-1 所示。其中，“极少发生”代表风险的发生概率 $0\leqslant p<20\%$，“较少发生”代表 $20\%\leqslant p<40\%$，“有时发生”代表 $40\%\leqslant p<60\%$，“很可能发生”代表 $60\%\leqslant p<80\%$，“频繁发生”代表 $80\%\leqslant p\leqslant 100\%$。

表 4-1　研发网络的风险矩阵

风险概率	风险损失			
	可忽略损失	轻度损失	严重损失	灾难损失
频繁发生	M	VH	VH	VH
很可能发生	L	M	VH	VH
有时发生	L	M	M	VH

续表

风险概率	风险损失			
	可忽略损失	轻度损失	严重损失	灾难损失
较少发生	L	L	M	M
极少发生	L	L	L	L

注：VH 表示高风险；M 表示适度风险；L 表示低风险

最后通过理论分析、专家咨询与实地调研，基于风险发生概率和风险损失程度两个维度，对研发网络的七类主要风险事件进行了评估，如图 4-2 所示。

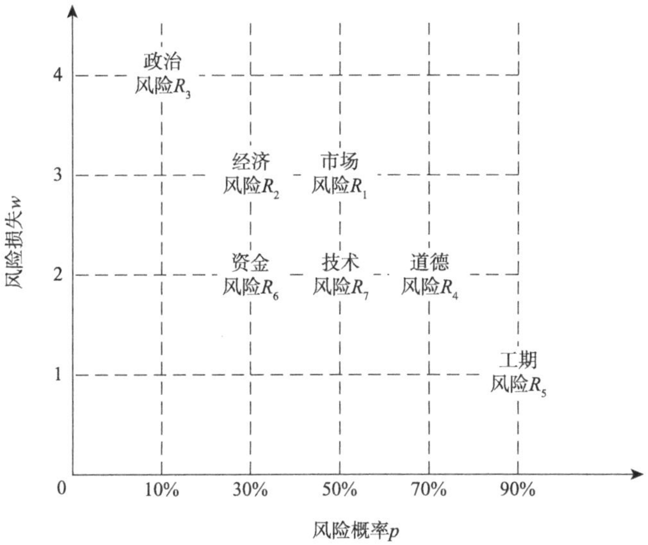

图 4-2　研发网络的主要风险评估

4.3　风险传播研究综述

目前来看，风险管理领域的研究大多从风险内涵的界定、风险因素和风险事件的识别、风险评价及管理等方面展开，而且已经取得了非常丰富的成果和价值。但大多是从孤立、静态的视角对不同的风险进行的研究，忽略了这些风险本身可能具有的转移、扩散等动态属性。特别是近年来，随着信息技术特别是因特网的快速发展，组织之间的联系变得越来越频繁，程度也越来越紧密，风险在不同组织之间具有的扩散与传播特性给传统的风险管理理论与方法提出了更大的挑战[21]。在此背景下，国内外部分学者开始基于不同研究视角、不同研究方法、不同研究领域对复杂网络上的风险传播相关问题展开了一定的研究。

4.3.1 经济金融领域

由于经济金融行业本身具有高风险属性，风险传播现象在该领域显得较为普遍[89]。例如，美国次贷危机引发的全球经济危机，三鹿奶粉事件给我国大部分乳制品企业造成的严重影响等。Garas 等以国家为节点建立了国际贸易网络(international trade network)，并在此基础上构建了危机在网络中进行传播的模型，其中节点之间的传播概率是由国家之间贸易联系的紧密程度及被影响国家的经济实力所决定。研究发现，不仅发达国家如美国发生危机可以通过贸易网络蔓延至全球，而且一些国内生产总值（gross domestic product，GDP）较低的国家如比利时等国家发生危机同样可以引起全球经济危机[90]；Markose 等利用美国银行间的信用违约互换（credit default swap，CDS）网络模型，基于主体的计算经济学（agent-based computational economics）网络模型，研究了美国金融危机的传播过程及其规律[91]；马源源等将复杂网络中的病毒传播动力学模型 SIR（susceptible-infected-recovered，易染–感染–恢复）引入到股票市场中，选择沪深两市的上市公司及它们的大股东，建立了上市公司及其大股东间的有向加权持股关联网络。鉴于上市公司与股东间因资金链断裂或资金流减小而相互影响可能导致的危机在网络中的传播现象，建立了持股关系网络中危机传播的 SIR 模型，进而运用数值仿真方法分析了持股关联网络出现随机故障和蓄意攻击时危机在网络中的传播过程及规律。与常见的传播模型相比，该模型中的传播概率和感染概率并不固定为某一特定值或属于某个取值范围，从而提出任意两个公司之间的危机传播概率和被感染概率是由描述两节点公司之间投资关系的多个参数，如投资关系强弱、持股比例、股票市值、出度资产值和入度资产值等共同决定[92]；熊金石等通过建立信息系统网络节点负荷与邻居节点度之间的关联、重新定义网络节点的初始负荷及引入负荷局域择优重新分配策略，建立了信息系统安全风险传播模型，并对该模型进行了仿真，结果表明蓄意攻击引起的节点崩溃比随机攻击更易造成信息系统安全风险的迅速传播[93]。

4.3.2 供应链网络领域

与此同时，国内学者开始针对供应链网络、产业链网络上的风险传播问题进行了一定的研究。马丽等提出供应链网络风险具有很强的传递性，可以通过特定的传递机制进行积累、放大乃至突变，从而产生“传染效应”，并指出企业间的相关度、抗风险能力是影响企业间风险传递的主要参数[94]；周南洋结合风险网络和风险传播过程构建了风险传播模型，描述了供应链网络中风险因素之间相互影响的关系、风险传播过程及其规律，并以此为基础从风险因素、节点企业和整个网络三个角度对风险进行了定量评估[95]；杨康和张仲义将复杂网络中的病毒传播动力学 SIS（susceptible-infected-susceptible，易染–感染–易染）模型引入到供应链网络风险传播的研究中，建立了供应链网络风险传播的 SIS-RP（SIS-risk propagation，易染–感染–易染风险传播）模型，并以小世界供应链网络为例，对 SIS-RP 模型进行了仿真研究。该模型假设供应链网络中的某一节点企业出现风险时将以某一常数概率影响其邻居节点企业，而受到风险干扰的节点企业经过一段时间的调整后，将以一定的常数概率消除风险干扰的影响。该模型假定网络中的各节点是同质的，但实际上各个节点企业的管理水平存在差异，因此，不同企业在供应链网络中的重要性也就各不相同，受到风险干扰的概率和程度也就各不相同[96,97]；郭明芳通过分析风险传播的基本构成要素（风险源、风险流、风险载体、风险传播路径、风险阈值）和风险传播的两种模式（链式传播、路径式传播），提出了供应链网络的风险传播模型，并分别对单个企业突发风险、多个企业同时发生风险和预警机制下单个企业突发风险三种情况下企业的风险传播过程进行了仿真模拟。仿真结果表明，供应链网络中某一或某些成员企业发生风险后将会对与其有业务联系的企业产生较大影响，而对有间接业务联系的企业产生的影响较小，供应链网络中一个企业突发风险对网络产生的影响小于多个企业同时发生风险对网络的影响[98]；易慧妮根据汽车供应链风险传播特点，在改进 SIR 传播模型的基础上提出了汽车供应链风险传播模型，并对该模型进行了仿真分析。结果表明，汽车供应链风险传播过程与节点企业的度、风险类型、风险爆发时序、风险传染率、初始感染的节点企业数量等因素有关，而且当核心企业受到重点保护时，风险在汽车供应链的传播将得到有效控制[99]。

4.3.3　计算机网络领域

在计算机网络领域，张永铮等对计算机网络上的风险传播问题进行了深入研究，并取得了一定的成果。随着互联网技术的快速发展，计算机之间高度互联，某一台计算机因遭到病毒攻击而引发的风险可能会传播给其他不直接具有风险的主机，进而可能蔓延至整个网络。鉴于此，张永铮等首次提出了用风险传播模型来描述计算机网络客观的风险状态及其传播过程[100]。该风险传播模型包括风险网络和风险传播算法两个方面，其中风险网络描述了计算机网络中节点之间的访问关系及每个节点相应的风险状态，风险传播算法则描述了风险沿着传播途径扩散到网络的运动规则。在定义风险传播算法过程中，张永铮等借鉴还原论（reductionism，即若干风险源共同作用所形成的总风险是各个风险源单独作用时形成的风险的综合体现）与整体论（holism，即根据各类风险的发生概率分布及每个节点所有部件风险的累加，综合计算出每个节点的综合风险）相结合的思想，提出了精确算法——RH 算法。此后，鉴于该模型并不能满足大规模计算机网络中风险传播计算的实际需求，张永铮等又提出了一种基于邻近传播（affinity propagation）和最小入度（minimum in-degree）的近似算法——APMI 算法。其中，邻近传播原则是指每个网络节点将风险仅仅扩散给最邻近的一层节点，最小入度原则是指应选择入度最小的节点进行风险传播[101]。李钊等借鉴 SIS 和 SIR 模型思想，采用元胞自动机方法分别建立了复杂信息系统安全风险传播的三种模型，即无免疫的 R-SIS（risk-SIS）模型、随机免疫的 R-SIR-R（risk-SIR-random）模型、熟人免疫的 R-SIR-A（risk-SIR-acquaintance）模型，并通过对模型进行仿真分析发现，网络度分布的异质化程度越高，安全风险传播结束后的影响范围越小，传播速度也越快[102]。

4.3.4 其他领域

部分学者将风险传播与其他领域相结合，并取得了一定的研究成果。戴眉眉结合 BA 无标度网络模型和 NW 小世界网络模型提出了光伏产业链复杂网络的演化模型，在此基础上，通过改进 Lubos 灾害扩散模型并引进企业的抗风险阈值提出了产业链网络上的风险传播模型，最后对产业链上的风险传播过程进行了仿真研究[103]。王娇俐等通过借鉴 SIR 模型提出了集群网络的风险传播模型，并运用数值仿真方法研究了不同的风险传播概率、不同的社区度等参数下风险在集群网络上的传播过程[104]。孙国强等针对企业集群网络、供应链网络、战略联盟网络、技术创新网络等上的风险极易在网络传播这一现象，基于网络组织风险传导具有路径依赖性特点，从时间维度提出风险传导的动态演化过程，从而构建了网络组织的风险传导模型，并以某汽车企业集团网络为算例进行数值分析，提出了高密度网络、核心节点企业、风险相关性、抗风险能力是影响风险动态传导过程的关键因素[105]；任南等针对传统项目风险管理研究缺乏考虑风险传播的不足，构建了项目风险传播模型，提出了风险网络和风险传播算法。在该风险传播模型的基础上，提出了对工作包耦合模块内部工作包执行顺序进行优化排序的算法以降低风险传播强度[106]；姚洪兴等通过借鉴 SIR 传播模型，在无标度网络上构建了企业间风险传播模型，并采用数值仿真方法分析了约束企业间风险传播的影响因素。结果表明，降低风险传播率、提高风险消除率、缩短风险显现的周期、降低企业网络的异质程度均有利于控制企业网络中风险传播的发生[107]。

此外，刘筱驹和王越提出根据各项目小组的工期风险进行风险传递计算，最后得出集成项目的总工期风险[108]；何鹏和谭章禄指出项目群内的风险传播具有动态性、有序性，且受项目群结构影响，并认为风险在子项目间传播过程中，其强度、特征及种类将发生变化[109]；夏喆[110,111]、夏喆和邓明然[112]、陈志[113]对企业的风险传导问题也进行了理论性研究，即以企业内各部门为研究节点，探讨了企业内部的风险传导过程。

通过对不同领域的风险传播问题进行总结发现，大多数风险传播模型借鉴了复杂网络中的病毒传播模型如 SI 模型、SIS 模型和 SIR 模型等，虽然得到了一定的应用，取得了较为丰富的研究成果，但这些模型并不是考虑风险本身的传播，而描述的是网络中的节点成员受到风险干扰后的一种连锁失效现象。也就是说，上述传播模型没有对风险本身进行量化，传播的仅仅是节点的状态，即默认风险传播是一触即发的，不存在风险累积直至超过节点承受能力范围的一种过程[103]。除此之外，上述模型也没有考虑网络不同节点之间的个体差异性，也就是默认个体在传播风险概率、抵抗风险能力等方面是相同的，而这与研发网络的现实情况并不相符。

事实上，对研发网络来说，每个成员企业均面临着不同类型潜在风险的影响，不同的风险对企业所造成的后果大小也就各不相同。某些风险发生后对企业所造成的后果可视为企业所需承担的风险负荷，不同的企业具备不同程度的抗风险能力，可将其称为风险容量。当其中一个或少数几个企业因风险负荷超过自身抗风险能力而失效时，风险就会通过彼此之间的触发概率而可能触发相邻企业上的潜在风险，从而导致这些相邻企业因风险负荷超载而相继失效，这种风险传播现象与复杂网络上的相继故障行为实质上具有高度的一致性。因此，基于此分析，本书借鉴相继故障的思想，构建研发网络的风险传播模型，该模型将研发网络每个成员企业所面临的潜在风险类型及其在传播过程中如何扩散与转化考虑进来，这更加符合现实情况。

4.4　复杂网络的几种相继故障模型

近年来，部分学者开始针对复杂网络上发生的一种动态级联过程——相继故障现象及其对网络脆弱性的影响进行了深入研究。事实上，相继故障现象普遍发生在供电网[13]、交通网[14,15]、通信网[16]、社会经济网络[17,18]等复杂网络系统中，它是指网络中的节点都承载着有限负荷，一个或少数几个节点因负荷过重而失效，这些超载的负荷会通过节点之间的连接关系造成其他节点因负荷过重而失效（这种失效可能是随机攻击产生的，也可能是蓄意攻击造成的），从而产生连锁反应，并最终导致相当一部分节点甚至整个网络的崩溃[6,19]。相继故障最具代表性的实例就是 2003

年发生在美国和加拿大的大面积停电事故。2003 年，俄亥俄州克利夫兰市的三条超高压输电线路因过载烧断而引发北美大面积地区大停电，数千万人一时陷入黑暗，停电范围多达美国的八个州和加拿大的一个省，经济损失高达数百亿美元[20]。

2000 年，Albert 等首先对静态拓扑结构视角下的相继故障问题展开了一定的研究[8]。具体思路是首先假定一个网络，每次从该网络中移走一个节点，同时也就移走了与该节点相连的所有边，从而也就使得网络中其他节点之间的一些连接路径中断。如果某节点 i 和节点 j 之间的所有路径都被中断，则这两个节点就不再连通了，具体见图 4-3。此时，如果移走少量节点后，最终网络中的绝大部分节点之间仍是连通的，那么就称该网络的连通性对节点攻击具有鲁棒性，否则就具有脆弱性。

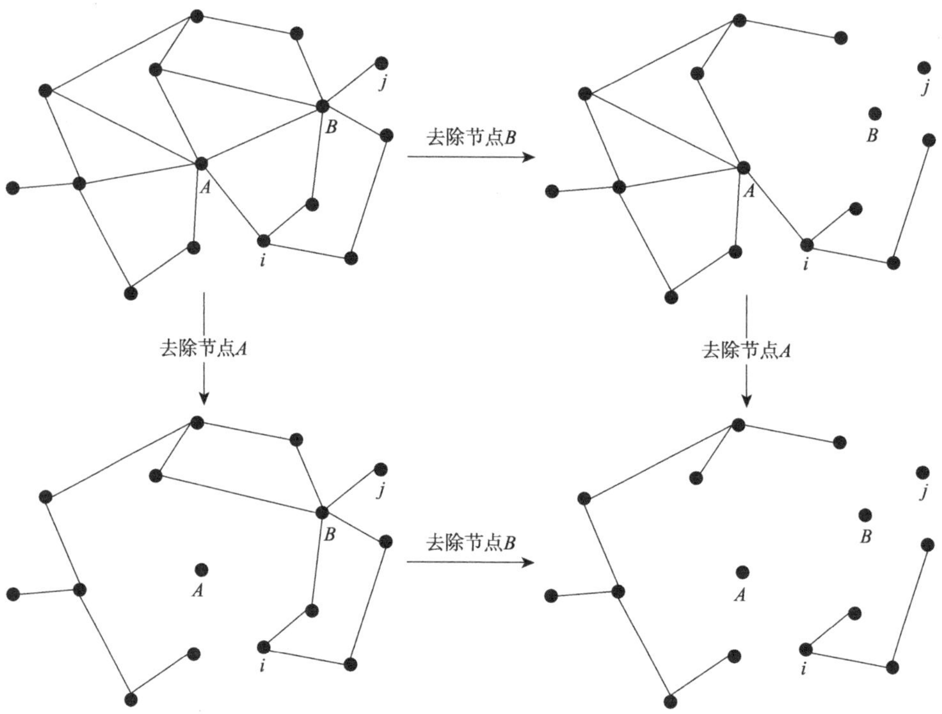

图 4-3　移除节点对网络连通性的影响

基于上述研究思路，Albert 等比较了 ER 随机网络和 BA 无标度网络面对节点移除的脆弱性。研究发现，ER 随机网络和 BA 无标度网络的脆弱性存在显著的差异，具体就是无标度网络对随机节点攻击（完全随机地去除网络的一部分节点）具有极高的鲁棒性，这种极高的鲁棒性来源于网络度分布的极端非均匀性，即绝大部分节点的度（节点度是指与该节点存在直接连接关系的邻居节点的数量）都相对很小，而只有少量节点的度相对很大。因此，当移除节点数占网络总节点数的比例较小时，随机选取的节点基本上都是度很小的节点，去除这些节点对整个网络的连通性不会产生较大的影响。然而，正是这种度分布的非均匀性使得无标度网络面对蓄意攻击（有意识地优先去除网络中度最高的节点）具有很高的脆弱性，因为只要有意识地去除网络中极少数度最大的节点就可以对整个网络的连通性产生很大的影响。

此后，学者 Carlson 和 Doyle 通过研究也发现，“鲁棒但又脆弱”（robust yet fragile）是复杂系统的最重要和最基本的特征之一[9,10]。Callaway 等[114]、Cohen 等[115,116]基于渗流理论（percolation theory）对网络的脆弱性进行了分析，研究了不同的节点攻击策略下网络彻底瓦解时的节点移除临界比例即关键移除比例 p_c，并针对不同类型的网络给出了具体的解析表达式。Solé 等[117]、Rosas-Casals 等[118]、肖盛和张建华[119]针对电力网络，运用仿真方法得出了节点随机移除的临界比例，进一步证明了上述理论。基于上述理论成果，Valente 等得出了面对随机攻击和蓄意攻击具有最优鲁棒性的网络中的节点的度最多只可能取三个不同的值这一结论[120]。

但上述研究都是基于静态拓扑结构视角探讨了节点移除后对网络连通性的影响问题，即节点的移除仅仅存在于网络的拓扑意义上，并没有考虑到节点移除后对相邻节点可能产生的动态连锁反应[11,12]。此后，部分学者开始针对网络上发生的动态相继故障现象及其对网络的影响进行深入研究，并先后提出了几种代表性的相继故障模型，比如负荷-容量模型、二值影响模型、沙堆模型、耦合映象格子模型、Cascade 模型、OPA 模型等，并取得了许多有价值的研究成果和结论。

在上述模型中，负荷-容量模型可以真实地描述现实网络上发生的相继故障现象，因此更多的学者对其予以了重点关注与研究。负荷-容量模型的基本思想是通常赋予网络中的每个节点（或边）一定的初始负荷和容量（也称安全阈值），当受到攻击而导致某个或少数几个节点（或边）的负荷超过自身容量时，该节点（或边）的负荷就会按照一定的规则分配给其他相邻节点（或边）。这些节点（或边）接受了额外的负荷而有可能使得自身总负荷超过自身最大容量，从而导致新一轮的负荷重新分配。这个过程反复进行，就会有更多的节点（或边）受到影响，从而产生相继故障现象。近年来，不少学者针对负荷-容量模型的基本思想，提出了一些具体的数学模型，主要包括 Motter-Lai 模型（ML 模型）、Moreno 模型、边失效的相继故障模型、其他相继故障模型。

4.4.1　ML 模型

2002 年，学者 Motter 和 Lai 基于负荷-容量模型的思想，首先提出了 ML 模型[121]。该模型首先假设能量或者信息等是沿着节点之间的最短路径进行传递。因此，节点 i 的初始负荷 L_i 被定义为节点的介数（betweenness），它反映了网络中通过该节点的最短路径的数目。其次，定义节点 i 的容量 C_i（可承载的最大负荷）正比于其初始负荷 L_i，公式如下：

$$C_i = (1+\beta)L_i \tag{4-2}$$

式中，β——网络的容许参数，$\beta \geqslant 0$；

L_i——节点 i 的初始负荷。

正常情况下，网络中所有节点的负荷均小于其自身容量。当某一个或少数几个节点受到攻击而从网络移除时，网络最短路径的分布会发生变化，从而引起其他节点的负荷也发生变化。当某些节点的负荷超过其容量时，就会发生故障，从而引发新一轮的负荷重新分配。当网络中所有剩余节点的负荷都低于其容量时，相继故障结束。此时，ML 模型用最大连通子图的相对规模 G 来衡量相继故障对网络造成的连通性损失，即 $G = N'/N$，其中 N 和 N' 分别表示相继故障发生前和发生后最大连通子图所包含的节点个数。

基于上述模型，Motter 等分别对无标度网络和均匀网络的脆弱性和鲁棒性进行了数值仿真，研究发现：对于节点负荷分布具有异质性的无标度网络来说，攻击负荷越高的节点越容易导致相继故障的发生，此时网络的性能损失下降得越明显，脆弱性就越显著；而对均匀网络来说，无论是面对随机节点攻击还是蓄意节点攻击，均具有较强的鲁棒性。此后，许多学者基于 ML 模型对不同类型网络上的相继故障现象及其对脆弱性的影响进行了研究：Zhao 等探讨了无标度网络上面对袭击少数节点而呈现的全局相继故障现象[122]；Wu 等分析了加权异质网络面对相继故障的脆弱性和鲁棒性等[123]；Wang 和 Chen 研究了加权网络面对随机攻击所呈现的全局相继故障现象，发现相继故障模型中的参数取值大小对网络的脆弱性具有显著影响[124]；Crucitti 等的研究发现网络中各节点的负荷分布异质性越大，网络发生相继故障的范围就越大，其脆弱性就越显著[125]。上述研究实际上均是针对不同的网络验证了 Motter 等得出的结论。

此外，学者 Holme 和 Kim 在将节点负荷 L_i 定义为通过该节点最短路径数量的基础上，提出节点 i 的容量 C_i 为所有节点负荷的最大值，即 $C_i = \max\{L_j \mid j = 1, 2, \cdots, N\}$，而相继故障的具体过程与 ML 模型相同[126]。容易看出，该模型假设所有节点的容量为一个常数，这与现实网络并不相符，因此该模型在实际网络中的应用受到了一定的限制。

我们发现，上述大多数研究均将节点的负荷定义为节点的介数，并假设失效节点的负荷按照最短路径的规则进行重新分配，这就要求每个节点必须掌握网络全局的拓扑信息。鉴于现实中很难获取网络的全部信息这一客观约束，国内学者王建伟和荣莉莉对 ML 模型进行了改进，提出了几种新的节点初始负荷、容量赋予方法和更贴近实际的负荷重新分配规则。比如，他们先后提出了三种节点初始负荷的赋予方法：①定义节点 i 的初始负荷 L_i 与它的度 k_i 有关，即 $L_i=\beta k_i^{\alpha}$ ，其中 α（ $\alpha>0$ ）和 β（ $\beta>0$ ）为可调参数，具有控制节点初始负荷强度的作用[127]；②进一步提出节点 i 的初始负荷 L_i 与该节点的度 k_i 和其邻居节点的度都有关，即 $L_i=(k_i\sum_{j\in\Gamma_i}k_j)^{\alpha}$ ，其中 Γ_i 表示节点 i 的邻居节点集合[11]；③在上述方法的基础上加入可调参数 β ，提出 $L_i=\beta(k_i\sum_{j\in\Gamma_i}k_j)^{\alpha}$ [128]。关于节点容量的定义，提出每个节点的容量正比于自身的初始负荷，即 $C_i=TL_i$ （ $i=1,2,\cdots,N$ ），其中 $T\geqslant 1$ ，称为网络的能力容许系数。鉴于现实中很难获取网络的全局信息，他们提出了局域择优的思想来定义失效节点负荷的重新分配。基于这个思想，当节点 i 失效后，它的邻居节点 j 从失效节点 i 接收到的额外负荷 $\Delta L_{ij}=L_i\times L_j\big/\sum_{m\in\Gamma_i}L_m$ ，其中 Γ_i 表示节点 i 的邻居节点集合。最后，为了更好地衡量相继故障结束后对整个网络造成的后果，他们提出了一个新的变量 CF_i，表示攻击节点 i 所最终导致的失效节点数量占总节点数量的比例，很显然 $0\leqslant \mathrm{CF}_i\leqslant (N-1)/N$ 。

从上述提出的相继故障模型中可以看出，当网络中每个节点的容量足够大即能力容许系数 T 的取值很大时，攻击任何一个或一些节点使其失效都不能触发相继故障过程。但是当 T 值很小时，攻击任何一个节点都会导致相继故障的发生从而造成整体网络的崩溃。因此，王建伟等[128]提出了用关键阈值 T_c 来定量描述网络面对相继故障的脆弱性，其原理就是：当 $T\geqslant T_c$ 时，网络中的每个节点都有足够的处理额外负荷的能力，因此整个网络不会发生相继故障现象，整体保持正常的功能；而当 $T<T_c$ 时，此时每个节点处理负荷的能力是有限的，相继故障现象迅速蔓延至所有节点从而导致整个网络出现失效。因此，关键阈值 T_c 实际上就是网络为了避免相继故障的发生而采用的节点容量最小值。显然，关键阈值 T_c 越大，网络面对相继故障的脆弱性就越大，反之越小即鲁棒性越强。

4.4.2　Moreno 模型

Moreno 等提出了一种针对 BA 无标度网络的相继故障模型[129]。在该模型中，考虑了一个含有 N 个节点的无标度网络，首先假设每个节点承载着相同的负荷 $\sigma=F/N$ ，其中 F 表示外部作用。其次，假设网络中每一个节点的容量 σ_i（ $i=1,2,\cdots,N$ ）满足某种统计分布。在该模型中，假定该统计分布为 Weibull 分布，于是有 $P(\sigma_i)=1-\mathrm{e}^{-(\sigma_i)^{\rho}}$ ，其中 ρ 称为 Weibull 指数，起着控制节点容量分布杂乱程度的作用，从而可以比较不同 ρ 取值对网络脆弱性的影响。如果 $\sigma>\sigma_i$ ，则表明节点 i 已发生故障，其负荷将平均地传递给与之直接相连的无故障节点，该节点 i 将从网络中移除。负荷的重新分配将有可能进一步导致其他节点发生故障，从而引发相继故障。当网络中所有剩余节点的负荷都低于其容量时，相继故障结束，此时仍然采用 ML 模型中的最大连通子图相对规模 $G = N'/N$ 来衡量相继故障对网络造成的损失。Moreno 等针对 N=10^5 的无标度网络，运用数值仿真方法研究了不同容量分布下，相继故障结束后的最大连通子图相对规模 G 与负荷 σ 之间的关系，具体如图 4-4 所示。

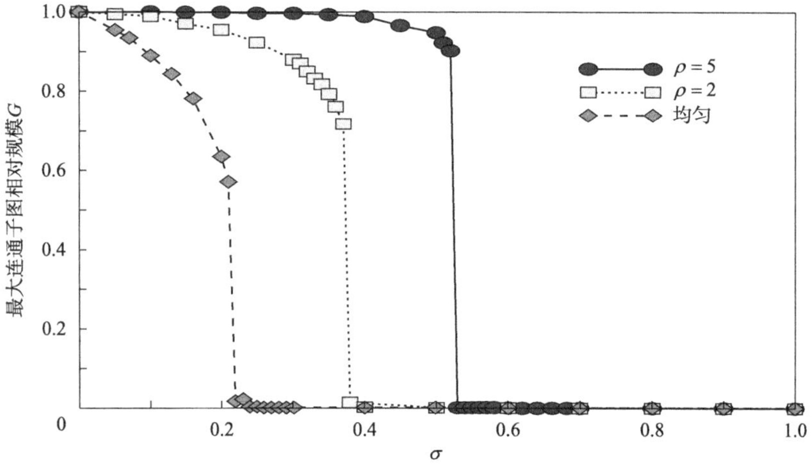

图 4-4 相继故障结束后 G 与 σ 之间的关系[129]

从图 4-4 可以看出，当所有节点的负荷 σ 较小时，最大连通子图的相对规模 G 较大，表示相继故障造成的范围较小。随着节点负荷 σ 的增加至某一临界值 σ_c，最大连通子图的相对规模 G 也持续减小至一个临界值（不同的 ρ 值对应不同的唯一临界值），然后曲线迅速下降至 0 附近，此时整个网络的大部分节点已不能正常工作，这一结果也再次验证了关键阈值 T_c 的存在。此外，随着 ρ 值的减小，临界值 σ_c 也随之减小，此时说明较小的负荷就有可能导致整个网络发生崩溃，网络面对相继故障的脆弱性就越显著。

4.4.3 边失效的相继故障模型

上述模型考虑的是节点失效后的相继故障过程，没有考虑边的失效行为。实际上，许多现实网络中节点之间边的作用同样不可忽视，如电网上的输电线、因特网上的网络传输线路、交通网上的路段等。Moreno 等针对 BA 无标度网络上边的拥塞，提出基于边失效的相继故障模型[130]。在该模型中，Moreno 等给连接节点 i 和 j 的边 e_{ij} 赋予负荷 l_{ij}（$0 < l_{ij} < 1$），以描述网络中沿着边进行传递的数据包的通信量，并假定负荷服从均匀分布，公式如下：

$$U(l)=\begin{cases}1/2\langle l\rangle, & l\in[0,2\langle l\rangle] \quad \text{if}\ \langle l\rangle\leqslant 0.5\\ 1/2(1-\langle l\rangle), & l\in[2\langle l\rangle-1,1] \quad \text{if}\ \langle l\rangle\geqslant 0.5\end{cases} \tag{4-3}$$

式中，l——连接任意两个节点的边上赋予的负荷，$0<l<1$；

$\langle l\rangle$——平均负荷。

同时，假定每条边的容量 C=1。如果 $l_{ij}>C$，表明这条边发生了拥塞，于是按照一定的规则将 l_{ij} 进行重新分配，比如，按照平均分配或随机分配的规则将 l_{ij} 的一部分分配给其相邻的没有拥塞的边。此时如果相邻的所有边都拥塞，那么就将负荷全局分配给整个网络里其他没有拥塞的边或者直接丢弃（类似路由过程中的丢包）。负荷的重新分配有可能导致其他边出现拥塞，从而引发相继故障现象。Moreno 等将上述建立的相继故障模型应用到包含 N=10 000 个节点和 30 000 条边的 BA 无标度网络中，具体如图 4-5 所示[130]。其中，P_G 表示网络具有最大连通子图的概率，（a）表示随机分配和丢弃的负荷分配规则，（b）表示随机分配和全局分配的负荷分配规则，（c）表示平均分配和全局分配规则。

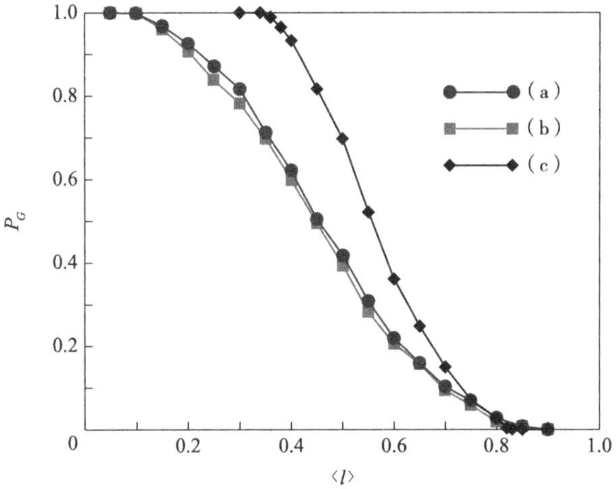

图 4-5　无标度网络 P_G 与 $\langle l\rangle$ 之间的关系[130]

通过图 4-5 发现，当整个网络稳定（即对连接任意节点 i 和 j 的边，有 $l_{ij}<C$）时，不同的负荷分配规则对应唯一的临界值 $\langle l\rangle_c$。当 $\langle l\rangle>\langle l\rangle_c$ 时，网络会以一定的概率处于拥塞状态。从图 4-5 可以看出，$\langle l\rangle>\langle l\rangle_c\approx 0.82$ 时，任何的扰动都会导致整个网络的所有边出现拥塞，此时网络的脆弱性最显著。

此后，Wang 和 Chen 基于加权流局域重新分配原则提出了一个边失效的相继故障模型[124]。在该模型中，他们将连接节点 i 和 j 的边 e_{ij} 的初始负荷 l_{ij} 定义为 $l_{ij}=(k_ik_j)^{\theta}$，其中 θ 是可调参数，起着控制初始负荷强度的作用，k_i 和 k_j 表示边 e_{ij}

两个端点的度，并通过数值仿真发现当 $\theta=1$ 时，网络面对相继故障具有最强的鲁棒性。在上述模型的基础上，王建伟和荣莉莉提出了一种新的赋予边初始负荷的方法，公式如下[131]：

$$l_{ij}=L\times(k_i k_j)^{\alpha}\Big/\sum_{e_{mn}\in E}(k_m k_n)^{\alpha} \tag{4-4}$$

式中，L——网络所有边负荷的总和；

α——可调参数，起着控制边初始负荷强度和负荷分布的作用，取值越大，边负荷之间的差异性就越大；

k_i——节点 i 的度；

e_{mn}——连接节点 m 和 n 的边；

E——网络中所有边的集合。

关于边容量的定义，王建伟和荣莉莉假定任一条边 e_{ij} 的容量 C_{ij} 正比于它的初始负荷，即 $C_{ij}=(1+\beta)L_{ij}$，其中 $\beta\geqslant 0$，称为网络的能力容许系数，表示边处理额外负荷从而抵抗干扰的能力[131]。当某一时刻边 e_{ij} 发生拥塞而被切断后，上面的负荷将重新分配到与边 e_{ij} 两个端点 i 和 j 分别相连的邻居边上。因此，王建伟和荣莉莉基于局域择优分配规则，提出失效边 e_{ij} 的其中一条邻居边 e_{ik} 从该失效边所接收到的额外负荷 Δl_{ik} 正比于 e_{ij} 的初始负荷，公式如下（具体可见图 4-6）[132]：

$$\Delta l_{ik}=L_{ij}\times L_{ik}\Big/\left(\sum_{m\in\Gamma_i}L_{im}+\sum_{n\in\Gamma_j}L_{jn}\right) \tag{4-5}$$

式中，L_{ij}——连接节点 i 和 j 的边 e_{ij} 的初始负荷；

Γ_i——节点 i 的邻居节点集合；

L_{im}——连接节点 i 和 m 的边 e_{im} 的初始负荷；

Γ_j——节点 j 的邻居节点集合；

L_{jn}——连接节点 j 和 n 的边 e_{jn} 的初始负荷。

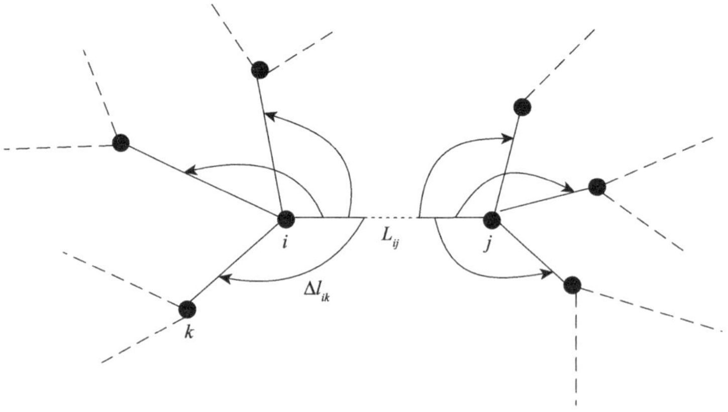

图 4-6　边失效后的负荷重新分配[132]

接下来，通过数值仿真和理论解析发现，当可调参数 α 在一定取值范围内时，攻击网络中负荷最小的边比攻击负荷最大的边更易于导致相继故障的发生，此时网络最脆弱，从而为更好地控制和预防相继故障的发生提供一定的理论支持。

4.4.4 其他相继故障模型

除了上述几种主要相继故障模型之外，部分学者还提出了其他相继故障模型。比如，Bak 等为了研究沙堆崩溃的自组织临界现象，建立了能用计算机模拟的沙堆模型[133]。在 BA 无标度网络的沙堆模型上，Lee 等发现了相继故障动态过程的规律和持续时间的分布都具有幂律特性[134]；Watts 将二值模型应用于随机网络的相继故障中，分析了由邻居节点行为的相互影响而导致的相继故障[135]；Lubos 等基于当前的网络状态和网络拓扑结构的信息，从资源重新分配的角度研究了相继故障模型上恢复策略的有效性[136]。此外，为了寻找电力网络更为安全、更有免疫力的解决方案，避免雪崩式故障引起的灾难，Dobson 等基于电网相继故障的现象提出了经典的 OPA 模型[137]和 Cascade 模型[138]。其中，OPA 模型主要研究电网由初始状态向自组织临界状态转化的过程，称为最优潮流方法模型。Cascade 模型研究了电网的负载增加过程中，电网大规模相继故障的频率和规模的概率分布变化情况。

4.5 相继故障视角下的研发网络风险传播模型构建

鉴于研发网络的风险传播现象与复杂网络上的相继故障现象具有高度的内在一致性，我们借鉴相继故障理论中负荷-容量模型的思想，将研发网络成员企业面临的风险视为一种可以量化的物质，认为每个企业在研发过程中都会面临不同风险的影响，当风险累积到一定程度超过自身所能承受的最大范围时，风险便能够通过节点间的合作研发关系而触发周围企业的潜在风险，这样风险便在研发网络内部进行了传播。下面，将基于风险传播阶段划分，从节点企业的风险负荷定义、节点企业风险容量确定、节点企业之间的风险局域触发规则建立这三个方面，构建研发网络的风险传播模型。

4.5.1 风险传播阶段的划分

研发网络作为由众多研发企业组成的复杂网络系统，一方面，成员企业可以利用发达的通信技术摆脱地域和时间的限制，在更为广泛的区域内寻找所需的研发资源，从而形成了错综复杂的网络结构；另一方面，成员企业大多是基于自身收益最大化原则而进行合作研发活动，具有较大的不确定性，因而管理与协调的难度较大。研发网络具有的上述特征使得成员企业所面临的风险除了具有不确定性和损失性这两个基本属性之外，又兼具动态性和传播性两大特征。具体表现就是研发网络的不同风险之间并不是独立存在的，而是呈现出相互影响和相互触发的特征，即某个节点企业上发生的风险将可能触发周围合作企业上潜伏的同类风险或其他类型风险，从而形成风险传播现象，这在一定程度上就增加了研发网络的脆弱性。

下面，借鉴相继故障理论，提出研发网络的风险传播过程主要分为以下四个阶段。

（1）有序运行阶段。事实上，研发网络的每个成员企业都具有一定的抗风险能力，即所谓的风险容量。只要所有成员企业上发生的风险值处于企业的可控范围之内，研发网络就处于有序运行阶段。

（2）微小扰动阶段。当研发网络中某个或少数几个节点企业上发生的风险值超出自身的最大抗风险能力即风险容量时，该节点企业就处于“失效”状态而不能从事正常的研发活动。此时，研发网络的有序运行状态就被少数节点企业的失效所打破，整个研发网络处于微小扰动阶段。

（3）风险触发阶段。当研发网络少数失效节点企业上发生的风险值超过自身的风险容量时，该失效节点企业上发生的风险就会通过节点间的合作关系而触发邻居节点企业上的潜在风险。这些邻居节点企业如果不能抵御额外增加的风险将同样处于失效状态，此时风险便在节点企业之间进行了传播。风险之间的触发现象将有可能持续下去，从而扩散至整个研发网络。

（4）传播结束阶段。当研发网络不再有节点企业因风险值超过风险容量而失效时，风险传播过程便宣告结束。风险传播结束后，研发网络或者由于大部分成员企业失效而处于崩溃的状态，或者仅有少数几个节点企业失效而经过调整重新回归到正常运行状态。总之，上述两种状态都代表着研发网络风险传播过程的结束。

4.5.2 节点企业的风险负荷定义

相继故障模型的构建主要需解决三个方面的问题：节点初始负荷的定义、节点能力与初始负荷之间的关联、节点崩溃后负荷重新分配的动力学过程[128]。下面，将基于相继故障视角，从节点企业风险负荷的定义、节点企业风险容量的确定、失效节点企业发生的风险如何触发邻居节点企业上的潜在风险从而导致其失效的动力学过程这三个方面，来构建研发网络的风险传播模型。

在此之前，我们基于风险来源视角将研发网络的风险分为外源性风险和内源性风险。其中，外源性风险包括市场风险、经济风险、政治风险，内源性风险包括道德风险、工期风险、资金风险、技术风险。因此，假定研发网络每一个成员企业均会面临上述七类潜在风险的影响。当某个潜在风险被触发时，研发企业将会承担相应的风险损失即所谓的风险负荷。基于此，将 t 时刻节点企业 i（i=1, 2, …, N，其中 N 代表研发网络的所有成员企业总数）上承担的风险负荷 $L_i(t)$ 定义为 t 时刻该企业 i 发生的所有风险所产生的损失总和，公式如下：

$$L_i(t) = \sum_{j=1}^{7} w_j \eta_j^i(t) \tag{4-6}$$

式中，w_j ——风险 R_j 发生后所产生的损失大小；

$\eta_j^i(t)$ ——布尔变量，表示 t 时刻节点企业 i 上风险 R_j 的发生状态，其中 $\eta_j^i(t)$=1 表示企业 i 上的风险 R_j 已经发生，$\eta_j^i(t)$=0 则表示风险 R_j 尚未发生。

显然，在有序运行阶段，研发网络所有成员企业上的各类潜在风险均未发生。因此，不妨假设当 t=0 时，研发网络的所有成员企业均有 $L_i(0)$=0（$\forall i \in V$，其中 V 表示研发网络所有成员企业的集合）。

4.5.3　节点企业的风险容量确定

由能量释放理论可知，风险在主体内部不断累积直到超过一定的阈值时，便会引发风险事故[103]。对研发网络来说，不同的节点企业在网络中的地位及实力存在着差异，因此不同企业的抗风险能力即所谓的风险容量也会各不相同。我们假定，一个节点企业处理风险负荷的能力即风险容量的大小与该节点的度及周围邻居节点企业的度存在密切的联系。具体来说，就是如果一个节点的度及其邻居节点的度越大，意味着该节点企业处理风险负荷的能力就越强，其风险容量就越大。除此之外，一个节点企业的风险容量还应该与整体研发网络面临的平均风险大小有关系。也就是说，如果一个研发网络经常会面对一些发生频率高、损失后果严重的风险事件，那么该网络中的所有成员企业都会普遍提高自身的抗风险能力来应对这种高风险的环境。基于上述分析，最后提出节点企业 i 的风险容量 C_i 与该节点的度、邻居节点的度、整体研发网络面临的平均风险大小有关，计算公式如下：

$$C_i = \beta \frac{(k_i \sum_{m \in \Gamma_i} k_m)^{\alpha}}{\max\{(k_j \sum_{l \in \Gamma_j} k_l)^{\alpha} \mid j = 1,2,\cdots,N\}} \overline{V} \tag{4-7}$$

式中，α——可调参数，控制着节点企业风险容量分布的平均程度，其值越小，意味着研发网络节点企业之间的风险容量分布越平均，否则差异性越大；

β——研发网络的抗风险能力容许参数，表示节点企业为了抵抗风险而投入资源的程度，其值越大，意味着研发网络每个节点企业投入的抗风险资源越多，风险容量就越大；

k_i——节点企业 i 的度；

$\varGamma_i$——节点企业 i 的邻居节点企业集合，即 $\varGamma_i = \{j \mid a_{ij} = 1\}$；

N——研发网络的成员企业总数；

$\bar{V}$——研发网络面临的平均风险大小，计算公式为 $\bar{V} = \sum_{i=1}^{7} w_i p_i$，即所有潜在风险产生的损失大小平均值，其中，$w_i$ 表示风险 R_i 产生的损失大小，p_i 表示风险 R_i 的发生概率。

事实上，研发网络的每个成员企业只可能处于两种状态，即正常运行状态和风险感染状态，即所谓的失效状态。只要 t 时刻节点企业 i 上的风险负荷 $L_i(t)$ 小于等于自身的风险容量 C_i，该节点企业就处于正常运行状态，否则就处于风险感染状态，即失效状态。因此，我们提出用布尔变量 $\tau_i(t)$ 来表示 t 时刻节点企业 i 的运行状态，公式如下：

$$\tau_i(t) = \begin{cases} 0 & L_i(t) \leqslant C_i \\ 1 & L_i(t) > C_i \end{cases} \tag{4-8}$$

4.5.4 节点企业之间的风险局域触发规则建立

首先，我们假设当节点企业处于正常运行状态时，该企业的潜在风险不管发生与否，均不能向其邻居节点企业传播风险，但具有被其他失效企业触发风险的可能；而只有当节点企业处于失效状态，即 t 时刻节点企业 i 上的风险负荷 $L_i(t)$ 大于自身的风险容量 C_i 时，该企业发生的风险才会借助网络上的合作关系而触发其周围邻居企业上的各类潜在风险。其次，与知识在节点企业之间的传递过程相类似，随着通信技术的发展，我们假定不同企业之间同类或不同类风险之间的触发过程几乎不受企业之间物理距离的影响。因此，假定研发网络的风险传播过程与节点企业之间的物理距离无关，而仅与风险本身的特征及该风险与其他风险之间的相互关联度有关。当然，尽管研发网络成员企业之间具有广泛而深入的合作关系，不同风险之间存在着紧密的相互影响关系，但并不意味着某一节点企业上发生的风险一定能够触发周围邻居节点企业上的潜在风险，也不一定意味着被风险传播的企业最终被触发的风险一定是传播企业上发生风险的总和，而是存在一定的触发概率。

基于上述考虑，根据研发网络这七类不同潜在风险的各自特征，本书提出了研发网络的风险触发概率矩阵 $H=[h_{ij}]_{7\times 7}$，其中元素 $h_{ij}=P(R_j\text{被触发}\mid R_i\text{发生})$，表示当风险 R_i 发生时，触发风险 R_j 的条件概率。我们知道，对于现实中的大多数网络来说，获得网络的全局信息是非常困难的[127]。而实际上，大部分网络中的节点只能影响到其周围的邻居节点。因此，我们假定研发网络上失效节点企业上发生的风险只可能触发其周围邻居节点上的潜在风险，而不能直接触发其他非直接合作节点企业。基于上述假设，本书提出了风险局域触发规则来具体描述研发网络节点企业之间的风险传播过程，如图 4-7 所示。其中，黑色节点表示失效企业，白色节点表示正常运行企业。

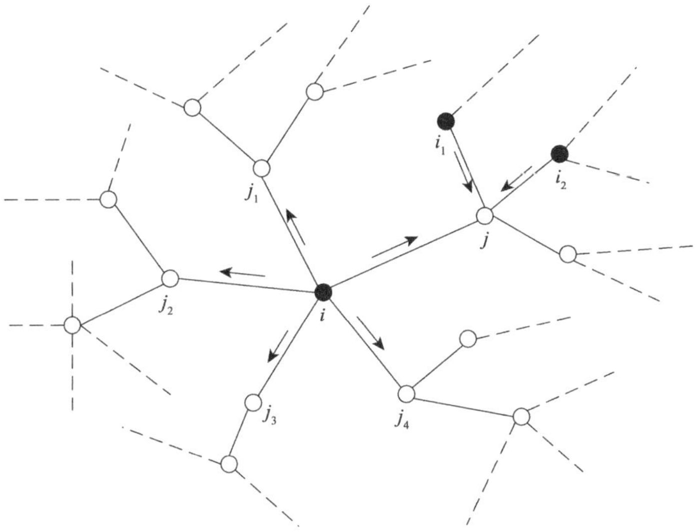

图 4-7　研发网络节点企业之间的风险局域触发过程

在图 4-7 中，我们假定 t 时刻，研发网络中的节点企业 i、i_1、i_2 上的风险负荷均大于各自的风险容量，即处于失效状态。此时，这些失效企业上发生的风险就会依据风险局域触发规则来触发周围邻居节点企业上的潜在风险。简化起见，我们以失效企业 i 为例来具体说明。首先，不妨假设该失效企业 i 上的潜在风险 R_1 和 R_4 已发生，并且满足 $L_i(t)=w_1+w_4>C_i$。接下来，已发生的风险 R_1 和 R_4 就会依据风险触发概率矩阵 H 中的条件触发概率并借助企业之间的合作关系而触发邻居节点企业 j、j_1、j_2、j_3、j_4 上的潜在风险。于是在 t+1 时刻，对尚处于正常运行状态的节点企业 j 来说，其最终被触发的风险将受到失效企业 i、i_1 和 i_2 上已发生风险的共同影响。此时依据不同风险之间的条件触发概率，我们不妨假设失效

企业 i 最终触发企业 j 上的潜在风险为 R_4，失效企业 i_1 最终触发的潜在风险为 R_2 和 R_5，失效企业 i_2 最终触发的潜在风险为 R_4 和 R_5，于是企业 j 最终被触发的风险就是 R_2、R_4 和 R_5。因此，t+1 时刻节点企业 j 的风险负荷 $L_j(t+1)=w_2+w_4+w_5$，它由 t 时刻自身的风险负荷 $L_j(t)$ 和其邻居失效企业（此例为失效节点 i、i_1 和 i_2，这些失效节点均是在 t 时刻失效的，并不包括之前已经失效的节点企业）上发生的风险共同决定，计算公式如下：

$$L_j(t+1)=L_j(t)+\sum\nolimits_{k\notin\Psi_j(t)}\left(w_k\mathrm{OR}\left\{\varphi_k^{ij}(t+1)\mid i\in Z_j(t)\right\}\right) \tag{4-9}$$

式中，$L_j(t)$——t 时刻节点企业 j 的风险负荷；

$\Psi_j(t)$——t 时刻节点企业 j 上已发生的风险集合；

$Z_j(t)$——t 时刻节点企业 j 的邻居失效节点集合，该集合实际上指的就是那些在 t 时刻失效且尚未从研发网络中移除的企业；

w_k——风险 R_k 发生后所产生的损失大小；

$\varphi_k^{ij}(t+1)$——布尔变量，表示 t+1 时刻失效企业 i 上已发生的风险触发节点企业 j 上潜在风险 R_k 的状态，$\varphi_k^{ij}(t+1)$=1 表示节点企业 j 上的潜在风险 R_k 被失效企业 i 上的风险触发，$\varphi_k^{ij}(t+1)$=0 则表示风险 R_k 尚未被触发；

OR——或运算符，例如 OR{0, 1, 1, 0}=1，OR{0, 0, 0, 0}=0，表示的是只要有一个邻居失效企业将节点企业 j 上的潜在风险 R_k 触发，该风险 R_k 就发生。

在 t+1 时刻末，失效企业 i、i_1、i_2 从研发网络中移除，也就是断开网络中的连接边 e_{ij}、e_{ij_1}、e_{ij_2}、e_{ij_3}、e_{ij_4}、e_{i_1j} 和 e_{i_2j}。在该风险传播模型中，我们进而用布尔变量 visit（i）来表示失效节点企业 i 是否已经从网络中被移除，如果 visit（i）=0，表示该企业 i 尚未退出研发网络，而 visit（i）=1 则表示企业 i 已经退出研发网络，即切断企业 i 与网络其他所有企业的合作关系。对节点企业 j 来说，如果 t+1 时刻的风险负荷 $L_j(t+1)\leqslant C_j$，则意味着该节点企业 j 将继续处于正常运行状态，尽管其上的风险 R_2、R_4 和 R_5 已经发生，但这些风险仍然处在可控范围之内，对周围邻居企业上的潜在风险仍不具有触发作用。如果 $L_j(t+1)>C_j$，则意味着该节点企业 j 上的风险负荷已经超过自身的风险容量，将处于失效状态，会对周围邻居节点企业上的潜在风险产生触发作用，从而引发 t+2 时刻的风险传播过程。风险传播的连锁效应就这样持续下去。

为了有效衡量不同时刻风险传播对整个研发网络造成的影响大小，这里提出指标 $I(t)$，表示 t 时刻研发网络中处于失效状态的企业数量占成员企业总数的比例，公式如下：

$$I(t)=\frac{1}{N}\sum_{i=1}^{N}\tau_i(t) \tag{4-10}$$

当然，随着时间的推进，研发网络中失效节点企业的数量将在某一时刻之后不再发生变化，也就意味着风险传播过程就此结束。此时，如果 $I(t)$ 的值接近 1，意味着整个研发网络的大部分成员企业已经失效，网络处于瘫痪状态；如果 $I(t)$ 的值接近于 0，则说明整个研发网络仅有很少一部分企业处于失效状态，整体网络仍处于有序运行状态。我们用 t^* 来表示风险传播结束的时刻，于是 $I^*=I(t^*)$ 就表示风险传播过程结束后最终对整个研发网络造成的影响大小。

4.6　数值仿真及结果分析

我们将利用第 3 章生成的虚拟研发网络，再现研发网络上发生的风险传播过程，从而分析研发网络面对风险传播的脆弱性。在这里，我们所采用的研发网络是研发网络形成模型中参数 $\delta=0.5$、$N_0=6$、$\sigma=\varsigma=1$、$\theta_0=0$、$\varepsilon=0.001$、$\omega_i^A \sim U(0,1)$、$\omega_i^B \sim U(0,1)$ 时通过数值仿真生成的。我们发现，构建的研发网络成员企业总数 $N=179$，平均度 $\langle k\rangle=9.55$，聚集系数 $C=0.07$，平均路径长度 $L=2.48$。

接下来，为了触发研发网络上风险传播的发生，我们假定选取攻击的节点企业数量占成员企业总数的比例 $p_{\text{attack}}=0.5\%$，也就意味着这些被选择攻击的失效企业因风险负荷超过自身的风险容量而不能正常从事研发活动，这些企业发生的风险可以通过节点间的合作关系而触发邻居节点企业上的潜在风险。此外，通过理论分析与专家访谈，同时结合研发网络这七类主要潜在风险的各自不同特征及其之间的相互影响关系，给出了这七类风险之间的条件触发概率，具体见下面的风险触发概率矩阵 H。

$$H=\begin{bmatrix} 0.60 & 0.10 & 0.05 & 0.40 & 0.35 & 0.35 & 0.35 \\ 0.20 & 0.60 & 0.10 & 0.35 & 0.30 & 0.30 & 0.30 \\ 0.35 & 0.40 & 0.60 & 0.30 & 0.25 & 0.25 & 0.25 \\ 0.10 & 0.05 & 0.01 & 0.60 & 0.50 & 0.45 & 0.45 \\ 0.10 & 0.05 & 0.01 & 0.50 & 0.60 & 0.40 & 0.40 \\ 0.10 & 0.05 & 0.01 & 0.45 & 0.50 & 0.60 & 0.40 \\ 0.10 & 0.05 & 0.01 & 0.45 & 0.50 & 0.45 & 0.60 \end{bmatrix}$$

同时，根据第 4 章对研发网络七类潜在风险的评估，我们也给出了不同风险的发生概率和损失大小，其中 $p_1=50\%$，$w_1=3$；$p_2=30\%$，$w_2=3$；$p_3=10\%$，$w_3=4$；$p_4=70\%$，$w_4=2$；$p_5=90\%$，$w_5=1$；$p_6=30\%$，$w_6=2$；$p_7=50\%$，

$w_7 = 2$。于是，该研发网络面临的平均风险大小 $\bar{V} = \sum_{i=1}^{7} w_i p_i = 6.7$。

下面，我们将借助 MATLAB 软件，运用数值仿真方法分别分析可调参数 α、抗风险能力容许参数 β、随机攻击和蓄意攻击策略、网络拓扑结构等不同因素对研发网络风险传播过程的影响，以此来揭示研发网络的风险传播规律及面对风险传播的脆弱性。

4.6.1 参数 α 和 β 对研发网络风险传播的影响

由前面构建的风险传播模型可知，β 作为研发网络的抗风险能力容许参数，表示的是成员企业为了抵抗风险而投入资源的程度，数值越大，说明研发网络每个成员企业投入的抗风险资源越多，风险容量就越大。不难看出，当参数 β 取值很小时，任一节点企业的失效都将会导致整个研发网络的瘫痪；而当 β 值足够大时，意味着此时所有成员企业的风险容量足够大，任一节点企业遭遇攻击都不会导致大规模风险传播过程的发生。

然而，在研发网络投入的抗风险资源具有有限性这一约束条件下，不可能通过无限制地提高 β 值来过度地增加成员企业的风险容量。因此，应该投入最少的资源而仍使研发网络具有抵制风险传播的能力。于是，我们提出了一个新的指标——关键抗风险阈值 β^*，以此来衡量研发网络面对风险的脆弱性（或鲁棒性）：即当 $\beta \geqslant \beta^*$ 时，除遭遇攻击的企业以外，其他所有成员企业都有足够的能力来抵抗其上发生的风险，此时整个研发网络不会发生风险传播现象，仍将保持原有的正常运行状态；而当 $\beta < \beta^*$ 时，多数成员企业的风险容量是有限的，研发网络极易发生风险传播从而最终瘫痪。可以看出，关键抗风险阈值 β^* 越小，说明研发网络抵制风险发生传播的鲁棒性就越强，反之，说明研发网络面对风险传播就越脆弱。从上述分析可以看出，参数 β 对研发网络的风险传播过程具有显著的影响。接下来，本书将分别对参数 $\alpha = 0.10$、$\alpha = 0.15$、$\alpha = 0.20$、$\alpha = 0.25$、$\alpha = 0.30$、$\alpha = 0.35$ 时，（由随机攻击引起的）风险传播结束后失效企业数量占所有企业总数的比例 I^* 与参数 β 之间的关系进行数值仿真，仿真结果如图 4-8 所示。

从图 4-8 可以看出，不论参数 α 取何值，当抗风险能力容许参数 β 的取值分别低于某一临界值时，β 值的增加并没有导致指标 I^* 的明显下降，此时意味着风险传播已经导致整个研发网络的崩溃。但当 β 值持续增加直到超过某一临界值时，指标 I^* 的曲线急速下降至 0 附近，此时意味着研发网络没有发生风险传播，绝大多数成员企业仍然保持正常运营状态。不难看出，这里所说的临界值就是上面提到的关键抗风险阈值 β^*。从图 4-8 可以看出，当 $\alpha = 0.10$ 时，此时的关键抗风险阈

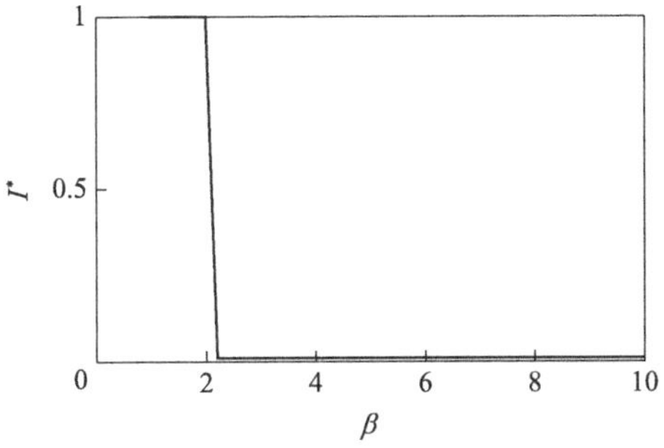

（a）$\alpha=0.10$

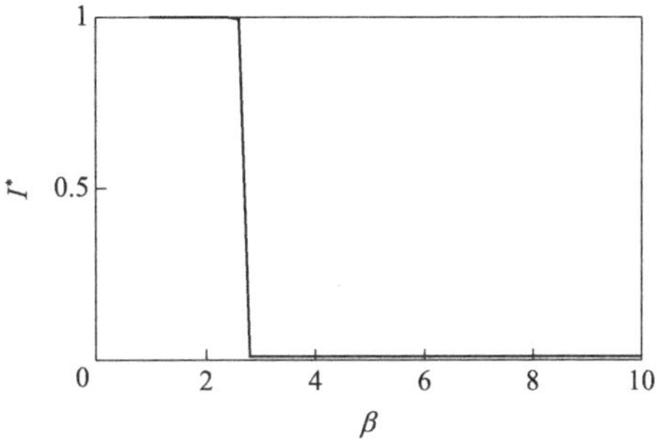

（b）$\alpha=0.15$

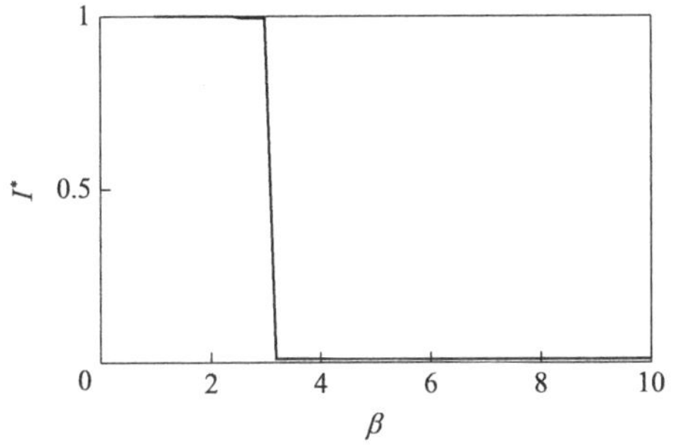

（c）$\alpha=0.20$

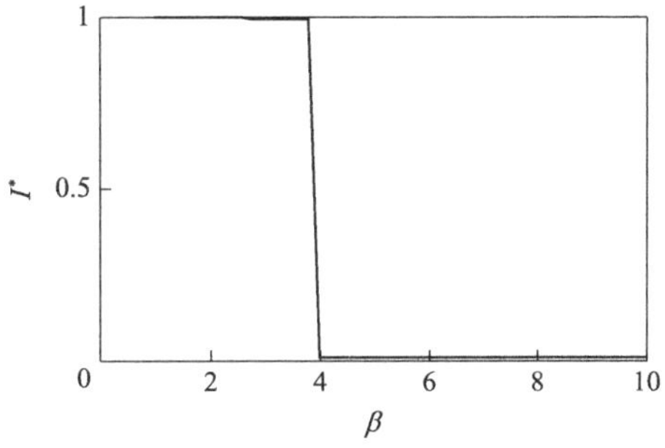

（d）$\alpha=0.25$

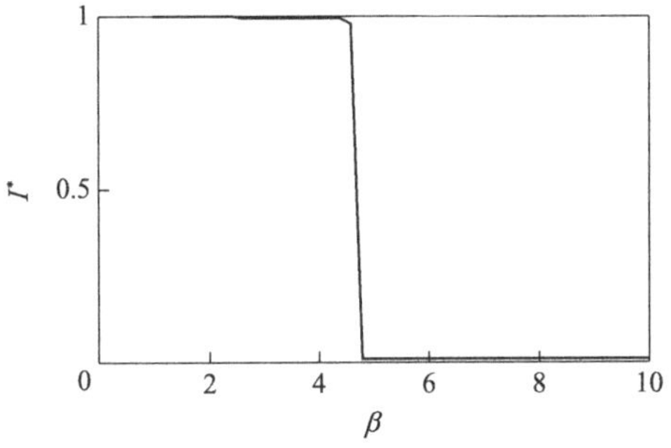

（e）$\alpha=0.30$

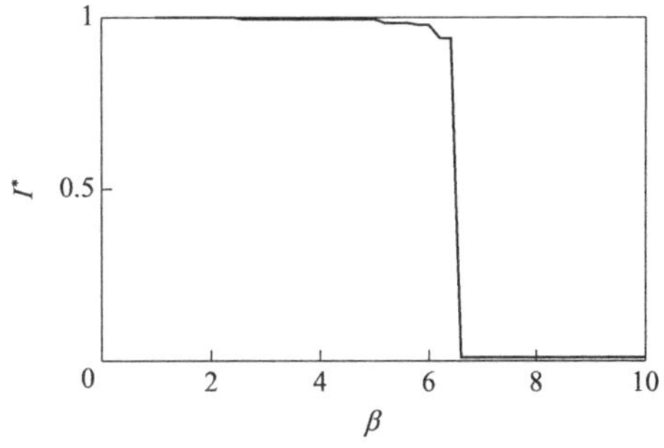

（f）$\alpha=0.35$

图 4-8　随机攻击下指标 I^* 与参数 β 之间的关系

值 $\beta^*_{\alpha=0.10}=2.2$；当 $\alpha=0.15$ 时，关键抗风险阈值 $\beta^*_{\alpha=0.15}=2.8$；当 $\alpha=0.20$ 时，关键抗风险阈值 $\beta^*_{\alpha=0.20}=3.2$；当 $\alpha=0.25$ 时，关键抗风险阈值 $\beta^*_{\alpha=0.25}=4$；当 $\alpha=0.30$ 时，关键抗风险阈值 $\beta^*_{\alpha=0.30}=4.8$；当 $\alpha=0.35$ 时，关键抗风险阈值 $\beta^*_{\alpha=0.35}=6.6$。该仿真结果也进一步验证了前面提出的存在关键风险阈值 β^* 的假设，从而说明提出的关键抗风险阈值 β^* 可以很好地用来衡量研发网络面对风险传播的脆弱性，该数值越小，说明研发网络抵制风险传播的鲁棒性越强，反之就越脆弱。

基于上述仿真结果，我们还可以初步得出这样一个结论：关键抗风险阈值 β^* 随着参数 α 值的增加大致呈现出不断增加的趋势。为了进一步验证这个结论，接下来对随机攻击下关键抗风险阈值 β^* 与参数 α 之间的关系进行数值仿真，仿真结果如图 4-9 所示，图中一系列的星点是数值仿真结果，而实线则是依据这些仿真数据而生成的拟合曲线。

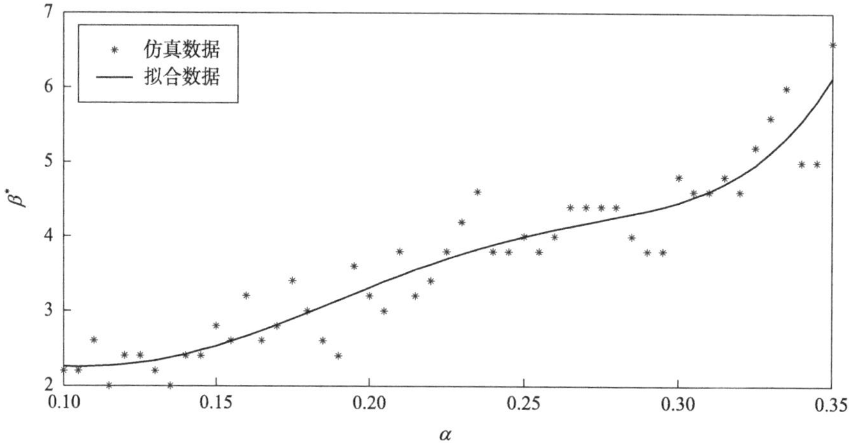

图 4-9　随机攻击下参数 α 与 β^* 之间的关系

通过图 4-9 中的拟合曲线可以看出，关键抗风险阈值 β^* 随着参数 α 值的增加基本呈现出逐渐增加的趋势。这说明随着参数 α 值的增加，研发网络面对风险传播的脆弱性也随之增加，即鲁棒性随之减弱。由前面构建的风险传播模型可知，α 作为可调参数，控制着节点企业风险容量分布的平均程度，其值越小，意味着研发网络节点企业之间的风险容量分布越平均，否则差异性就越大。因此，当 α 取值较大即研发网络各节点企业之间的风险容量具有较大差异时，整个网络为了避免风险传播的发生，必须确保那些最脆弱的节点企业具有足够的风险容量来抵御出现的风险，因此关键抗风险阈值 β^* 就会随之增加。于是，我们得出如下管理启示：要想减小研发网络面对风险传播的脆弱性，提高研发网络的抗风险能力，应尽可能减小各成员企业风险容量之间的差异性程度。

4.6.2　不同攻击策略对研发网络风险传播的影响

前面的数值仿真结果揭示了随机攻击策略下的风险传播规律及其对研发网络脆弱性的影响。实际上，复杂网络通常面临两种类型的攻击策略：随机攻击策略和蓄意攻击策略。其中，随机攻击策略就是随机地从网络中选取某些节点对其进行破坏，而蓄意攻击策略则是指有选择性地选取某些节点对其进行破坏。对于蓄意攻击策略，现有的研究大多关注的是攻击度大的节点及其对网络上相继故障现象的影响。学者王建伟和荣莉莉研究了攻击度大节点和攻击度小节点这两种蓄意攻击策略下复杂网络的相继故障现象及其对网络脆弱性的影响[11]。接下来，为了揭示不同攻击策略对风险传播过程进而对整个研发网络脆弱性的影响，我们将对度小攻击、随机攻击、度大攻击这三种攻击策略下，指标 I^* 与参数 β 之间的关系进行数值仿真，结果如图 4-10 所示。

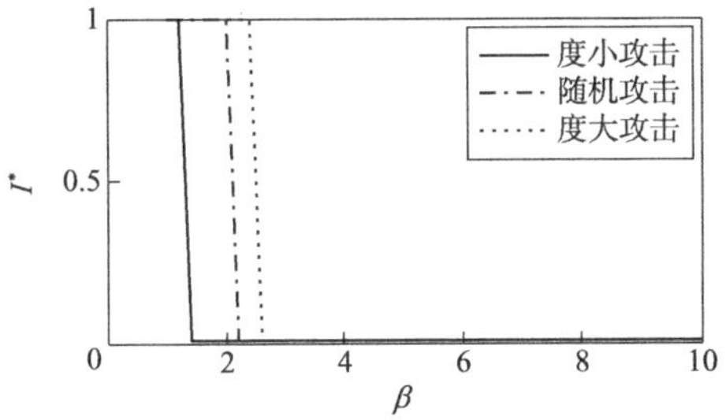

（a）$\alpha=0.10$

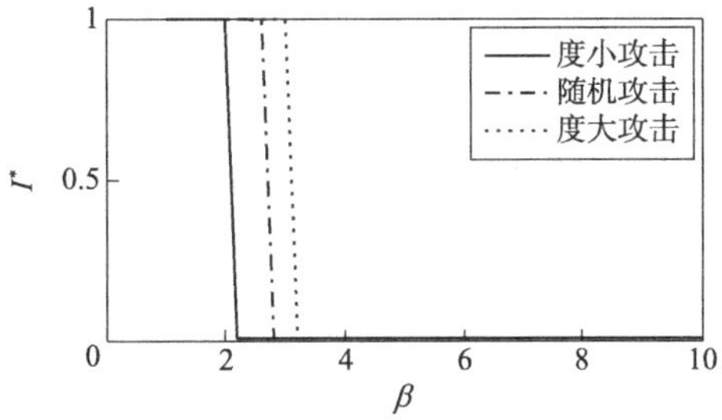

（b）$\alpha=0.15$

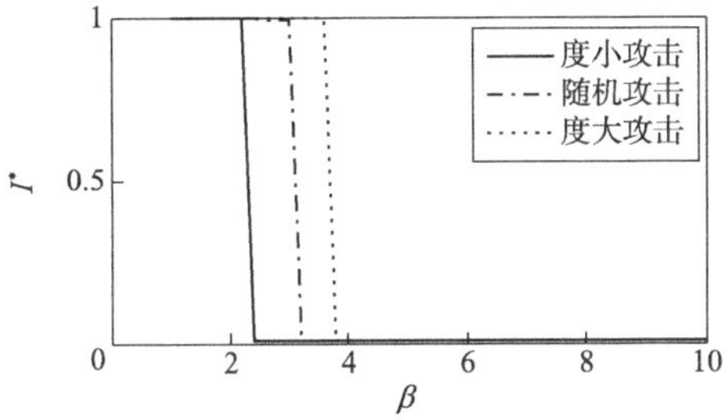

（c）$\alpha=0.20$

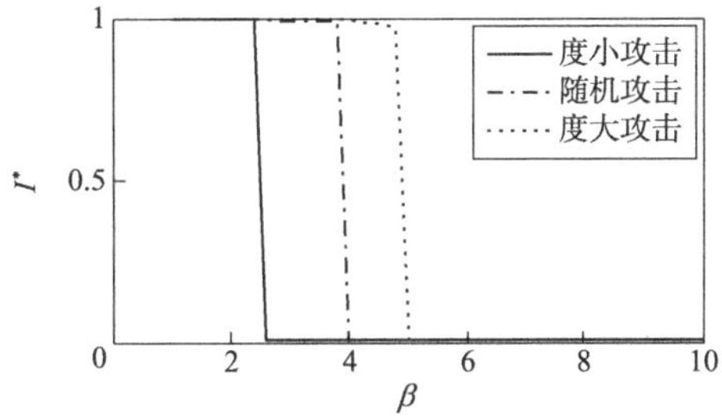

（d）$\alpha=0.25$

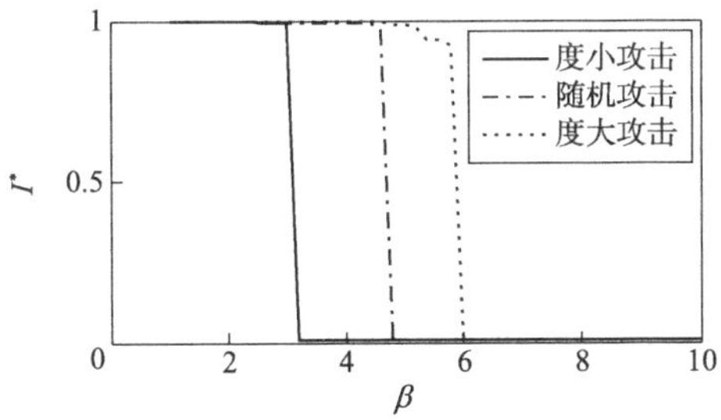

（e）$\alpha=0.30$

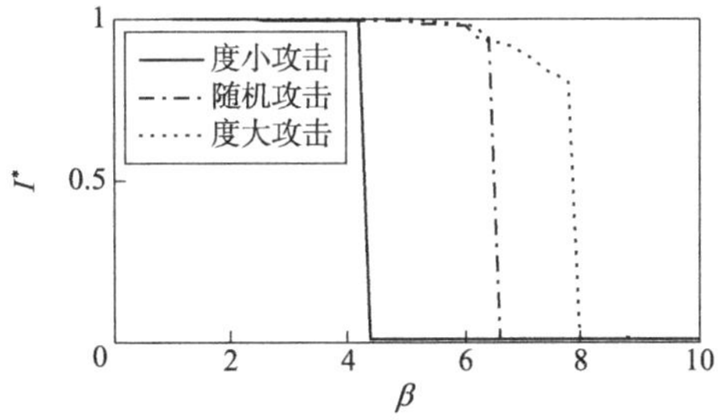

（f）$\alpha=0.35$

图 4-10　三种攻击策略下指标 I^* 与参数 β 之间的关系

从图 4-10 可以看出，不管参数 α 取何值，研发网络面对度小攻击策略时的关

键抗风险阈值 β^* 最小，接下来依次是随机攻击策略和度大攻击策略。例如，当 $\alpha=0.10$ 时，研发网络面对度小攻击的关键抗风险阈值 $\beta^*_{度小}=1.4$，面对随机攻击时的关键抗风险阈值 $\beta^*_{随机}=2.2$，面对度大攻击时的关键抗风险阈值 $\beta^*_{度大}=2.6$；当 $\alpha=0.15$ 时，研发网络面对度小攻击的关键抗风险阈值 $\beta^*_{度小}=2.2$，面对随机攻击时的关键抗风险阈值 $\beta^*_{随机}=2.8$，面对度大攻击时的关键抗风险阈值 $\beta^*_{度大}=3.2$；当 $\alpha=0.20$ 时，研发网络面对度小攻击的关键抗风险阈值 $\beta^*_{度小}=2.4$，面对随机攻击时的关键抗风险阈值 $\beta^*_{随机}=3.2$，面对度大攻击时的关键抗风险阈值 $\beta^*_{度大}=3.8$；当 $\alpha=0.25$ 时，研发网络面对度小攻击的关键抗风险阈值 $\beta^*_{度小}=2.6$，面对随机攻击时的关键抗风险阈值 $\beta^*_{随机}=4$，面对度大攻击时的关键抗风险阈值 $\beta^*_{度大}=5$；当 $\alpha=0.30$ 时，研发网络面对度小攻击的关键抗风险阈值 $\beta^*_{度小}=3.2$，面对随机攻击时的关键抗风险阈值 $\beta^*_{随机}=4.8$，面对度大攻击时的关键抗风险阈值 $\beta^*_{度大}=6$；当 $\alpha=0.35$ 时，研发网络面对度小攻击的关键抗风险阈值 $\beta^*_{度小}=4.4$，面对随机攻击时的关键抗风险阈值 $\beta^*_{随机}=6.6$，面对度大攻击时的关键抗风险阈值 $\beta^*_{度大}=8$。从上述仿真结果可以得出，研发网络面对度小攻击策略时具有最强的鲁棒性，接下来是随机攻击策略，而面对度大攻击策略时显得最脆弱。该仿真结果在一定程度上再次验证了前人的结论，即无标度网络面对随机攻击时具有很强的鲁棒性，而对于蓄意攻击却表现出极大的脆弱性[8]。

为了进一步验证上述结论，我们分别对度小攻击和度大攻击策略下关键抗风险阈值 β^* 与参数 α 之间的关系进行数值仿真，结果如图 4-11 所示，图中一系列的星点是数值仿真结果，实线则是依据仿真数据而生成的拟合曲线。

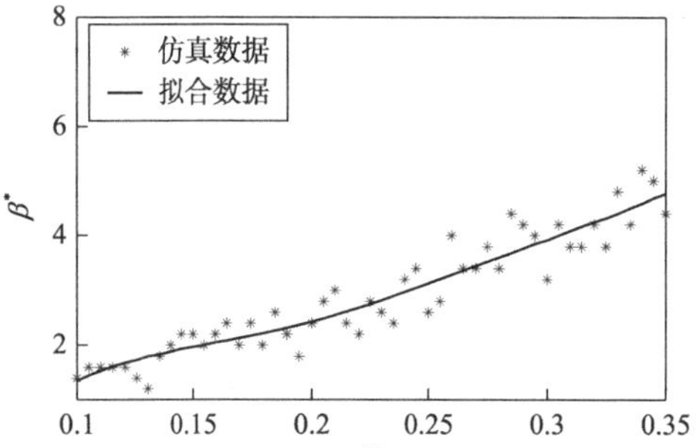

（a）度小攻击策略

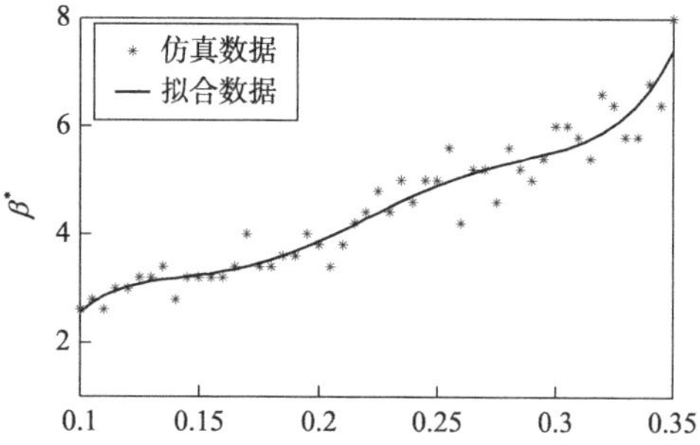

（b）度大攻击策略

图 4-11　度小攻击和度大攻击策略下参数 α 与 β^* 之间的关系

从图 4-11 可以看出，与面对随机攻击策略一样，不管是面对度小攻击还是度大攻击策略，关键抗风险阈值 β^* 随着参数 α 值的增加均大致呈现增加的趋势。这说明不管面对何种攻击策略，研发网络面对风险传播的脆弱性均随着 α 值的增加而不断增加。接下来，我们将同时对这三种攻击策略下关键抗风险阈值 β^* 与参数 α 之间的关系进行对比分析，结果如图 4-12 所示。

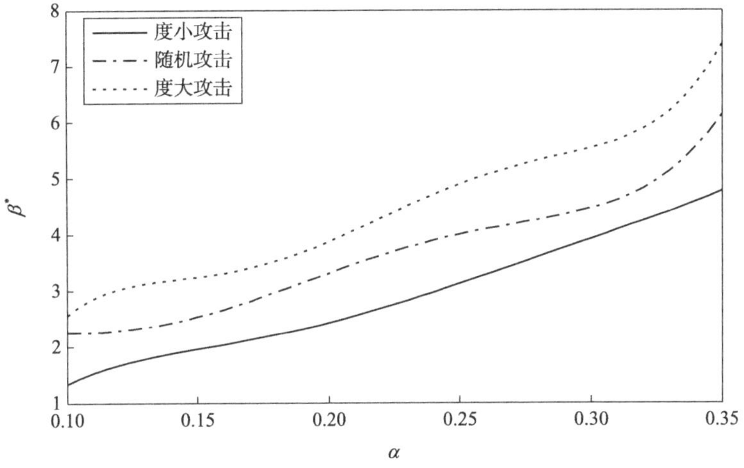

图 4-12　三种攻击策略下参数 α 与 β^* 之间的关系

从图 4-12 可以看出，不管参数 α 取何值，研发网络面对度大蓄意攻击策略时的脆弱性越显著，面对度小攻击策略时的鲁棒性就越强。事实上，研发网络面对这三种攻击策略所表现出的不同脆弱性来源于研发网络作为无标度网络度分布的非均匀性，即绝大部分节点的度都相对很小，只有少量节点的度相对很大。当遭受攻击的成员研发企业数量较少时，采用度大攻击策略时选取攻击的都是度最大的节点企业。一旦度大的节点企业遭到攻击而失效时，这些度大失效企业上发生的风险就会通过自身形成的大量合作关系而触发周围大量邻居企业上的潜在风险，这样风险就可能在整个研发网络中大范围地传播开来。而采用度小攻击策略和随机攻击策略则因为有限数量的合作关系而导致风险传播的影响范围不如度大攻击的影响范围大。总之，研发网络度分布的非均匀性使得自身面对度大攻击时具有很高的脆弱性。因此，在日常的风险管理实践中，为了避免风险传播在研发网络中大面积发生，应该事先投入一定的资源去重点保护那些合作关系较多的核心企业。

4.6.3　网络拓扑结构对研发网络风险传播的影响

我们知道，网络的拓扑结构对其上发生的动力学过程具有重要的影响。对研发网络而言，不同的网络拓扑结构可能对风险传播过程及其脆弱性具有不同的影响。通过前面的分析我们知道，研发网络具有典型的无标度网络特征，其度分布近似满足幂律分布形式，即绝大部分节点的度都相对很小，只有少量节点的度相对很大。为了对比分析不同网络拓扑结构的影响，我们引入 WS 小世界网络模型来生成小世界网络。其中，为了保证 WS 小世界网络与研发网络的其他参数大致相同，我们设定 WS 小世界网络的规模 N=179，平均度$\langle k \rangle$= 8（其中，WS 小世界网络生成算法只能生成平均度为偶数的小世界网络），攻击节点数量占所有节点总数的比例 p_{attack} =0.5%。接下来，为了验证研发网络和 WS 小世界网络这两类不同的网络结构可能具有的不同风险传播规律及其对自身脆弱性的不同影响，下面对参数 $\alpha=0.10$ 、 $\alpha=0.15$ 、 $\alpha=0.20$ 、 $\alpha=0.25$ 、 $\alpha=0.30$ 、 $\alpha=0.35$ 时，随机攻击策略下指标 I^*与参数 β 之间的关系进行数值仿真，结果如图 4-13 所示。

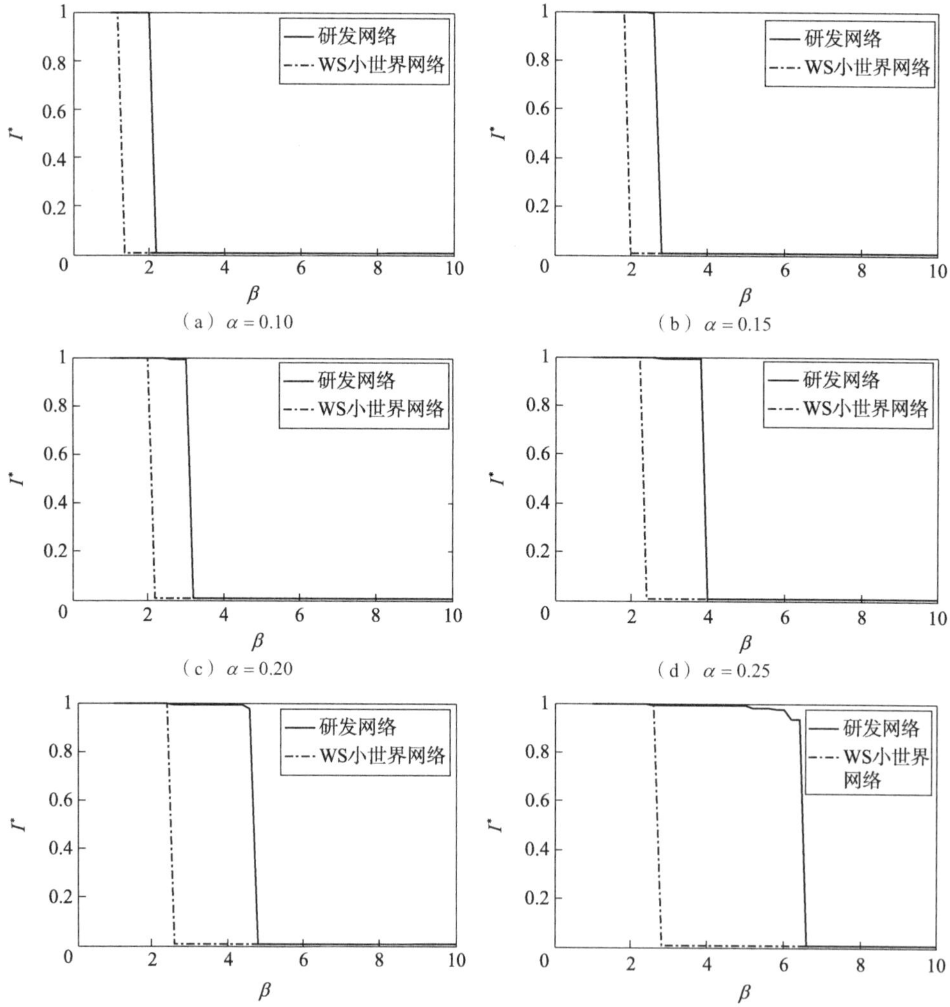

（a） $\alpha=0.10$　（b） $\alpha=0.15$

（c） $\alpha=0.20$　（d） $\alpha=0.25$

（e） $\alpha=0.30$　（f） $\alpha=0.35$

图 4-13　随机攻击下不同网络拓扑结构对指标 I^*与参数 β 之间关系的影响

从图 4-13 可以看出，不管参数 α 取何值，具有无标度网络特征的研发网络面对风险传播时的关键抗风险阈值 β^* 始终大于 WS 小世界网络面对风险传播时的关键抗风险阈值 β^*。例如，当 α =0.10 时，采用随机攻击策略下研发网络的关键抗风险阈值 $\beta^*_{\text{R\&D}} = 2.2$，WS 小世界网络的关键抗风险阈值 $\beta^*_{\text{WS}} = 1.4$；当 α =0.15 时，研发网络的关键抗风险阈值 $\beta^*_{\text{R\&D}} = 2.8$，WS 小世界网络的关键抗风险阈值 $\beta^*_{\text{WS}} = 2$；当 α =0.20 时，研发网络的关键抗风险阈值 $\beta^*_{\text{R\&D}} = 3.2$，WS 小世界网络的关键抗风险阈值 $\beta^*_{\text{WS}} = 2.2$；当 α =0.25 时，研发网络的关键抗风险阈值 $\beta^*_{\text{R\&D}} = 4$，WS 小世界网络的关键抗风险阈值 $\beta^*_{\text{WS}} = 2.4$；当 α =0.30 时，研发网络的关键抗风险阈值 $\beta^*_{\text{R\&D}} = 4.8$，WS 小世界网络的关键抗风险阈值 $\beta^*_{\text{WS}} = 2.6$；当 α =0.35 时，研发网络的关键抗风险阈值 $\beta^*_{\text{R\&D}} = 6.6$，WS 小世界网络的关键抗风险阈值 $\beta^*_{\text{WS}} = 2.8$。上述仿真结果说明，相较于 WS 小世界网络，研发网络面对风险传播具有更为明显的脆弱性。该结论也再次验证了前人的研究成果，即相对于不均匀的网络，更为均匀的网络具有更强的抵制相继故障的鲁棒性[121,125,139,140]。

4.7　本 章 小 结

研发网络作为由众多研发企业组成的复杂网络系统，成员企业之间存在着错综复杂的合作关系，当某一成员企业发生风险后，该风险有可能借助已有的合作关系而触发邻居企业上的潜在风险，这种风险触发行为持续下去就会形成风险传播现象。风险具有的这种传播性特点从而在一定程度上增加了研发网络的脆弱性。因此，本章通过构建研发网络的风险传播模型来揭示风险传播过程及其规律，并运用数值仿真方法来深入分析研发网络面对风险传播的脆弱性。首先，本章对研发网络的主要风险进行了识别，基于风险来源这个视角将研发网络的风险分为外源性风险和内源性风险，其中外源性风险包括市场风险、经济风险、政治风险，内源性风险包括道德风险、工期风险、资金风险、技术风险，并从风险发生概率和风险损失程度两个维度，对七类主要风险事件进行了评估和分类。其次，借鉴相继故障理论，将研发网络的整个风险传播过程分为有序运行、微小扰动、风险触发、传播结束这四个阶段。再次，从节点企业风险负荷定义、节点企业风险容量确定、节点企业之间的风险局域触发规则建立这三个方面提出了研发网络的风险传播模型。最后，运用数值仿真方法再现了研发网络上的风险传播过程，从而揭示了风险传播规律及其对研发网络脆弱性的影响。主要研究结果包括以下四点。

（1）提出了关键抗风险阈值 β^* 这一指标，该指标可以较好地衡量研发网络面对风险传播的脆弱性（或鲁棒性），其值越小，说明研发网络抵制风险传播的鲁棒性越强，反之则说明越脆弱。

（2）关键抗风险阈值 β^* 随着参数 α 值的增加而增加，说明随着研发网络各节点企业风险容量之间的差异性程度越来越明显，研发网络面对风险传播的脆弱性就越高。因此，要想减小研发网络面对风险传播的脆弱性，应尽可能地减小各成员企业风险容量之间的差异性。

（3）不管参数 α 取何值，研发网络面对度小攻击时的关键抗风险阈值 β^* 最小，接下来依次是随机攻击和度大攻击。这说明研发网络面对度小攻击时具有最强的鲁棒性，接下来是随机攻击策略，面对度大攻击时则最为脆弱，这再次验证了“无标度网络应对随机攻击具有很强的鲁棒性，而对于蓄意攻击却表现出极大的脆弱性”。因此，应对研发网络中的核心企业给予重点保护，以避免风险传播的发生。

（4）不管参数 α 取何值，具有无标度网络特征的研发网络面对风险传播时的关键抗风险阈值 β^* 始终大于 WS 小世界网络的关键抗风险阈值 β^* 。这说明相较于 WS 小世界网络，研发网络面对风险传播具有更为明显的脆弱性。该结论再次验证了“相对于不均匀的网络，更为均匀的网络具有更强的抵制相继故障的鲁棒性”。

第 5 章　研发网络风险传播上的灰色攻击策略

5.1　引　　言

在第 4 章中，我们通过构建研发网络的风险传播模型并运用数值仿真方法，揭示了研发网络的风险传播机理，并对研发网络面对风险传播的脆弱性进行了分析，得出了许多有价值的结论和成果。事实上，第 4 章主要关注的是研发网络面对随机攻击和蓄意攻击（度大攻击、度小攻击）这两种策略所引发的风险传播现象。同时，国内外很多学者主要关注不同网络面对随机攻击和蓄意攻击时的脆弱性问题。例如，学者 Albert 等探讨了无标度网络面对随机攻击和度大蓄意攻击两种策略下的脆弱性，得出了无标度网络面对随机节点失效具有极高的鲁棒性而对蓄意攻击具有高度的脆弱性这一经典结论[8]；Motter 和 Lai 基于 ML 相继故障模型，提出了均匀网络无论是面对随机攻击还是蓄意攻击均具有较强的鲁棒性[121]；Crucitti 等通过研究发现，网络中各节点的负荷分布越异质，网络就越脆弱[125]。

然而，随机攻击策略和蓄意攻击策略实际上只是现实网络面临攻击的两个极端情况。加之现实网络的规模大多比较庞大，节点之间的关系错综复杂，很难获得网络的全局信息，因此蓄意攻击在大多情况下很难实现。鉴于此，有学者分析了不完全攻击信息下的网络脆弱性问题，即我们只能掌握部分节点的信息，但这些部分节点的信息是完全准确的[141,142]。基于攻击信息的不完全性，Wu 等假定首先应从 N 个所有节点中随机选择 $N\times a$ 个节点，然后从这 $N\times a$ 个节点中选择 $N\times p$ 个最重要的节点进行攻击并将其移除网络。其中，当 a=0 时，此时的攻击策略为随机攻击策略；当 a=1 时，则为蓄意攻击策略。他们通过研究无标度网络发现，攻击信息的不完全性对表征网络脆弱性的节点关键移除比例 p_c 具有重要影响，a 值越大，p_c 越大，表示网络越脆弱。

此后，有学者提出了节点 i 遭遇攻击而被移除网络的概率 p_i 与该节点的度 k_i

有关，即 $p_i \sim k_i^{\gamma}$[143,144]。当 $\gamma > 0$ 时，度越大的节点被移除网络的概率越大；当 $\gamma < 0$ 时，度越小的节点被移除网络的概率越大。显然，当参数 $\gamma=0$ 时，此时的攻击策略是随机攻击策略；当 $\gamma \to +\infty$ 时，此时的攻击策略就是蓄意攻击度最大的节点策略。可以看出，参数 γ 值大小与攻击者所掌握的信息多少有直接关系。该研究揭示了在无标度网络中，参数 γ 值的增加将导致节点移除关键比例 p_c（当节点移除比例达到 p_c 时，此时整个网络恰好彻底瓦解）的增加，网络也就越脆弱。

学者 Li 等提出了一种用于描述不准确攻击信息的方案，即我们可以观测到所有节点的度信息，但所获得的信息与真实情况可能存在一定的偏差[145]。于是，学者 Li 等提出了用单一参数 θ 来描述这种攻击信息的偏差度：如果 $\theta=0$，代表观察到的节点度与真实情况完全一致，那么称此时的攻击信息为“白色信息”；如果 $\theta \to \infty$，代表观察到的节点度与真实情况完全不相关，称此时的攻击信息为“黑色信息”；而介于两者之间的攻击信息则称为“灰色信息”。Li 等进而通过研究无标度网络发现，降低攻击信息的准确度可以显著降低网络的脆弱性。丁琳和张嗣瀛借鉴了上述描述灰色攻击信息的方法，提出了一个基于灰色攻击信息的相继故障模型，通过数值仿真发现，攻击信息不准确度的降低可以显著地提高无标度网络的脆弱性，但对随机网络的影响并不明显[146]。

于是，我们借鉴前人的研究成果，提出正向偏差度和负向偏差度这两个参数来更加准确地刻画灰色攻击信息的不准确度，将其引入研发网络风险传播模型之中，并运用数值仿真方法来深入分析不同灰色攻击策略下研发网络的风险传播规律及研发网络面对风险传播所呈现出来的不同脆弱性。

5.2　研发网络的灰色攻击策略描述

基于第 4 章提出的研发网络风险传播模型可知，研发网络中的每个成员企业都具有各自不同的风险容量，当大部分成员企业的风险负荷小于自身的风险容量时，研发网络仍处于有序运行状态。当某一时刻某个或少数几个节点企业遭遇攻击而出现失效时，这些企业发生的风险就会借助企业间的合作关系而触发邻居企业的潜在风险。如果这些邻居企业不能抵御额外增加的风险负荷而失效时，风险就会在研发网络中进行传播，最终可能导致整个研发网络因大部分成员企业失效而崩溃。从研发网络的风险传播过程可以看出，该过程最初来源于因遭受攻击而失效的少数节点企业。第 4 章也定量分析了研发网络面对节点遭遇随机攻击和蓄意攻击（包括度大攻击和度小攻击）而引发的风险传播现象及研发网络面对风险传播的脆弱性问题。但事实上，人们很难获得网络的全部准确信息，因而造成了选取的蓄意攻击对象并不一定就是那些事先预期攻击的节点企业。

鉴于现实中很难做到蓄意攻击的完全准确性，我们将从信息论这个视角，提出灰色攻击信息、黑色攻击信息和白色攻击信息这三个概念。其中，基于白色信息的攻击是指依据网络的客观准确信息去蓄意攻击网络中那些重要度最高的节点，基于黑色信息的攻击是指毫无依据地去随意攻击网络中的节点，基于灰色信息的攻击就是依据攻击者所掌握到的不完全准确的信息去攻击那些自认为“很重要”的节点。

基于复杂网络领域的研究成果，节点度已经成为目前最常用的统计指标之一，被广泛地用来表征节点的重要性特征，即一个节点的度越大，说明与该节点直接相连接的节点数量越多，表明该节点在网络中越处于核心地位，其重要性程度就越高。那么对研发网络来说，一个成员企业的节点度越大，说明该企业的直接合作伙伴数量越多，这在一定程度上可以反映出该企业拥有越多的研发资源，它自身的研发实力也就越强，那么其在研发网络中的地位和发挥的作用也就越显著，因而就越有可能成为被蓄意攻击的对象。因此，我们将节点度作为研发网络的攻击信息。具体来说就是在白色攻击策略下，那些节点度最高的成员企业被优先选择并进行蓄意攻击；在黑色攻击策略下，每个成员企业被等概率地选择并进行攻击；而灰色攻击策略则介于黑色攻击策略和白色攻击策略之间，此时被选择用来攻击的成员企业与真实的情况存在一定的偏差。下面，将从单一参数和双参数来定量描述基于灰色信息的攻击策略。

5.2.1　基于单一参数的灰色攻击信息

为了定量刻画灰色攻击信息的不准确性，我们首先借鉴学者 Li 等[145]的研究成果，并在此基础上刻画基于灰色信息的攻击策略。学者 Li 等首先假定攻击者所要掌握的网络信息为网络中各节点的度，即依据节点度这个指标来选择那些度大或度小的节点来进行蓄意攻击。接下来，我们将根据节点度这个指标来刻画基于灰色信息的攻击策略，具体过程如下。

首先定义 k_i 为网络中节点 i 的度，不妨设 $k_{\min}$ 和 $k_{\max}$ 分别为网络中最小的节点度和最大的节点度，于是对任意的节点 i，均有 $k_{\min} \leqslant k_i \leqslant k_{\max}$ 成立。由于攻击者不能掌握网络的全部准确信息，定义 $\tilde{k}_i$ 为攻击者所观测到的节点 i 的度，并规定蓄意攻击的节点是攻击者按照 $\tilde{k}_i$ 由大到小的顺序选取的。于是对网络的任意节点 i 来说，如果 $\tilde{k}_i = k_i$ 始终成立，则说明此时的攻击信息为白色信息，也就意味着攻击者所掌握的网络信息即所有节点的度为完全准确信息；如果 $\tilde{k}_i$ 与 k_i 毫不相关，则说明此时的攻击信息为黑色信息，也就意味着攻击者所掌握的网络信息为完全不准确信息；除此之外，攻击信息为灰色信息，意味着攻击者所掌握的网络信息为不完全准确信息。

接下来，Li 等提出了用单一参数 θ 来定量刻画攻击信息的准确度，即假定 $\tilde{k}_i$ 为服从区间 $[k_i - l_\lambda, k_i + l_\mu]$ 上均匀分布的随机变量，其中 $l_\lambda = (k_i - k_{\min})(1-\theta)$，$l_\mu = (k_{\max} - k_i)(1-\theta)$。于是，$\tilde{k}_i$ 可进一步表示为如下形式。

$$\begin{aligned}\tilde{k}_i &= k_i - l_\lambda + (l_\lambda + l_\mu)\xi \\ &= k_i - (k_i - k_{\min})(1-\theta) + (k_{\max} - k_{\min})(1-\theta)\xi \\ &= k_i\theta + k_{\min}(1-\theta) + (k_{\max} - k_{\min})(1-\theta)\xi\end{aligned} \tag{5-1}$$

式中，k_i——网络中节点 i 的度；

$k_{\min}$——网络中最小的节点度；

$k_{\max}$——网络中最大的节点度；

ξ——服从区间[0，1]上均匀分布的随机变量，即 $\xi \sim U(0,1)$；

θ——灰色攻击信息的准确度，其中 $\theta \in [0,1]$。

从式（5-1）可以看出，当 $\theta = 1$ 时，对于任意的节点 i 来说，均有 $\tilde{k}_i = k_i$ 成立，此时的灰色攻击为度大蓄意攻击；当 $\theta = 0$ 时，$\tilde{k}_i = k_{\min} + (k_{\max} - k_{\min})\xi$，即 $\tilde{k}_i \sim U(k_{\min}, k_{\max})$，此时的灰色攻击为随机攻击。当 $0 < \theta < 1$ 时，此时为灰色攻击。

5.2.2 基于双参数的灰色攻击信息

在上述基于单一参数 θ 来描述灰色攻击信息的基础上，下面引入了两个不同的参数来共同描述灰色攻击信息的不准确度，具体如图 5-1 所示。

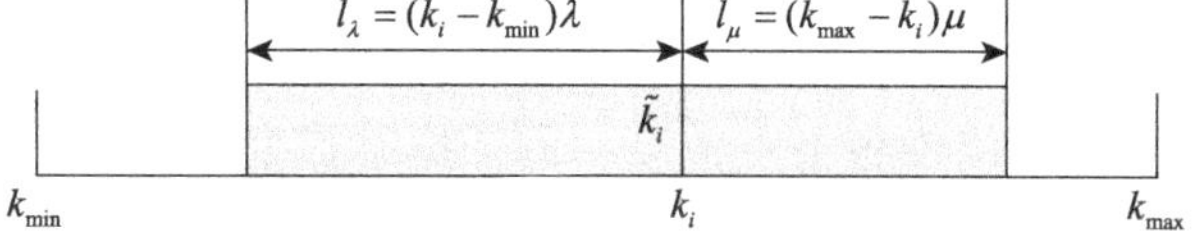

图 5-1　基于双参数的灰色攻击信息描述

在图 5-1 中，同样定义 $\tilde{k}_i$ 为攻击者所观测到的研发网络中节点 i 的度，并假定 $\tilde{k}_i$ 为服从区间 $[k_i - l_\lambda, k_i + l_\mu]$ 上均匀分布的随机变量，其中 $l_\lambda = (k_i - k_{\min})\lambda$，$l_\mu = (k_{\max} - k_i)\mu$。于是 $\tilde{k}_i$ 可进一步表示为

$$\begin{aligned}\tilde{k}_i &= k_i - l_\lambda + (l_\lambda + l_\mu)\xi \\ &= k_i - (k_i - k_{\min})\lambda + \left[(k_i - k_{\min})\lambda + (k_{\max} - k_i)\mu\right]\xi \\ &= k_i(1-\lambda) + k_{\min}\lambda + (k_{\max}\mu - k_{\min}\lambda)\xi + k_i(\lambda - \mu)\xi\end{aligned} \tag{5-2}$$

式中，k_i——网络中节点 i 的度；

$k_{\min}$——网络中最小的节点度；

$k_{\max}$——网络中最大的节点度；

ξ——服从区间[0，1]上均匀分布的随机变量，即 $\xi \sim U(0,1)$；

λ——灰色攻击信息的负向偏差度，其中 $\lambda \in [0,1]$；

μ——灰色攻击信息的正向偏差度，其中 $\mu \in [0,1]$。

从式（5-2）可以看出，当 $\lambda = \mu = 0$ 时，对研发网络中的任意节点来说，均有 $\tilde{k}_i = k_i$ 成立，此时的灰色攻击对应的是度大蓄意攻击；当 $\lambda = \mu = 1$ 时，$\tilde{k}_i = k_{\min} + (k_{\max} - k_{\min})\xi$，即 $\tilde{k}_i \sim U(k_{\min}, k_{\max})$，此时的灰色攻击对应的是随机攻击。显然，随机攻击策略和蓄意攻击策略只是众多攻击策略下的两个极端情况，而现实中的大多数攻击策略则介于两者之间。负向偏差度 λ 和正向偏差度 μ 可以更加准确地刻画灰色攻击信息的不确定性，因此本书选择这两个参数来描述灰色攻击信息。当研发网络中的目标节点企业遭遇攻击而失效后，其上发生的风险就会通过企业间的合作关系在研发网络传播开来，从而对整个研发网络造成一定的影响甚至使其瘫痪。

5.3　数值仿真及结果分析

首先，所采用的研发网络仍然是当形成模型中的参数 δ=0.5、N_0=6、$\sigma = \varsigma$=1、θ_0=0、ε=0.001、$\omega_i^A \sim U(0,1)$、$\omega_i^B \sim U(0,1)$ 时通过数值仿真生成的虚拟研发网络，生成后的研发网络成员企业总数 N=179，平均度 $\langle k \rangle$=9.55，聚集系数 C=0.07，平均路径长度 L=2.48。同时，为了更为显著地体现灰色攻击信息的负向偏差度 λ 和正向偏差度 μ 对攻击不同成员企业的影响，在这里我们假定选取攻击的节点企业数量占成员企业总数的比例 p_{attack}=2%，于是选择攻击的目标企业数量 $N_{\text{attack}} = N \times p_{\text{attack}} \approx 4$。此外，风险触发概率矩阵 H 仍然同前面给出的一致，而且假定研发网络面临的平均风险大小 $\bar{V}=\sum_{i=1}^{7} w_i p_i$ =6.7。

接下来，我们将借助 MATLAB 软件，运用数值仿真方法来深入探讨刻画灰色攻击信息的负向偏差度 λ 和正向偏差度 μ 取不同数值时，研发网络上的风险传播规律有何不同及研发网络面对风险传播具有何种不同的脆弱性。

5.3.1　$\lambda = \mu = 0$ 和 $\lambda = \mu = 1$ 时研发网络的风险传播

由前面构建的基于灰色信息的攻击策略可知，当 $\lambda = \mu = 0$ 时，对研发网络的

任意节点企业 i 来说，均有 $\tilde{k}_i = k_i$ 成立，此时的攻击策略为度大蓄意攻击；当 $\lambda = \mu = 1$ 时，则有 $\tilde{k}_i \sim U(k_{\min}, k_{\max})$，此时的攻击策略为随机攻击。但是，这两种攻击策略只是众多攻击策略中的两个极端情况。接下来，为了探讨 $\lambda = \mu = 0$（即度大蓄意攻击）和 $\lambda = \mu = 1$（即随机攻击）这两种极端攻击策略下研发网络的风险传播规律及研发网络面对风险传播的脆弱性，分别对 $\alpha = 0.20$、$\alpha = 0.25$、$\alpha = 0.30$、$\alpha = 0.35$ 时，风险传播结束后失效企业数量占所有企业总数的比例 I^* 与抗风险能力容许参数 β 之间的关系进行数值仿真，结果如图 5-2 所示。

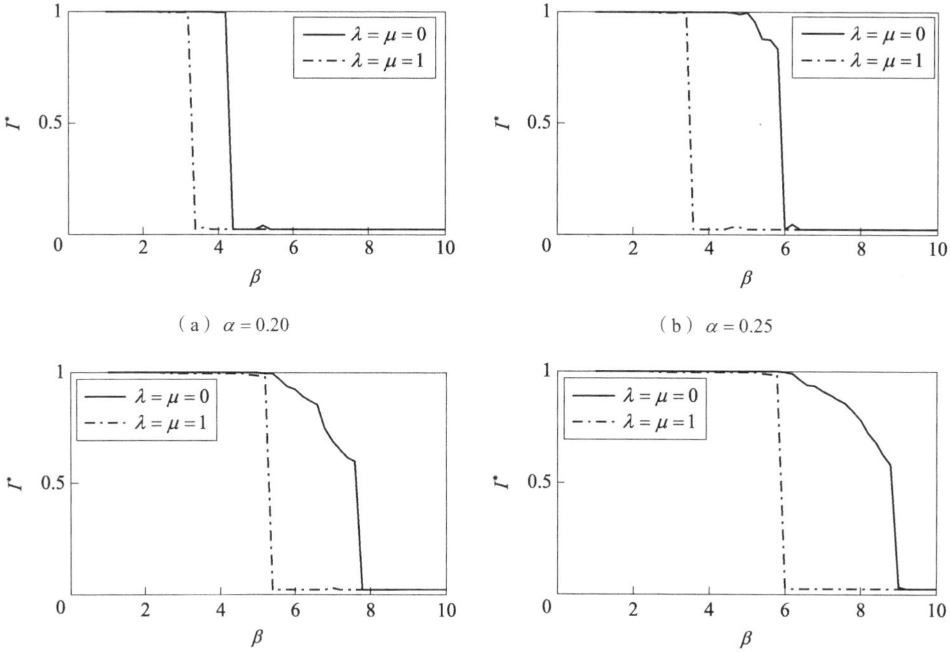

（a）$\alpha = 0.20$　（b）$\alpha = 0.25$　（c）$\alpha = 0.30$　（d）$\alpha = 0.35$

图 5-2　$\lambda = \mu = 0$ 和 $\lambda = \mu = 1$ 时指标 I^* 与参数 β 之间的关系

从图 5-2 可以看出，不论参数 α 取何值，研发网络面对 $\lambda = \mu = 0$ 即度大蓄意攻击时的关键抗风险阈值 $\beta^*_{\lambda=\mu=0}$ 均大于面对 $\lambda = \mu = 1$ 即随机攻击时的关键抗风险阈值 $\beta^*_{\lambda=\mu=1}$。例如，当 $\alpha = 0.20$ 时，研发网络面对 $\lambda = \mu = 0$ 时的关键抗风险阈值 $\beta^*_{\lambda=\mu=0} = 4.4$，而面对 $\lambda = \mu = 1$ 时的 $\beta^*_{\lambda=\mu=1} = 3.4$；当 $\alpha = 0.25$ 时，研发网络面对 $\lambda = \mu = 0$ 时的 $\beta^*_{\lambda=\mu=0} = 6$，而面对 $\lambda = \mu = 1$ 时的 $\beta^*_{\lambda=\mu=1} = 3.6$；当 $\alpha = 0.30$ 时，研发网络面对 $\lambda = \mu = 0$ 时的 $\beta^*_{\lambda=\mu=0} = 7.8$，而面对 $\lambda = \mu = 1$ 时的 $\beta^*_{\lambda=\mu=1} = 5.4$；当 $\alpha = 0.35$ 时，研发网络面对 $\lambda = \mu = 0$ 时的 $\beta^*_{\lambda=\mu=0} = 9$，而面对 $\lambda = \mu = 1$ 时的 $\beta^*_{\lambda=\mu=1} = 6$。该数

值仿真结果再次验证了我们之前得出的结论：无标度网络面对随机攻击具有很强的鲁棒性，而面对蓄意攻击时却表现出极大的脆弱性[8]。

接下来，为了进一步验证上述结论，我们对 $\lambda=\mu=0$ 和 $\lambda=\mu=1$ 时关键抗风险阈值 β^* 与参数 α 之间的关系进行数值仿真，结果如图 5-3 所示，图中的星点是数值仿真结果，实线则是依据仿真数据而生成的拟合曲线。

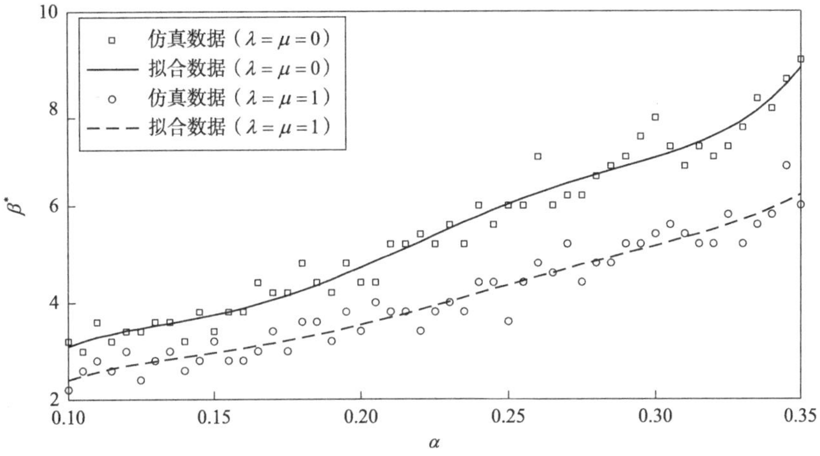

图 5-3　$\lambda=\mu=0$ 和 $\lambda=\mu=1$ 时 β^* 与参数 α 之间的关系

从图 5-3 可以看出，当 $\lambda=\mu=0$ 和 $\lambda=\mu=1$ 时，关键抗风险阈值 β^* 均随着参数 α 值的增加而大致呈现出随之增加的趋势。该仿真结果再次验证了不管面对何种攻击策略，研发网络面对风险传播的脆弱性均随着各节点企业风险容量分布的异质性程度增加而不断增加这一结论。除此之外，不管参数 α 取何值，研发网络面对 $\lambda=\mu=0$ 即度大蓄意攻击策略的脆弱性均高于面对 $\lambda=\mu=1$ 即随机攻击策略的脆弱性。因此，为了提高研发网络抵抗风险传播发生的能力，应该重点保护那些合作关系较多的核心企业，同时还应尽可能地减小各成员企业风险容量之间分布的差异性程度。

5.3.2　$\lambda=\mu$ 时研发网络的风险传播规律

如前所述，随机攻击（$\lambda=\mu=1$）和度大蓄意攻击（$\lambda=\mu=0$）只是反映了攻击信息分别为黑色信息和白色信息时的两种极端攻击策略，并不能全面、真实地反映研发网络遭遇现实攻击的情况。通常情况下，攻击信息并不属于白色攻击或黑色攻击这两种极端情况，而往往处于灰色攻击状态。因此，为了进一步探讨不同灰色攻击策略下研发网络的风险传播规律及研发网络面对风险传播具有的不同脆弱性，将对 $\lambda=\mu=0$ 、$\lambda=\mu=0.2$ 、$\lambda=\mu=0.4$ 、$\lambda=\mu=0.6$ 、$\lambda=\mu=0.8$ 、$\lambda=\mu=1$ 时指标 I^* 与参数 β 之间的关系进行数值仿真，结果如图 5-4 所示。

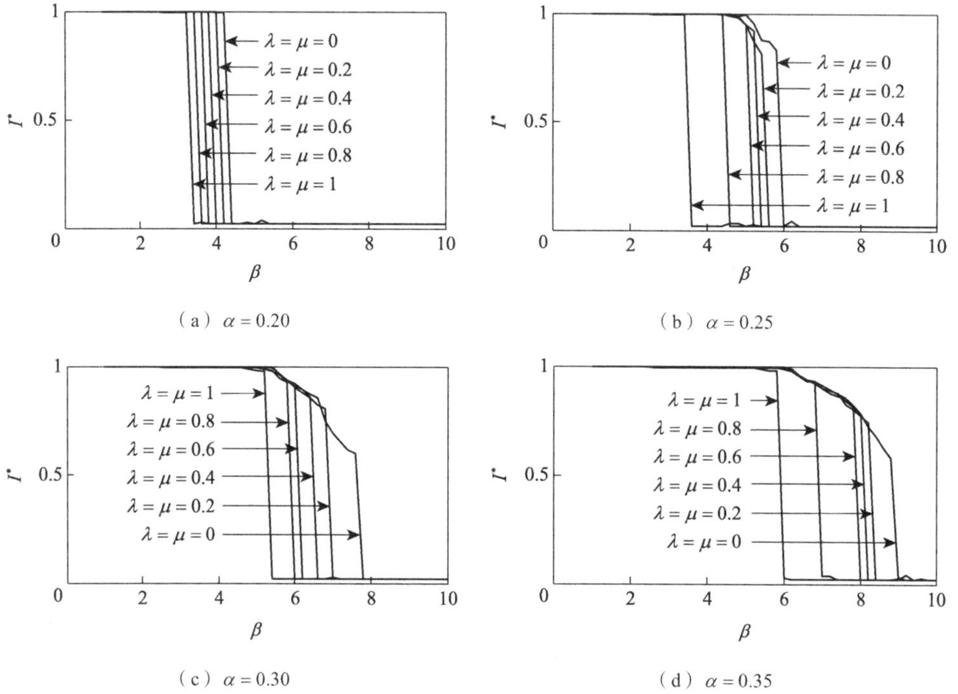

（a）$\alpha=0.20$　　（b）$\alpha=0.25$

（c）$\alpha=0.30$　　（d）$\alpha=0.35$

图 5-4　$\lambda=\mu$ 时指标 I^* 与参数 β 之间的关系

从图 5-4 可以看出，在灰色攻击信息的负向偏差度和正向偏差度相等即 $\lambda=\mu$ 的情况下，不论参数 α 取何值，研发网络面对风险传播的关键抗风险阈值 β^* 均随着偏差度 λ 和 μ 的增加而减小。例如，当 α =0.20 时，研发网络面对 λ=μ=0 时的关键抗风险阈值 $\beta^*_{\lambda=\mu=0}$=4.4，面对 λ=μ=0.2 时的 $\beta^*_{\lambda=\mu=0.2}$=4.2，面对 λ=μ=0.4 时的 $\beta^*_{\lambda=\mu=0.4}$=4，面对 λ=μ=0.6 时的 $\beta^*_{\lambda=\mu=0.6}$=3.8，面对 λ=μ=0.8 时的 $\beta^*_{\lambda=\mu=0.8}$=3.6，面对 λ=μ=1 时的 $\beta^*_{\lambda=\mu=1}$=3.4；当 α =0.25 时，研发网络面对 λ=μ=0 时的 $\beta^*_{\lambda=\mu=0}$=6，面对 λ=μ=0.2 时的 $\beta^*_{\lambda=\mu=0.2}$=5.6，面对 λ=μ=0.4 时的 $\beta^*_{\lambda=\mu=0.4}$=5.4，面对 λ=μ=0.6 时的 $\beta^*_{\lambda=\mu=0.6}$=5.2，面对 λ=μ=0.8 时的 $\beta^*_{\lambda=\mu=0.8}$=4.6，面对 λ=μ=1 时的 $\beta^*_{\lambda=\mu=1}$=3.6；当 α =0.30 时，研发网络面对 λ=μ=0 时的 $\beta^*_{\lambda=\mu=0}$=7.8，面对 λ=μ=0.2 时的 $\beta^*_{\lambda=\mu=0.2}$=7，面对 λ=μ=0.4 时的 $\beta^*_{\lambda=\mu=0.4}$=6.6，面对 λ=μ=0.6 时的 $\beta^*_{\lambda=\mu=0.6}$=6.2，面对 λ=μ=0.8 时的 $\beta^*_{\lambda=\mu=0.8}$=6，面对 λ=μ=1 时的 $\beta^*_{\lambda=\mu=1}$=5.4；当 α =0.35 时，研发网络面对 λ=μ=0 时的 $\beta^*_{\lambda=\mu=0}$=9，面对 λ=μ=0.2 时的 $\beta^*_{\lambda=\mu=0.2}$=8.4，面对 λ=μ=0.4 时的 $\beta^*_{\lambda=\mu=0.4}$=8.2，面

对 $\lambda=\mu=0.6$ 时的 $\beta^*_{\lambda=\mu=0.6}=8$，面对 $\lambda=\mu=0.8$ 时的 $\beta^*_{\lambda=\mu=0.8}=7$，面对 $\lambda=\mu=1$ 时的 $\beta^*_{\lambda=\mu=1}=6$。从上述仿真结果可以初步得出这样一个结论：具有无标度网络特征的研发网络的脆弱性随着攻击信息负向偏差度 λ 和正向偏差度 μ 的减小而不断增加，即鲁棒性不断减弱。这在一定程度上再次验证了无标度网络面对随机攻击时具有最强的鲁棒性，而面对蓄意攻击时则最脆弱这一结论。

接下来，针对研发网络面对 $\lambda=\mu=0.2$、$\lambda=\mu=0.4$、$\lambda=\mu=0.6$、$\lambda=\mu=0.8$ 时的关键抗风险阈值 β^* 与参数 α 之间的关系分别进行数值仿真，结果如图 5-5 所示，图中的星点是数值仿真结果，实线则是依据仿真数据而生成的拟合曲线。

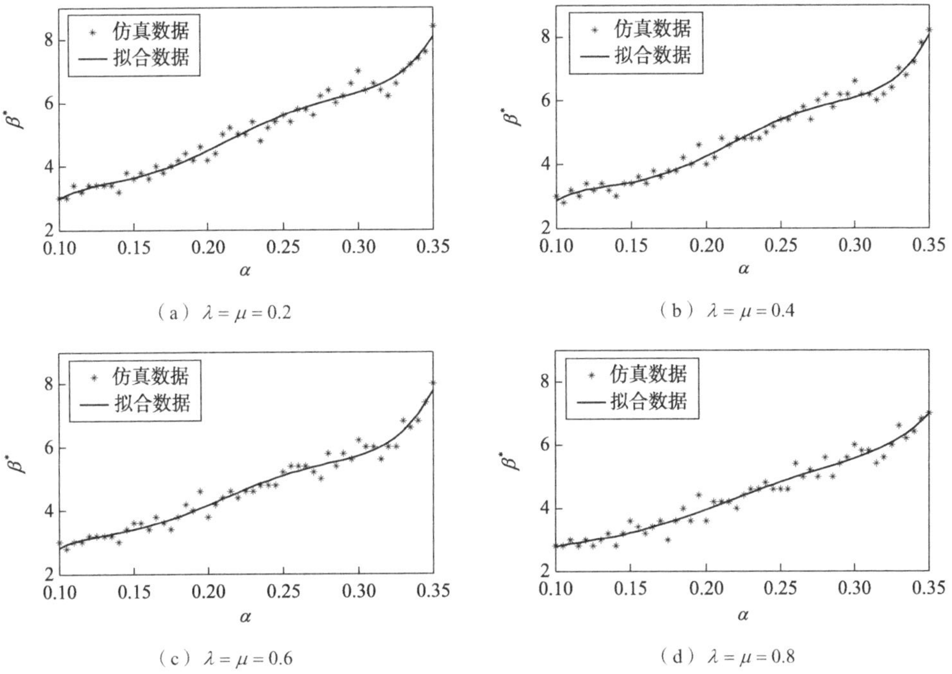

（a）$\lambda=\mu=0.2$　（b）$\lambda=\mu=0.4$

（c）$\lambda=\mu=0.6$　（d）$\lambda=\mu=0.8$

图 5-5　$\lambda=\mu=0.2$、$\lambda=\mu=0.4$、$\lambda=\mu=0.6$、$\lambda=\mu=0.8$ 时 β^* 与参数 α 之间的关系

从图 5-5 可以看出，不管偏差度 λ 和 μ 取何值，关键抗风险阈值 β^* 均随着参数 α 的增加而增加。这再次说明了随着研发网络各成员企业风险容量分布的差异性程度逐渐增加，研发网络面对风险传播的脆弱性也随之增加。

在此基础上，我们针对研发网络面对 $\lambda=\mu=0$、$\lambda=\mu=0.2$、$\lambda=\mu=0.4$、$\lambda=\mu=0.6$、$\lambda=\mu=0.8$、$\lambda=\mu=1$ 时的关键抗风险阈值 β^* 与参数 α 之间的关系进行对比，结果如图 5-6 所示，图中星点是数值仿真结果，实线则是依据仿真数据而生成的拟合曲线。

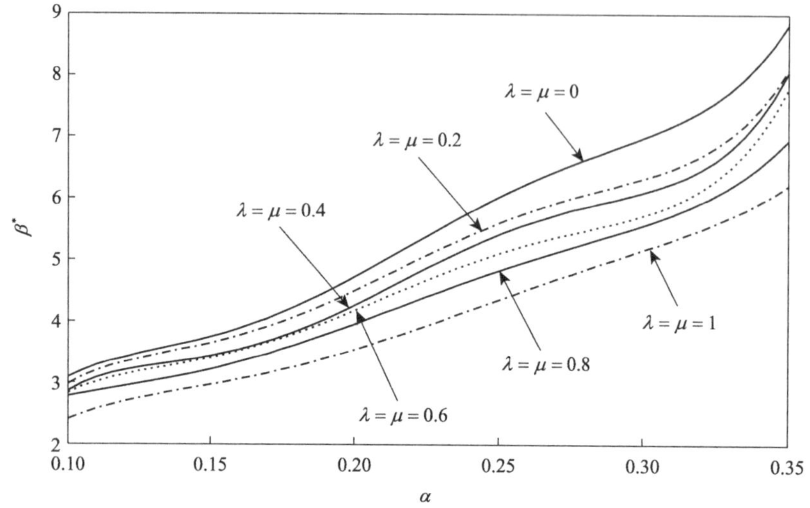

图 5-6　$\lambda=\mu$ 对参数 α 与 β^* 之间关系的影响

从图 5-6 可以看出，对于参数 α 的任意取值，关键抗风险阈值 β^* 均随着偏差度 λ 和 μ 的增加而减小。该数值仿真结果说明了研发网络的脆弱性随着攻击信息负向偏差度 λ 和正向偏差度 μ 的减小而不断增加。这给风险管理实践提供了一个启示：要想提高研发网络面对风险传播的鲁棒性，应该适当增加攻击信息的偏差度，即尽可能地增加攻击者收集网络信息的难度和成本。

5.3.3　λ 和 μ 分别对研发网络风险传播的影响

我们知道，前面的数值仿真结果是在攻击信息的负向偏差度和正向偏差度相等即 $\lambda=\mu$ 的假定下得出的。虽然取得了许多有价值的结论和成果，但是现实中攻击信息的负向偏差度和正向偏差度并不总是相等的。那么，到底哪个偏差度对研发网络风险传播的影响更为显著？鉴于此，我们对 $\alpha=0.25$ 时，关键抗风险阈值 β^* 与偏差度的不同取值组合 (λ,μ) 之间的关系进行数值仿真，结果如图 5-7 所示。

从图 5-7 可以看出，当固定攻击信息的负向偏差度 λ 或正向偏差度 μ 时，关键抗风险阈值 β^* 均随着正向偏差度 μ 或负向偏差度 λ 的增加而呈现大致减小的趋势，这说明了增加攻击信息的任一种偏差度均可以减小研发网络面对风险传播的脆弱性。接下来，为了更为准确地揭示负向偏差度 λ 和正向偏差度 μ 分别对研发网络风险传播的影响，我们选取 $\alpha=0.25$ 时，关键抗风险阈值 β^* 分别与 λ 和 μ 之间的关系进行数值仿真，结果如图 5-8 所示。

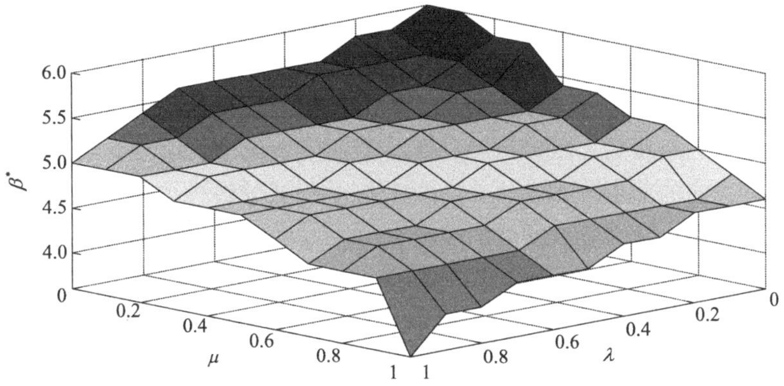

图 5-7　α =0.25 时 β^* 与偏差度不同取值组合 (λ,μ) 之间的关系

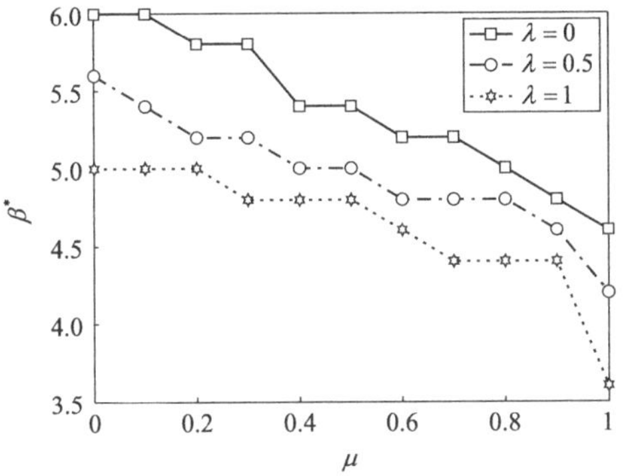

（a）β^* 与 μ 之间的关系

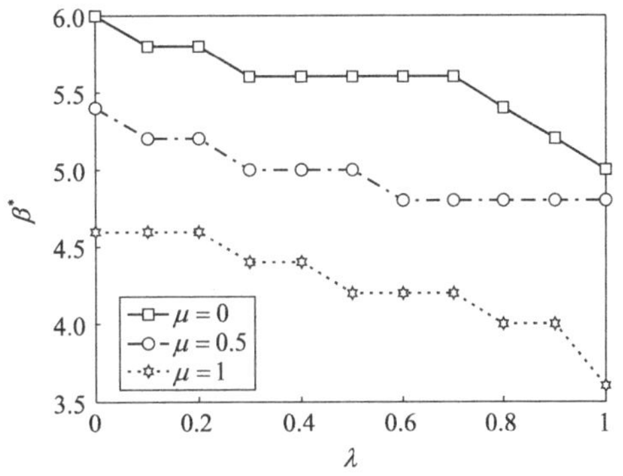

（b）β^* 与 λ 之间的关系

图 5-8　α =0.25 时 β^* 与 λ 和 μ 之间的关系

从图 5-8 可以看出，相较于负向偏差度 λ，关键抗风险阈值 β^* 随着正向偏差度 μ 的增加而下降得更为明显，这说明正向偏差度 μ 对研发网络面对风险传播的脆弱性影响更为显著。例如，当固定 λ=0 时，关键抗风险阈值 β^* 从 μ=0 时的 6 下降到 μ=1 时的 4.6，鲁棒性增加了 23.3%。而与此相对应，当固定 μ=0 时，关键抗风险阈值 β^* 从 λ=0 时的 6 下降到 λ=1 时的 5，鲁棒性仅增加了 16.7%；当固定 λ=0.5 时，关键抗风险阈值 β^* 从 μ=0 时的 5.6 下降到 μ=1 时的 4.2，鲁棒性增加了 25%。而当固定 μ=0.5 时，关键抗风险阈值 β^* 从 λ=0 时的 5.4 下降到 λ=1 时的 4.8，鲁棒性仅增加了 11.1%；当固定 λ=1 时，关键抗风险阈值 β^* 从 μ=0 时的 5 下降到 μ=1 时的 3.6，鲁棒性增加了 28%。而当固定 μ=1 时，关键抗风险阈值 β^* 从 λ=0 时的 4.6 下降到 λ=1 时的 3.6，鲁棒性仅增加了 21.7%。从上述仿真结果可以得出如下结论：相较于面对负向偏差度 λ，研发网络的脆弱性面对正向

偏差度 μ 的敏感度更大。该结论说明了相较于提高攻击信息的负向偏差度，提高正向偏差度可以更加显著地提高研发网络的鲁棒性。

我们认为，之所以正向偏差度 μ 对研发网络脆弱性的影响比负向偏差度 λ 更为明显，其中一个很重要的原因就是无标度研发网络节点度分布的非均匀性，即大部分成员企业的节点度都非常小，只有极少一部分核心企业的节点度很大。于是，大部分成员企业的节点度均围绕在 $k_{\min}$（$k_{\min}$ 为研发网络中最小的节点度）附近，而只有很少数企业的节点度围绕在 $k_{\max}$（$k_{\max}$ 为研发网络中最大的节点度）附近。因此，对大部分成员企业 i（除极少数核心企业外）来说，有 $k_i - k_{\min} < k_{\max} - k_i$ 成立。根据式（5-2）的定义，我们可以得出 $\tilde{k}_i$（即攻击者所观测到的研发网络中节点 i 的度）对正向偏差度 μ 的变化更为敏感。因此，正向偏差度 μ 对研发网络面对风险传播的脆弱性影响更为显著。

5.4 本章小结

现实中研发网络的规模比较庞大，成员企业之间的关系又错综复杂，很难获取网络的全局信息，因而蓄意攻击往往很难实现。鉴于此，我们从信息论这个视角，提出了基于灰色信息的攻击策略，即“攻击者”依据所观测到的研发网络节点度信息去攻击那些在他们看来度大的节点企业。为此，我们引入了负向偏差度 λ 和正向偏差度 μ 这两个参数来共同刻画灰色攻击信息的不准确度，从而基于这两个参数对灰色攻击策略进行了描述。在灰色攻击策略中，随机攻击策略和蓄意攻击策略只是 $\lambda=\mu=1$ 和 $\lambda=\mu=0$ 时的两个极端攻击策略，而参数 λ 和 μ 不同的取值组合则代表了不同情况下的攻击策略。然后，运用数值仿真的方法，探讨了参数 λ 和 μ 取不同数值时研发网络的风险传播规律及研发网络面对风险传播具有的不同脆弱性。主要研究结果包括以下几点。

（1）研发网络作为无标度网络，面对随机攻击具有最强的鲁棒性，而面对蓄意攻击却表现出最大的脆弱性，这再次验证了前人的结论。

（2）在灰色攻击信息负向偏差度和正向偏差度相等即 $\lambda=\mu$ 的前提下，研发网络面对风险传播的脆弱性均随着攻击信息偏差度的减小而不断增加，这说明提高攻击信息的偏差度可以显著减小研发网络的脆弱性。

（3）随着成员企业风险容量分布的异质性程度的增加，研发网络面对风险传播所呈现的脆弱性也不断增加。这再次说明了要想抵御研发网络风险相继传播的发生，提高研发网络的抗风险能力，应尽可能减少成员企业风险容量分布的异质性程度。

（4）当固定灰色攻击信息的任一偏差度时，增加另一偏差度均可以显著减小研发网络面对风险传播的脆弱性。进而发现，相较于负向偏差度 λ，研发网络的脆弱性面对正向偏差度 μ 的敏感度更高。这说明相对于提高负向偏差度，提高攻击信息的正向偏差度可以更加显著地增强研发网络的鲁棒性。

第6章　基于组织-任务网络的研发项目工期风险传播机理

6.1　引　　言

当今社会，面对技术的复杂性、资源的有限性及市场需求的多变性，众多企业结成研发网络已成为研发项目运行的有效模式。众多研发企业采用研发网络的组织形式进行合作研发可以极大地实现研发资源的共享、研发成本的降低、研发周期的缩短、研发效率的提高等战略性目标[147]，但这并不意味着风险的消失或减小。相反，由于参与研发的企业众多、研发子任务分布广泛、研发投资规模较大及外部市场环境的快速多变，采用研发网络形式而实施的研发项目普遍存在着计划失控、工期延误等工期风险问题[148]。因此，在研发活动不断呈现网络化的背景下研究研发项目工期风险新问题就成为风险管理的重要内容之一。

目前，项目管理领域常用的工期风险分析与管理方法或工具主要有甘特图（Gantt chart）、工作分解结构（work breakdown structure，WBS）、关键路径法（critical path method，CPM）、计划评审技术（program evaluation and review technique，PERT）、图示评审技术（graphical evaluation and review technique，GERT）、风险评审技术（venture evaluation and review technique，VERT）等方法[149]。其中，PERT是目前应用最为普遍的工期风险分析方法，它以WBS和CPM方法为基础构建项目的任务网络图，假定工期服从正态分布，进而计算任务的时间参数。鉴于工期作为随机变量的随机性，Liu和Wang提出了蒙特卡罗方法，其通过产生服从某一概率分布的随机数来估计工期风险[150]。之后，国内外学者又相继提出了关键链[151]、模糊数学法[152]、影响图[153]、贝叶斯网络[154]、迭代过程[155]等项目工期风险分析与管理方法。

但通过总结发现，上述研究均是从任务工期自身的不确定性视角来探讨工期风险问题的，而没有或较少关注参与组织在执行项目任务过程中可能对项目工期产生的重要影响。事实上，参与组织作为项目任务的实施主体，对人、财、物、信息等资源能否有效配置与利用将会显著影响项目工期，是工期风险的重要影响因素[156]。对研发项目来说，随着项目的复杂性和难度的不断增加，项目的子任务数量不断增加，参研单位的数量也随之增加，某个或少数几个参研单位无法正常进行研发活动时，将极有可能通过彼此之间形成的合作、隶属或协助等不同关系而波及周围参研单位并进而影响到所执行任务的工期，最终对整个项目的工期产生重大影响。

例如，参与我国 C919 大型客机研制项目的单位共有 200 多家，这些单位通过彼此之间的合作关系结成了错综复杂的研发网络。与此同时，为了迎合目标市场的个性化和多元化需求，新产品在结构和功能上的复杂性也随之增加，由此导致研发项目分化为众多子任务，这些子任务进而通过彼此之间的时序依赖关系而形成复杂的任务网络。C919 大型客机作为一种复杂度极高的产品包含了数百万个零部件，于是研发项目分化成众多子任务，这些子任务进而形成了复杂的任务网络。而且，任何一项研发任务必须在参与组织的执行下才能完成，于是研发网络与任务网络之间形成了这样一种关联关系——组织对任务的执行关系。例如，中航成飞民机有限责任公司承担了 C919 大型客机机头部件的研制任务，洪都公司承担了前机身、中后机身部件的研制任务等。因此，研发组织网络与任务网络通过组织对任务的执行关系而关联在一起，从而形成了组织–任务网络。

鉴于组织失效对研发项目工期风险具有的重要影响，我们拟借鉴复杂网络中的相继故障理论，将参研组织的级联失效作为工期风险的影响因素，分别采用 CML 模型与 CA 模型来揭示基于研发网络级联失效的研发项目工期风险传播机理，以期为网络化背景下研发项目工期风险管理实践工作提供新的理论与现实依据。

6.2　基于研发项目的组织–任务网络模型

6.2.1　研发项目的新特点

随着市场环境的不断变化和科技水平的迅速发展，实施研发项目已经逐渐成为高新技术企业保持和进一步提高核心竞争优势的有效途径。与工程建设类等传统项目不同，研发项目自身有以下几个新特点。

（1）高创造性。一方面，研发项目在实施过程中需要依赖人类的智慧与经验，同时借鉴现有的先进技术或方法，站在巨人的肩膀上来解决研发过程中遇到的困难或难题；另一方面，采用新思想和新构思颠覆现有的技术，从而创造出新的技术或方法来实现研发目标。因此，研发项目具有较高的创造性。

（2）高风险性。随着全球化及科学技术的快速发展，市场需求呈现多样性和多变性，通过研发项目来研发新产品或新技术已不像流水线生产那么简单，而是需要去探索不同的新产品方案。在不断探索和尝试的过程中，潜在的各类风险无处不在，这些风险都可能会导致研发项目出现问题甚至失败。

（3）高集成性。新产品研发项目在实施过程中需要集合各方面的研发资源、各领域的先进技术及各专业的研发人才。在对资源、技术及人才等集成的同时，还需要管理方法的集成，即采用各种管理方法对各种资源、技术及人才等进行集成优化，从而最大限度地提升研发项目的绩效。

（4）高复杂性。一方面，研发项目的实施往往涉及众多参研企业共同参与合作，参研企业之间通过签订正式或非正式协议来实现资源共享、利润分享及风险分担；另一方面，为完成研发项目的交付物需要实施众多的子任务。而这些研发任务经过 WBS 方法处理之后又可能进一步细分为多个具体的任务包。基于上述分析，研发项目的实施涉及众多的参与主体，同时又由众多的研发任务来构成，因此具有较高的复杂性。

因此，研发项目具有的高创造性、高风险性、高集成性、高复杂性等新特点，导致单个研发企业仅靠自身实力已很难独立完成新产品研发项目。于是，不同研发企业通过结成研发网络来共同研发新产品就成为研发项目的新形式。

6.2.2 组织–任务模型构建

对一个完整的研发项目系统来说，不论其构成要素和要素之间的关系如何错综复杂，通常应该包括两种节点类型：组织节点（参研单位）和任务节点（子任务或子项目），这两类节点可以通过各自间的关系分别形成不同的网络，在此我们将其称为组织网络和任务网络。其中，随着研发项目规模的大型化，众多参与组织通过彼此之间的合作、隶属、协助等关系可以形成复杂的组织网络，即前面定义的研发网络。复杂网络理论作为描述复杂系统的一种研究方法，在过去十几年里得到了巨大的发展和广泛的应用[54,55,157]，该理论有助于本书对研发项目组织网络的分析。

关于研发网络的拓扑结构，学者 Hanaki 等[64]、Cloodt 等[70]、Barber 等[158]、王珊珊等[29]均从不同研究领域和研究视角进行了深入研究，取得了许多有价值的结论和成果，这些学者普遍认为研发网络具有无标度网络的增长性和择优连接性两个重要特征。其中，增长性主要体现为研发网络在运行过程中，由于对互补性研发知识的需求，在位企业会不断寻求网络外企业进行合作，同时网络外企业也会积极与在位企业寻求合作以加入到研发网络中，从而使得研发网络的规模不断增加。而之所以具有择优连接性，其中一个很重要的原因就是在研发网络的形成时期，由于信息的不完全及搜寻成本的增加等，参与研发的各种组织选择合作伙伴是一个有意识的过程，具有一定的偏好性[29]。这种偏好性表现为某些组织起初建立的合作关系越多，越有可能成为其他组织期望合作的对象，因而能够获得大量的连接关系，从而成为网络中的集散节点（即明星节点），而那些研发实力较弱、拥有合作关系数量较少的企业则最终成为网络的外围节点，而且非集散节点之间的连接关系也相对较少[64]。因此，研发组织网络具有无标度网络的拓扑结构。

此外，研发项目规模的增加也意味着子任务（子项目）数量的增加，而子任务（子项目）之间的关系则主要体现为执行时间的时序依赖关系。学者 Smith 和 Eppinger 就将研发项目定义为由一系列紧密相关的研发任务而组成的网络[159]。关于研发活动之间的时序关系，Smith 和 Eppinger 先后提出了串行模式[160]、并行模式[161]和反馈模式[159]三种类型。事实上，随着研发项目规模不断扩大及外部环境的多变性，这三种类型往往同时存在于同一个研发项目之中，从而形成了研发项目的任务网络。

当然，任何一个项目的子任务必须在参与组织的执行下才能完成，于是研发项目的组织网络与任务网络之间就形成了这样一种关系——组织对任务的执行关系。而且，这种关系具有一定的多样性，即不同的组织对同一任务的作用和影响可能并不一样，比如，有的组织是任务的主要实施方，有的则是任务的参与方，而有的则负责任务的验收评估等。于是，研发项目的组织网络与任务网络通过组织对任务的执行关系联系在一起，从而形成了基于研发项目的组织–任务网络，如图 6-1 所示。

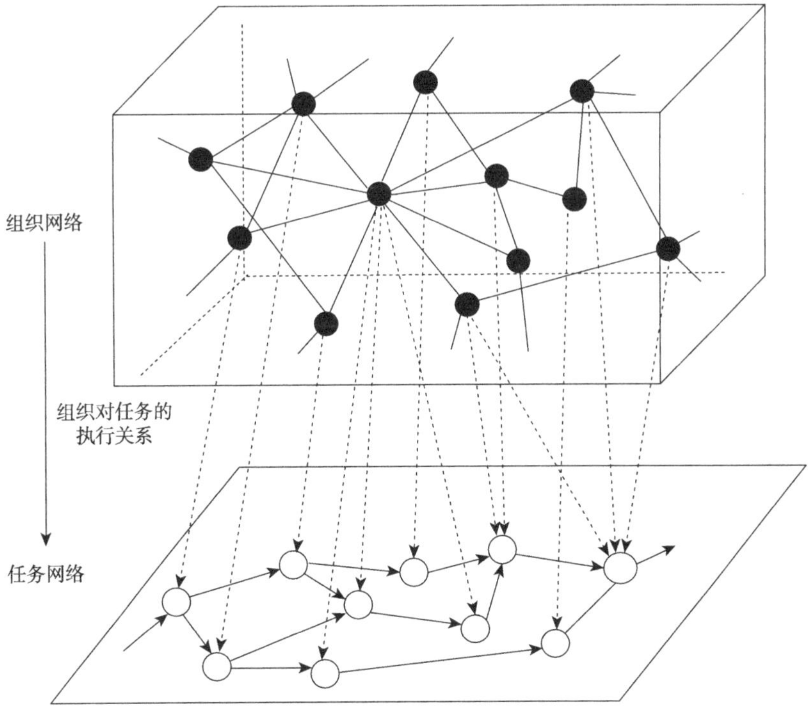

图 6-1　基于研发项目的组织–任务网络示意图

从图 6-1 可以看出，参研企业的运营状态除了会影响到存在合作关系的其他合作企业之外，还会通过组织与任务的执行关系而影响到任务网络中相应的研发任务，从而导致研发项目的工期出现风险。因此，我们将研发网络的级联失效作为影响任务网络工期风险的影响因素，采用定量建模与数值仿真相结合的方法揭示组织网络上的级联失效对任务网络工期风险的影响机理。

6.3 基于 CML 模型的研发项目工期风险传播模型及数值仿真

上述建立的组织–任务网络模型，将研发项目的参与组织和任务联系起来，便于从整体角度来揭示组织节点失效对项目工期风险的影响机理。因此，我们基于上述组织–任务网络模型，研究组织节点失效后如何通过组织对任务的执行关系而最终影响研发项目各任务的工期，以此来识别影响研发项目工期风险出现传播现象的关键因素。

6.3.1 模型假设

对任何项目而言，其总工期是由关键路径上所有关键任务的持续时间所决定的。简化起见，我们仅针对研发项目关键路径上的关键任务工期进行研究，即后面所提到的研发项目子任务均指的是关键路径上的子任务。基于上述假设，不妨定义研发项目的关键子任务数量为 M，同时定义 t_i（$1 \leqslant i \leqslant M$）为关键子任务 i 的计划工期，于是研发项目的计划总工期 $t_{总} = \sum_{i=1}^{M} t_i$ 。同时，定义参与执行研发项目所有关键子任务的组织个数为 N，并定义矩阵 B 为该组织网络的邻接矩阵，其元素 $b_{ij}=1$ 表示组织节点 i 与组织节点 j 存在连接关系，而 $b_{ij}=0$ 则表示两者不存在任何关系。同时定义 H 为组织网络对任务网络的执行关系矩阵，其元素 $h_{ij}>0$（$1 \leqslant i \leqslant M$，$1 \leqslant j \leqslant N$）表示组织节点 j 参与某关键子任务 i 的执行过程，而 $h_{ij}=0$ 则表示组织节点 j 对子任务 i 不存在任何执行关系。基于上述定义，在此提出如下模型假设。

（1）由于参与研发的各个组织选择合作伙伴具有一定的偏好性，我们假设研发组织网络具有无标度网络的拓扑结构。同时，鉴于组织之间建立的连接关系通常具有双向性，我们假定组织网络为无向网络。

（2）假设研发项目在实施过程中，非关键子任务仍为非关键任务，关键子任务也仍为关键子任务。因此，研发项目的实际总工期 $t'_{总}$ 等于 M 个序贯执行的关键子任务实际完工时间之和，即 $t'_{总} = \sum_{i=1}^{M} t'_i$，其中 t'_i 表示任务 i 的实际工期。

（3）研发项目的参与组织处于动态的组织网络之中，即当某些组织节点发生失效后将从组织网络中剔除，不能再与网络中其他组织建立连接关系。同时假设组织节点的相继失效过程发生在项目启动初期，整个相继失效过程所经历的时间相对于项目总工期可忽略不计。

（4）研发项目中参与执行每个关键子任务的组织个数平均为 $\bar{d}$，并假定 $\bar{d} \approx \dfrac{N}{M}$。同时假定每个参研组织随机地参与对任务的执行过程中。

（5）不同组织对同一任务的执行关系存在强弱之分，于是我们假设组织对任务的执行关系矩阵 H 为加权有向网络。简化起见，我们假定组织对任务的执行关系共分为三种类型，分别为主要实施关系（h_{ij}=3）、验收评估关系（h_{ij}=2）和协助实施关系（h_{ij}=1）。

6.3.2　模型构建

我们将研发项目的组织网络和任务网络联系起来，将组织节点的失效作为项目工期风险发生的影响因素来揭示基于组织网络相继失效的项目工期风险传播机理。在过去十几年里，基于 CML 的相继故障模型已经被广泛用于研究复杂系统的时空动力学行为。近年来，不少学者开始针对小世界或无标度网络来研究 CML 模型中的动力学行为，并取得了许多有价值的成果和结论[72,162]。因此，我们借鉴相继故障理论的思想，采用 CML 模型来揭示研发组织网络的组织节点相继失效过程。下面，建立包含 N 个组织节点的 CML 模型：

$$s_i(t+1) = \left|(1-\varepsilon) f(s_i(t)) + \varepsilon \sum_{j=1, j\neq i}^{N} b_{ij}(t) f(s_j(t)) / k_i(t)\right| \tag{6-1}$$

式中，$s_i(t)$——t 时刻组织节点 i（i=1, 2, ⋯, N）的状态，其中，$0< s_i(t) <1$ 意味着 t 时刻组织节点 i 处于正常状态，而 $s_i(t) \geqslant 1$ 则意味着该节点 i 处于失效状态，即不能参与正常的研发活动；

$b_{ij}(t)$——t 时刻组织节点 i 与 j 的连接状态，其中，$b_{ij}(t)$ =0 表示节点 i 与 j 不存在连接关系，$b_{ij}(t)$ =1 表示节点 i 与 j 存在连接关系；

$k_i(t)$——t 时刻组织节点 i 的度，即与节点 i 存在直接连接关系的节点个数；

ε——可调参数 ε 表示组织之间的耦合强度，$\varepsilon \in (0,1)$，数值越大，说明节点 i 的状态受邻居节点状态影响的程度越大，反之就越小；

$f(x)$——非线性函数 $f(x)$ 表示节点自身的动态行为，这里假定为 Logistic 映射，公式如下：

$$f(x)=4x(1-x) \tag{6-2}$$

从式（6-1）和式（6-2）不难看出，在没有外部扰动的前提下，如果所有 N 个组织节点的初始状态都在（0，1）范围内，按照式（6-1）进行迭代，所有的节点将永远保持正常状态。下面，为了研究由单个组织节点受到外部扰动而导致的组织网络相继失效过程，我们假定在 m 时刻给某组织节点 c 施加一个外部扰动值 $R>0$，如式（6-3）所示：

$$s_c(m)=\left|(1-\varepsilon)f(s_c(m-1))+\varepsilon\sum_{j=1,j\neq i}^{N}b_{ij}(m-1)f(s_j(m-1))/k_c(m-1)\right|+R \tag{6-3}$$

式中，$s_c(m)\geqslant 1$，表示组织节点 c 在 m 时刻失效，并在所有的 $t>m$ 时刻均有 $s_c(t)\equiv s_c(m)\geqslant 1$。在 m 时刻，所有与节点 c 存在连接关系的邻居节点状态都将受到失效节点 c 的状态即 $s_c(m)$ 的影响，于是这些邻居节点的状态值都将按照式（6-1）重新进行计算。若迭代后某些节点处于失效状态，将会引发新一轮的节点失效行为。在 m 时刻末期，失效节点 c 将从组织网络中移除，即在下一时刻的迭代计算中将不再考虑节点 c。上述过程反复进行，节点的相继失效行为最终将可能扩散至整个组织网络。

事实上，研发项目任务 i 的实际工期 t_i' 受三方面因素共同影响：一是该任务的计划工期 t_i，即计划工期越长，说明完成该任务的难度越大，意味着实际工期也就越长；二是参与执行该任务的失效组织节点比例，该比例越高，意味着实际工期越长；三是组织节点的失效对实际工期的影响程度，影响程度越大，说明子任务需要越多的时间来完成。基于上述分析，我们提出任务 i 实际工期 t_i' 的计算公式如下：

$$t_i'=\left(1+\varpi\frac{\sum_{l\in\Psi_i}h_{il}}{\sum_{j=1}^{N}h_{ij}}\right)t_i \tag{6-4}$$

式中，h_{ij}——元素 $h_{ij}>0$（$1\leqslant i\leqslant M$，$1\leqslant j\leqslant N$）表示组织节点 j 参与子任务 i 的执行过程，其中，$h_{ij}=3$ 表示节点 j 对子任务 i 是主要实施关系，$h_{ij}=2$ 表示节点 j 对子任务 i 是验收评估关系，$h_{ij}=1$ 表示节点 j 对子任务 i 是协助实施关系，而 $h_{ij}=0$ 则表示节点 j 对子任务 i 不存在任何执行关系；

Ψ_i——参与执行任务 i 的失效组织节点集合；

ϖ——组织节点的失效对所执行任务实际工期的影响程度，即当参与执行任务 i 的所有组织全部失效时，该任务 i 将比正常情况多需要 ϖ 倍的计划时间来完成；

t_i——子任务 i（$1 \leqslant i \leqslant M$）的计划工期。

为了衡量组织失效最终造成研发项目总工期延误的程度，我们提出将项目实际总工期与计划总工期的比值即 $\sum_{i=1}^{M} t_i' \Big/ \sum_{i=1}^{M} t_i$ 作为测量指标。该比值越大，说明组织节点的失效对研发项目总工期造成的影响就越大，从而为研发项目工期风险的管理与控制提供了一定的决策依据。

6.3.3　数值仿真及结果分析

简化起见，针对研发项目组织网络具有无标度网络的增长性和择优连接性两个特性，我们采用 Barabási 和 Albert 提出的 BA 无标度网络模型来构造研发网络。具体生成算法包括以下两点。

（1）增长。从一个具有 m_0 个节点的初始全连通网络开始，每隔相同时间引入一个新的节点，并且与已存在的节点相连接产生 m 条边，其中 $m \leqslant m_0$。

（2）择优连接。新节点与一个已经存在的节点 i 相连的概率 Π_i 取决于节点 i 的度数 k_i 和除新节点以外所有节点的度数总和，公式如下：

$$\Pi_i = \frac{k_i}{\sum_j k_j} \tag{6-5}$$

最终，经过 t 个时间间隔之后，BA 模型将生成一个具有 $N = m_0 + t$ 个节点、mt 条边、平均度 $\langle k \rangle = 2m$ 的无标度研发网络。

同时，我们假设初始时刻参与研发项目的所有组织均处于正常状态，即满足 $s_i(0) \sim U(0,1)$；同时设定研发项目的组织节点总数 N=1000，关键子任务总数 M=200，于是每个任务的参与组织平均数量 $\bar{d} = 5$；假定组织失效对任务计划工期的影响程度 $\varpi = 1$。简化起见，不妨假设研发项目各子任务的计划工期服从 1～60 天的均匀整数分布，即 $t_i \sim U(1, 60)$。

接下来，鉴于耦合强度 ε、外部扰动值 R、组织网络拓扑结构及不同类型组织在执行任务时所起的不同作用可能对研发项目工期具有不同的影响，我们将借助 MATLAB 软件，运用数值仿真方法从可调参数 ε 和外部扰动值 R、组织网络的平均度 $\langle k \rangle$、不同攻击策略这三个方面展开研究。

1. 可调参数 ε 和外部扰动值 R 对工期风险的影响

参数 R 表示施加到组织网络中某一节点的外部扰动值，具有导致该节点出现失效并可能引发整个组织网络出现相继故障的作用。当然，当 R 值足够大时，任一组织节点的失效都可以导致所有节点出现相继失效。但在实际的工期风险管理中，应努力寻求导致所有节点出现相继失效的最小 R 值，在此将其称为关键扰动

阈值 R^*。实际上，关键扰动阈值 R^* 反映了组织网络面对外部干扰所具有的鲁棒性，即 R^* 值越大，鲁棒性越强，R^* 值越小，网络越脆弱。可调参数 ε 作为组织节点之间的耦合强度，反映了节点状态受邻居节点状态影响的程度。ε 值越大，说明节点越容易受到邻居节点状态的影响，对 R 值的变化也就越敏感。

下面，为了研究可调参数 ε 和外部扰动值 R 对研发项目工期风险的影响，以组织节点数 N=1000、组织网络平均度 $\langle k \rangle = 6$ 、任务数 M=200、$\bar{d} = 5$ 、$\varpi = 1$ 时的研发项目组织–任务网络为例，对随机袭击某一组织节点失效后如何影响项目工期风险的过程进行数值仿真，结果如图 6-2 所示。

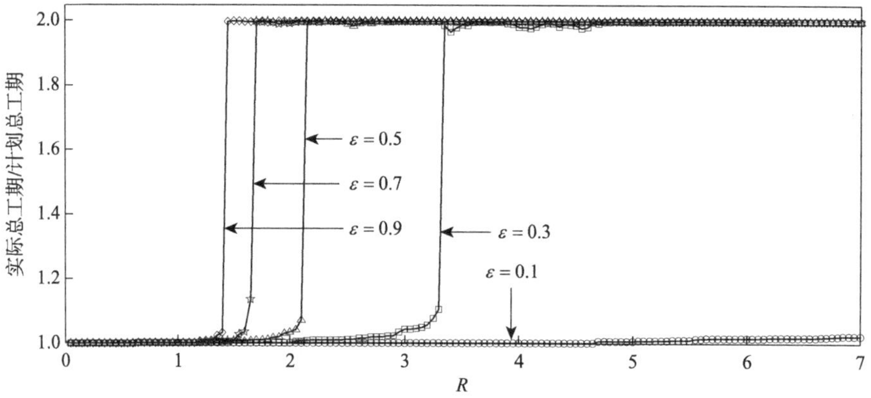

图 6-2　不同 ε 值下研发项目工期与外部扰动值 R 之间的关系

从图 6-2 可以看出，除 ε=0.1 以外，用来衡量组织节点失效对项目工期风险影响大小的指标——实际总工期/计划总工期 $\sum_{i=1}^{M} t_i' \Big/ \sum_{i=1}^{M} t_i$ 起初随着 R 值的增加呈现非常缓慢增加的趋势，但是随着 R 值超过某一数值即上面提到的关键扰动阈值 R^* 后便迅速上升，最终实际总工期/计划总工期的比值稳定在数值 2 左右。说明此时该研发项目的所有组织节点已全部失效，项目的实际工期比原计划工期延长了 1 倍。

上述仿真结果说明了研发项目在实施过程中，只有施加给某一组织节点的外部扰动值 R 超过相应的关键扰动阈值 R^* 时，项目的工期才会出现明显延误，即当 $R<R^*$ 时，只有极少量的组织节点会发生失效而导致所执行的极少数任务工期出现延误；而当 $R>R^*$ 时，组织失效的规模会快速增加并进而引发项目的工期出现明显延误。因此，在实际的项目工期风险管理实践中，管理者应该建立健全项目各参与组织之间相互沟通的信息搜集与动态反馈机制，实现对各个参研组织状态的实时监控，防止出现大规模的相继失效现象。同时，时刻关注各种外部环境因素如市场需求变动、宏观调控政策出台、股市出现剧烈波动等可能对研发项目正常运行产生的影响和冲击，防止这种影响和冲击超过研发项目所能承受的最大范围而出现组织网络相继失效现象，进而导致项目工期出现明显延误。

同时，对比上述不同 ε 值下实际总工期/计划总工期随 R 值的变化情况，发现 R^* 随着 ε 值的增加而不断减小。例如，当 $\varepsilon=0.3$ 时，关键扰动阈值 $R^*=3.35$；当 $\varepsilon=0.5$ 时，$R^*=2.15$；当 $\varepsilon=0.7$ 时，$R^*=1.7$；当 $\varepsilon=0.9$ 时，$R^*=1.45$。该数值仿真结果说明，研发项目的组织网络在具有较小耦合度的情况下，对外部扰动的抵抗能力较强，从而项目面对单个组织节点的随机失效也就具有较强的鲁棒性。因此，要想提高研发项目工期面对外部扰动的鲁棒性，管理者应该对组织之间的耦合度进行适当控制：一方面，提高各组织节点独立应对和处理外部扰动的能力，将外部扰动对自己的冲击尽量减小到最小；另一方面，尽管研发项目是在各个参与组织的密切合作下完成的，但当外部扰动超过关键扰动阈值从而可能引发大规模的组织相继失效现象时，管理者应该有意识地控制并减少组织之间的合作与相互依赖程度，采取措施保持各组织自身在财务、技术、人员、工艺等资源管理上的自主性，尽量将组织自身受周围组织的影响降低到最小，从而避免组织网络发生大规模的相继失效现象。

2. 组织网络的平均度 $\langle k\rangle$ 对工期风险的影响

复杂网络的拓扑结构对其上的动态行为具有重要的影响，其中网络的平均度就是其中非常重要的指标。为了探讨组织网络平均度在组织失效时对研发项目工期风险的影响中所扮演的角色，接下来分别以不同平均度的研发项目组织-任务网络为例，对随机袭击某一组织节点失效后如何影响项目工期风险的过程进行数值仿真，结果如图6-3所示。

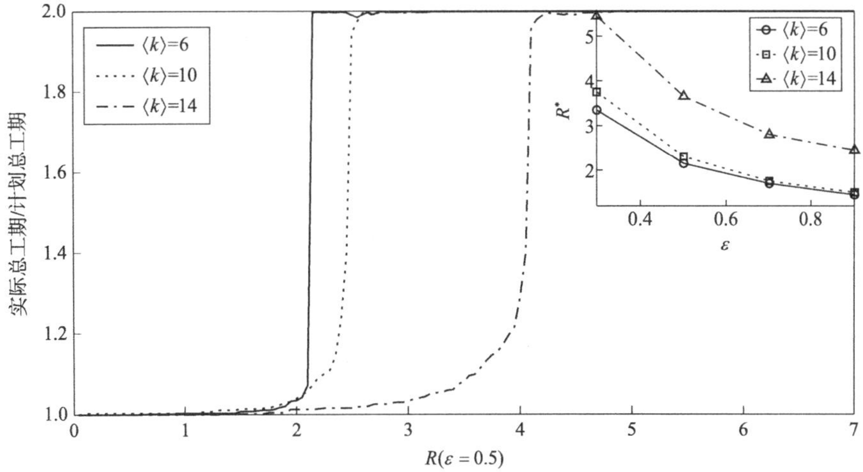

图 6-3　研发项目工期与组织网络平均度 $\langle k\rangle$ 之间的关系

从图 6-3 可以看出，当$\varepsilon = 0.3$、$\varepsilon = 0.5$、$\varepsilon = 0.7$、$\varepsilon = 0.9$时，关键扰动阈值R^*与组织网络的平均度$\langle k \rangle$均呈现出正相关关系，即组织网络的平均度$\langle k \rangle$越大，关键扰动阈值R^*就越大，项目工期面对单个组织的随机失效也就具有越强的鲁棒性。这说明随着无标度组织网络平均度的不断减小，组织节点的节点度之间的差异性将越来越大，网络的非均匀性就会越来越显著，从而施加在组织节点上的外部扰动值就会更加快速地在组织网络中传播，并进一步对所执行任务的计划工期产生更大的影响。这说明当组织网络的非均匀性增强时，研发项目面对外部扰动将显得更加脆弱。

上述仿真结果再次验证了前人的结论：相对于不均匀的网络，更为均匀的网络具有更强的抵制相继故障的鲁棒性。因此，若要提高研发项目组织-任务网络抵抗外部干扰的能力，可以采取适当措施增加组织网络的平均度，具体就是通过制定有助于参与组织之间知识溢出和共享的优惠措施，不断降低组织之间知识传递和信息沟通的成本，从而为组织之间的合作与交流创造更加便利的条件和环境。通过上述措施，研发项目的不同参与组织更加愿意也更加容易与周围的组织建立起合作关系，整个组织网络的平均度随之增加，进而使得研发项目面对外部干扰的鲁棒性也随之提高。

3. 不同攻击策略对工期风险的影响

不同的组织节点在执行项目任务时具有不同的作用，其重要性也就各不相同。因此，正确认识和分析组织在执行任务时的重要性对提高组织节点失效情况下的研发项目工期风险管理能力及整个项目的鲁棒性具有重要意义。在上面的数值仿真中，我们均假设所攻击的失效组织都是随机选取的。而实际上，复杂网络通常面临两大类攻击策略：随机攻击策略和蓄意攻击策略。其中，随机攻击策略就是随机地选取节点进行破坏，而蓄意攻击策略则是指选择性地选取节点进行破坏。接下来，我们将以组织节点数$N = 1000$、$\langle k \rangle = 6$、任务数$M = 200$、$\bar{d} = 5$、$\varpi = 1$时的研发项目组织-任务网络为例，对比分析当$\varepsilon = 0.3$、$\varepsilon = 0.5$、$\varepsilon = 0.7$、$\varepsilon = 0.9$时，随机攻击策略（随机选取网络中的节点进行攻击）、度小攻击策略（攻击网络中度最小的节点）和度大攻击策略（攻击网络中度最大的节点）这三种策略对研发项目工期风险的影响，结果如图 6-4 所示。

从图 6-4 可以看出，不管ε取何值，攻击度最大的组织节点所对应的关键扰动阈值最小，接下来依次是随机攻击策略和度小攻击策略。例如，当ε=0.5 时，攻击度大的组织节点所对应的关键扰动阈值 R^*=1.45，随机攻击组织节点的R^*=2.15，攻击度小的组织节点时 R^*=3。该数值仿真结果说明了度大攻击策略相比随机攻击策略和度小攻击策略，更易于导致研发项目工期风险的发生。这是因

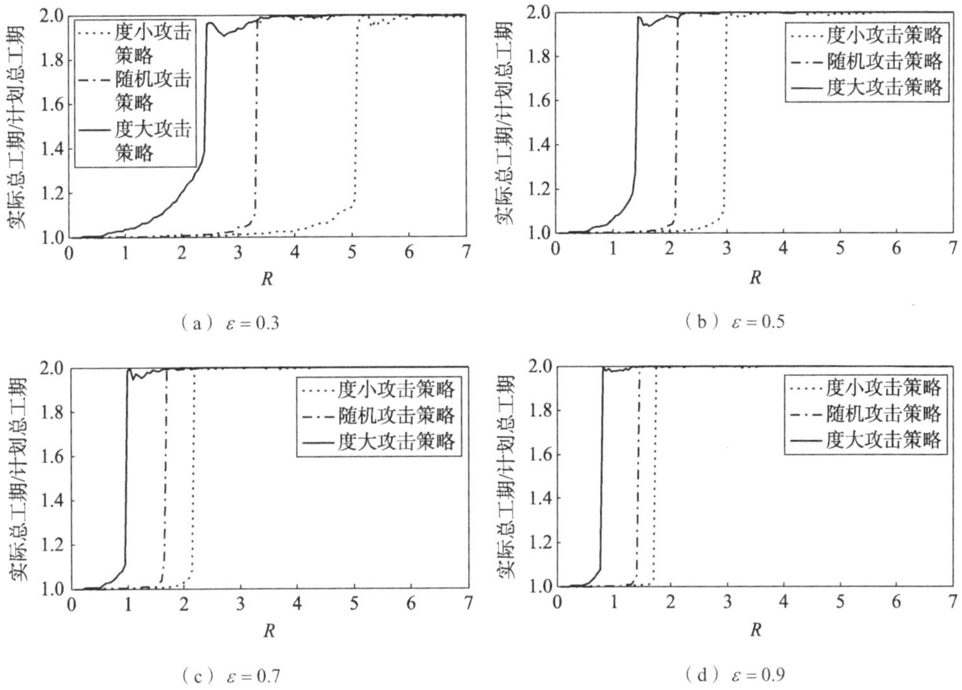

图 6-4　不同攻击策略对研发项目工期风险的影响

为研发项目的组织网络具有无标度网络特性，即大部分组织节点的度很小，而且基本都和少数几个度非常大的中心节点相连接，从而使得施加在中心组织节点上的扰动能够最大范围地在整个组织网络中进行扩散，并进而导致组织节点出现大规模相继失效现象，最终影响研发项目工期延误的程度明显大于其他两种攻击策略。

同时，对比图 6-4 的四个子图可以发现，随着参数 ε 值的减小，这三种攻击策略所对应的关键扰动阈值之间的差异越来越大。这说明随着组织之间的耦合度越来越小，攻击度大组织节点对项目任务工期的影响将越来越显著，而随着耦合强度的逐渐增加，这三种攻击策略对项目工期影响程度之间的差异将越来越小。因此，当组织之间合作关系程度较弱时，攻击节点度大的组织更易于导致研发项目工期风险的发生。于是，管理者应该对那些连接关系较多的中心组织予以重点监控和管理，提高它们应对外部干扰的能力，确保其功能正常，任务能有序地进行，防止其失效从而给整个研发项目的工期造成严重影响。而当组织之间合作关系程度较为密切时，鉴于三种攻击策略对项目工期的影响差异度逐渐减小，此时管理者不得不扩大管理和监控的范围与力度，除了重点提高节点度大的组织的抗干扰能力之外，还应该投入相应资源有意识地关注周围其他组织的运行状态，提高它们应对外部干扰的能力，从而避免组织网络发生大规模的相继失效现象对研发项目工期风险的影响。

6.3.4 本节小结

我们将研发项目涉及的组织和任务这两个要素联系起来，从整体上建立了研发项目的组织–任务网络模型。在此基础上，通过借鉴相继故障理论中的 CML，以组织失效作为项目工期风险的影响因素，从而建立了基于组织网络级联失效的研发项目工期风险传播模型，并运用数值仿真探讨了在组织节点出现失效的情况下不同因素对项目工期风险的影响关系。主要研究成果包括以下几点。

（1）只有当施加给失效组织节点的外部扰动超过某一阈值即所谓的关键扰动阈值 R^*时研发项目的完成工期才会出现明显的延误，即当 $R<R^*$时，除失效节点外几乎没有其他节点发生故障；而当 $R\geqslant R^*$时，失效组织节点的规模将急速增加。同时，关键扰动阈值 R^*随着组织节点间耦合强度 ε 的增加而减小，说明要想提高研发项目工期面对外部扰动的鲁棒性，可以适当控制并减小组织节点之间的耦合度，一方面，在未发生相继失效时提高各个组织节点独立应对和处理外部扰动的能力，将外部扰动对自己的冲击尽量减小到最小；另一方面，在发生大规模的相继失效现象时，有意识地控制并减少组织之间的合作与相互依赖程度，采取措施保持各个组织自身在财务、技术、人员、工艺等资源管理上的自主性，尽量将组织自身受周围组织的影响降低到最小，从而使自身状态尽量少受其他组织状态的影响。

（2）关键扰动阈值 R^*随着组织网络平均度的增加而不断增加，而无标度网络平均度的增加意味着网络的均匀性愈加凸显，这再次验证了相对于不均匀网络，均匀网络具有更强的抵制相继故障的鲁棒性这个结论。说明要想提高研发项目工期抵抗外部干扰的鲁棒性，可以通过制定有助于参与组织之间知识溢出和共享的优惠措施，不断降低组织之间知识传递和信息沟通的成本，从而为组织之间的合作与交流创造更加便利的条件和环境。

（3）不管 ε 取何值，度大攻击策略更易于导致项目工期风险的发生，接下来依次是随机攻击策略和度小攻击策略。而且在这三种攻击策略下，研发项目工期面对外部扰动的鲁棒性之间的差异随着组织之间耦合强度的减小而更加显著。说明当组织间耦合程度较弱时，应对那些连接关系较多的组织予以重点监控和管理，确保其正常、有序地进行。

本章我们将组织级联失效作为研发项目工期风险的影响因素进行研究，这为项目工期风险管理过程中涉及的组织网络结构设计及工期风险控制提供了新的视角。后续研究中，将组织节点相继失效的发生时间推广到项目运行的任何时刻从而完善研发项目工期风险分析模型及将该模型运用到实际研发项目中将是下一步研究的重点。

6.4　基于 CA 模型的研发项目工期风险传播模型及数值仿真

6.4.1　CA 模型概述

20 世纪 40 年代，学者 Neumann 为了研究生物系统而引入了 CA 模型，CA 模型主要是利用元胞自动机实现自繁殖的理论机理。随后，Neumann 和 Ulam 合作提出了元胞空间的概念，即元胞自动机的物理结构，自此 CA 模型初步形成。元胞空间定义了 CA 模型的计算空间，其结构是由元胞格子组成。其中，元胞格子的形状通常是矩形的，本质上没有大小之分，而且维数可以是 1 维、2 维甚至更高。状态转变规则是作用于元胞及其邻居元胞之上的，使元胞可以周期性地从一个时间到另外一个时间发生状态转变。

CA 模型自提出以来被广泛应用于社会、经济、科学研究及军事等各个领域[163-166]。在社会科学领域中，CA 模型主要用于研究各类危机事件的形成、爆发过程，社会舆论的传播及社会人员的经济行为等方面；在计算机科学中，CA 模型主要用于研究并行计算；在化学领域中，CA 模型主要用于研究各类微观粒子在化学反应中的相互作用关系及探索化学反应发生的微观机理；在环境领域，CA 模型主要用于研究石油泄漏之后的扩散过程，以及废气、废水排放之后的扩散过程；在交通领域，CA 模型主要用于研究车辆流动的规律等。

对复杂研发项目而言，组织网络是一个开放的动态复杂系统，网络中节点企业的状态、节点企业之间的合作关系并不是固定不变的，而是会随着时间的推进不断发生变化。同时，网络中各节点企业的失效状态也会通过企业之间的合作关系而进行传递和相互影响，因而网络的状态也是在发生变化的。因此，研发项目的组织网络相继失效过程是一个在时间和空间上处于离散状态的动力学过程，这符合 CA 模型的应用特点。因此，我们将对 CA 模型进行改进，以此来提出组织网络的级联失效模型。

6.4.2　基于 CA 模型的组织网络相继失效模型

1. 基本构成要素

CA 模型由一个四元组（C，Q，V，F）构成，其中，C 代表元胞空间，Q 代表元胞状态集合，V 代表元胞邻域，F 代表元胞状态转变规则。研发项目组织网络中的每一个节点企业代表一个元胞，于是由 N 个节点企业构成的网络空间就构成了元胞空间 C。接下来，结合研发项目参研组织的实际特点，将组织网络的节点企业状态分为三种类型：正常状态、负载状态和失效状态。其中，假定正常状态下节点企业承受的风险较少，处于正常运营和正常研发状态；负载状态下节点企业承受的风险负荷“过载”，超出了自身所能承受的最大能力，运营和研发效率显著降低但是仍然可以进行研发活动；失效状态表示节点企业已经破产或者因不能承受过载的风险负荷而不能正常参与研发活动即退出研发组织网络，与合作伙伴的所有合作关系也随即解除。

基于上述假设，我们提出组织网络的节点企业 i 在 t 时刻的状态 $\tau_i(t)$ 为（$\tau_i^x(t)$，$\tau_i^y(t)$）。其中，$\tau_i^x(t)$ 表示节点企业 i 在 t 时刻是否处于负载状态，$\tau_i^x(t)=1$ 表示节点企业 i 在 t 时刻处于负载状态，$\tau_i^x(t)=0$ 表示没有处于负载状态；$\tau_i^y(t)$ 表示节点企业 i 在 t 时刻是否处于失效状态，$\tau_i^y(t)=1$ 表示节点企业 i 在 t 时刻处于失效状态，$\tau_i^y(t)=0$ 表示没有处于失效状态。因此，组织网络任一节点的状态集合为 $Q=\{(0,0),(1,0),(1,1)\}$。其中，（0，0）表示节点企业处于正常状态，（1，0）表示节点企业处于负载状态，（1，1）表示节点企业处于失效状态。具体公式如下：

$$\tau_i(t)=\begin{cases}(0,0), & \text{节点企业 } i \text{ 在 } t \text{ 时刻处于正常状态} \\ (1,0), & \text{节点企业 } i \text{ 在 } t \text{ 时刻处于负载状态} \\ (1,1), & \text{节点企业 } i \text{ 在 } t \text{ 时刻处于失效状态}\end{cases} \tag{6-6}$$

传统的 CA 模型中，元胞邻域往往以元胞的空间距离为半径确定邻居元胞，最常用的是 Neumann 型邻居和 Moore 型邻居。其中，Neumann 型邻居由中心元胞及其前后左右相邻的四个元胞构成；Moore 型邻居除了上述的元胞以外，还包括沿对角线的四个最邻近的元胞。图 6-5 具体说明了 Neumann 型和 Moore 型这两种邻居关系。

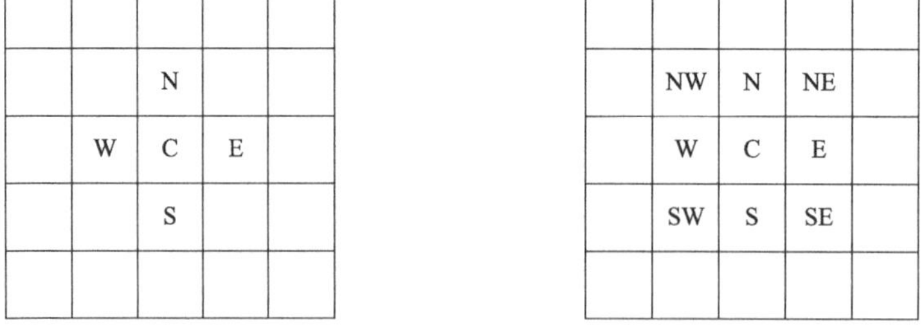

（a）Neumann型邻居　　（b）Moore型邻居

图 6-5　Neumann 型邻居和 Moore 型邻居

对研发项目的组织网络来说，元胞之间的交互指的就是节点企业之间的合作关系。因此，对元胞 i 即节点企业 i 来说，其元胞邻域 V_i 可表示为

$$V_i = \Gamma_i = \{j \mid w_{ij} > 0\} \tag{6-7}$$

式中，w_{ij}——节点企业 i 与节点企业 j 之间合作关系的紧密程度，即边权。

最终组织网络中元胞之间的状态转变规则 F 主要涉及以下三个过程：正常状态的节点企业被感染为负载状态的节点企业；负载状态的节点企业恢复为正常状态的节点企业；负载状态的节点企业失效从而被移出组织网络。下面，我们将节点企业的三种不同状态分别用不同灰度予以标识，于是三种状态之间的转变规则如图 6-6 所示。

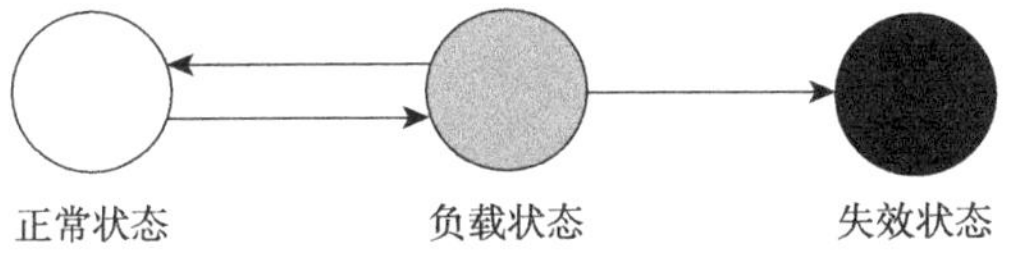

图 6-6　节点企业的状态转变规则示意图

2. 传染概率 P_{ij}

首先，我们假定每个时间间隔内，处于负载状态的节点企业会以概率 P 将负载状态传染给邻居节点企业。根据研发项目组织网络的特点，各个节点企业的自身特点和状态不同，企业之间的合作关系也不同，于是负载状态在不同节点企业之间传染的概率也各不相同。简化起见，我们首先假定传染概率 P 与节点企业之间的合作程度相关，即企业之间的合作程度越密切，彼此状态的影响程度越大，传染概率 P 也就越大。其次，对研发项目的组织网络而言，节点企业的状态在短时间内往往只能够影响与其有直接合作关系的其他企业，而很难在短时间内影响其他非直接合作企业。因此，我们假定处于负载状态的节点企业只能直接影响其相邻节点企业的状态。

传染概率 P 除了与节点企业之间的边权有关之外，还与被传染节点企业在组织网络中的地位即节点度有关。比如，对于边权相同的两个节点企业而言，连接合作企业数量更多的节点企业被传染的概率会更大一些，即节点的度越大，与其相连的节点数越多，越容易受到感染。基于此分析，我们提出处于负载状态的节点企业 i 传染邻居节点企业 j 的传染率为 P_{ij}，具体公式如下：

$$P_{ij} = \frac{\zeta \times w_{ij} \times k_j^{\alpha}}{\sum_{k \in \Gamma_i} w_{ik}} \tag{6-8}$$

式中，ζ——控制参数且 $\zeta > 0$，其值越大表示节点之间状态传染的概率越大；

w_{ij}——节点企业 i 与节点企业 j 之间合作关系的紧密程度即边权；

k_j——节点企业 j 的度，在此已做归一化处理，下同；

α——可调参数；

Γ_i——节点企业 i 的邻居节点企业集合。

3. 恢复概率 Ω

此外，组织网络的某节点企业 i 被感染为负载状态之后，并不会立即恢复正常，而往往需要经过一段时间的缓冲来进行自我调整。这种自我调整行为既可能帮助企业脱离不利因素的影响而重新转变为正常状态，也可能无法帮助企业脱离失效即退出网络的风险，在此将此现象称为传染延迟效应[167]。李永奎和周宗放基于复杂网络的平均场理论与传染病模型，分析了资产关联情境下关联信用主体之间信用风险的传染延迟效应，建立了基于无标度网络的关联信用风险传播模型，深入分析了网络中风险传播的均衡状态[168]。鉴于此，我们引入传染延迟这一参数，分析该参数对研发项目组织网络相继失效的影响，并进一步探讨传染延迟效应的规律。

因此，我们定义 T_i 为传染延迟，并假设在时间段 T_i 内，处于负载状态的节点企业 i 的状态保持不变，但仍然具有传染特性。目前，现有的关于传染延迟效应的研究指出传染延迟具有差异性，普遍认为网络中节点度大的节点的传染延迟时间往往比较短，即认为传染延迟 T_i 与节点的度 k 成反比[169]。基于此，节点企业 i 的传染延迟 T_i 可表示为

$$T_i = \beta \times k_i^{(-1/\beta)} \tag{6-9}$$

式中，T_i——节点企业 i 的传染延迟，采用向上取整的方式处理；

β——$\beta \geqslant 0$，称为传染延迟参数；

k_i——节点企业 i 的度，已做归一化处理。

接下来，如果节点企业 i 在 t 时刻变为负载状态，则该负载企业 i 在 $t+T_i+1$ 时刻会以概率 Ω 恢复为正常状态。实际上，恢复概率 Ω 体现了参研企业的风险控制能力。一方面，恢复概率 Ω 与研发项目整体投入控制风险的成本 μ 有关，即投入风险控制的成本 μ 越高，则研发项目所有参研企业的风险控制能力越强，恢复概率 Ω 就越大；另一方面，恢复概率 Ω 还与组织网络中节点企业的重要度有关。重要度较高的节点企业往往在抵抗风险及恢复研发效率等方面具有较多的资源和较高的优越性。因此，本书认为组织网络的节点企业的重要度越大，恢复概率 Ω 越大。

在复杂网络的相关研究中，对节点重要度的测度始终是一个研究热点。国内外不少学者提出了许多种节点重要度的测度方法，归纳起来主要包括以下几类。

第一类，基于节点度中心性的评估方法。根据节点的度进行综合评判是一种

最简单、直观的方法，其本质就是将节点的度及其相邻节点的度作为评价依据。该评估方法认为节点的度越大，则节点就越重要，或者说与节点度相关的相邻节点的度的相关指标越大，则节点越重要。这种方法虽然计算简便，具有较强的可操作性，但是考虑的因素相对单一，尤其对复杂研发项目的组织网络具有一定的局限性。

第二类，基于路径的评估方法。这种方法的原理就是认为节点的重要程度与节点之间的距离存在较大关系。在很多现实网络中，节点间的距离越短则节点之间传输效率就越高，同时传输的准确率就越高。因此认为，在其他条件均相同的情况下，节点之间经过的节点数量越多，则距离越长，效率越低；反之，经过的节点数量越少，则距离越短，效率越高。目前，基于路径的评估方法在交通网络及物流网络等许多情况下仍具有较强的适用性，但是对于研发组织网络来说，如何定义节点距离则具有一定的困难。

第三类，基于节点位置属性的评估方法。基于节点位置属性的评估方法主要基于节点在网络中位置的重要程度来体现节点自身在网络中的重要性，这与节点的自身属性及网络的拓扑结构有关。如果某节点处于网络的中心位置，则该节点就较为重要。这种方法的实用性较强，对于各种网络结构都可以应用，其中 *K*-核（*K*-shell）分析法是应用最为广泛的评估方法。*K*-核的概念是 2010 年由学者 Kitsak 等首次提出并用于评估节点重要度的指标，该指标的运算复杂度较低，它测度的是节点在整个网络中的位置重要性[170]。

K-核的主要思想是通过递归的方法逐步移除网络中节点度小于或者等于 *K* 的节点，具体步骤包括：第一步是移除节点度为 1 的节点，剩下的子图中如果还有节点度为 1 的节点则继续删除直到网络中没有节点度为 1 的节点为止，此时被删除了的节点的 *K*-核值均为 1；第二步与第一步类似，继续删除节点度为 2 的节点，最后得到一个子图，此时被删除的节点的 *K*-核值均为 2；第三步就是按照以上步骤逐步删除网络中的节点，直到网络中所有的节点都被划分为某一个具体的核值。最后，划分过程结束，所有的节点均拥有一个特定的 *K*-核值。该方法认为，某节点的 *K*-核值越大，该节点拥有越高的重要度。*K*-核的具体分解过程如图 6-7 所示。

对于研发项目组织网络而言，*K*-核分析法可以较好地刻画节点企业在组织网络中的位置特征。因此，我们采用 *K*-核值来评估研发组织网络中节点企业的重要度。在 *K*-核值的基础上，我们结合研发网络具有的加权无标度特点，考虑了节点企业的边权对节点重要度的影响，提出了节点企业 i 的重要度 K_i'，具体公式如下：

$$K_i' = \left[K_i^p \left(\sum\nolimits_{j \in \Gamma_i} w_{ij} \right)^q \right]^{\frac{1}{p+q}} \tag{6-10}$$

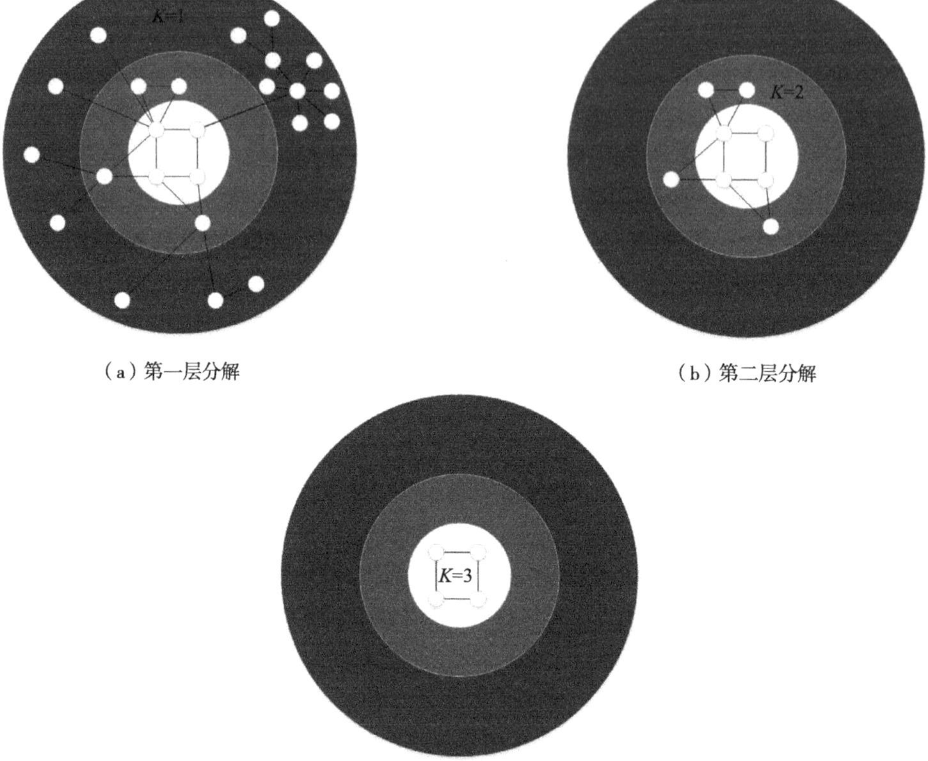

（a）第一层分解　　（b）第二层分解

（c）第三层分解

图 6-7　K-核分解示意图

式中，K_i——不考虑边权时节点企业 i 的 K-核值；

w_{ij}——节点企业 i 与 j 之间合作关系的紧密程度即边权；

p 和 q——$p \geqslant 1$，$q \geqslant 1$，均称为可调参数，分别控制着 K_i 和该节点企业 i 与所有邻居节点企业边权的比重。

基于上述分析，最后提出负载节点企业 i 的恢复概率 Ω_i，具体公式如下：

$$\Omega_i = \mu \times K_i' \tag{6-11}$$

式中，μ——研发项目整体投入控制风险的成本。

4. 失效概率 Z_i

接下来，如果节点企业 i 在 t 时刻变为负载状态，则该负载节点 i 在 $t+T_i+1$ 时刻会以概率 Z_i 失效而随即退出网络。此时，失效概率 Z_i 为该负载节点企业 i 被周围负载企业传染的概率。因此，负载节点企业 i 的失效概率 Z_i 为

$$Z_i = 1 - \Pi_{j \in \Gamma_i'(t)}(1 - P_{ij}) \tag{6-12}$$

式中，$\Gamma_i'(t)$——t 时刻节点企业 i 的所有邻居负载企业集合，计算公式为

$$\Gamma_i'(t) = \{j \mid \tau_i^x(t) = 1, \tau_i^y(t) = 0 \ \& \ w_{ij} > 0\}$$

P_{ij}——负载节点企业 i 被邻居负载节点企业 j 传染的概率。

最终，我们用指标 $H(t)$ 表示 t 时刻组织网络中处于正常状态的节点企业占总节点企业的比例，用指标 $I(t)$ 表示 t 时刻组织网络中处于负载状态的节点企业占总节点企业的比例，用 $G(t)$ 表示 t 时刻组织网络中处于失效状态的节点企业占总节点企业的比例，于是有

$$H(t) = \frac{1}{N}\sum\left(1 - \tau_i^x(t)\right) \tag{6-13}$$

$$G(t) = \frac{1}{N}\sum \tau_i^y(t) \tag{6-14}$$

$$I(t) = 1 - H(t) - G(t) \tag{6-15}$$

式中，$\tau_i^x(t)$——节点企业 i 在 t 时刻是否处于负载状态；

$\tau_i^y(t)$——节点企业 i 在 t 时刻是否处于失效状态。

6.4.3　组织网络相继失效对任务网络工期风险的影响模型

首先，对组织网络相继失效对任务网络工期风险的影响模型做出假设，假设内容与 6.3.1 小节中的模型假设完全相同，在此不做赘述。

其次，组织网络的节点企业相继失效现象对任务网络工期风险的影响主要体现在以下两个方面。

一方面是节点企业的失效程度。在这里，我们用 $\tau_i^x(t)+\tau_i^y(t)$ 表示 t 时刻节点企业 i 的失效程度，取值有三种情况：$\tau_i^x(t)+\tau_i^y(t)=0$，表示该节点企业 i 处于正常状态，意味着该节点企业 i 对所执行的研发任务的工期没有影响；$\tau_i^x(t)+\tau_i^y(t)=1$，表示该节点企业 i 处于负载状态，意味着该节点企业 i 对所执行的研发任务的工期产生一定程度的不利影响；$\tau_i^x(t)+\tau_i^y(t)=2$，表示该节点企业 i 处于失效状态，意味着该节点企业 i 对所执行的研发任务的工期将产生较大程度的不利影响。总之，节点企业的状态越差，对所执行的研发任务的工期影响将越大。

另一方面是组织网络节点企业对任务的执行关系。实际上，企业对任务的执行关系体现的是项目责任分配关系矩阵中参与方对任务所承担的角色。对某一项具体的研发任务而言，有些节点企业是主要实施方，有些节点企业是协助实施方，而有些节点企业可能是审核和验收方。不同的执行关系对任务的工期会产生

不同程度的影响。基于上述分析，提出关键子任务 j 实际工期 t'_j 的计算公式，具体如下：

$$t'_j = \left[1 + \frac{\sum_{i \in \Phi_j} \left(\tau_i^x(t) + \tau_i^y(t)\right) h_{ij}}{\sum_{i \in \Phi_j} h_{ij}}\right] t_j \tag{6-16}$$

式中，t_j——关键子任务 j 的计划工期；

h_{ij}——节点企业 i 对子任务 j 的执行关系；

Φ_j——参与执行子任务 j 的节点企业集合，即 $\Phi_j = \{i \mid h_{ij} > 0\}$。

最终，我们仍然采用所有关键子任务计划工期的拖延程度 L 来度量组织网络相继失效对任务网络工期风险的影响大小，具体公式如下：

$$L = \sum_{i=1}^{M} t'_j \Big/ \sum_{i=1}^{M} t_j \tag{6-17}$$

显然，L 值越大，表示组织网络相继失效对任务网络工期的延误程度越严重。

6.4.4 数值仿真及结果分析

在数值仿真之前，首先提出研发项目组织网络的构建模型。经过理论分析与实地调研，发现组织网络具有如下两大特征：①组织网络的无标度特征。目前，多数学者普遍认为研发项目的组织网络具有无标度网络的特征，即具有增长性和择优连接性两大主要特征。其中，增长性主要体现为组织网络在运行过程中，由于节点企业对互补性研发知识的需求，在位企业会不断寻求网络外的企业进行合作，同时网络外企业也会积极与在位企业寻求合作以加入到网络中，从而使得研发网络的规模不断扩大；择优连接性主要体现为加入网络的新企业在选择合作伙伴时往往具有一定的偏好性，即某个在位企业的研发实力越强、拥有的研发资源越丰富，就会吸引越来越多的新企业与之建立合作关系，并最终越有可能成为网络的中心节点，而那些研发实力较弱、拥有合作关系数量较少的企业则最终成为网络的外围节点。②组织网络的边权特征。在组织网络中，不同节点企业之间合作关系的紧密程度是不一样的。有些企业之间的合作程度紧密，有些企业之间的合作程度则不紧密。因此，节点之间边的权重就代表了组织网络节点企业之间合作关系的紧密程度，这更加切合实际情况。边的权重越大，表示企业之间的合作程度越紧密，但与此同时，企业之间互相影响的程度也就越大。比如，合作程度很紧密的两个企业中有一个企业出现危机或者破产，另一个企业将很有可能受到影响。

基于上述分析，我们假设组织网络是由众多参研企业所组成的复杂网络，其中节点代表研发企业，两点间的连线代表两个企业之间具有的合作关系。尽管组织网络中的成员企业类型不同、地位不同，但暂不考虑节点之间的个体差异，统一假定为无差异的网络节点，而且节点之间的差异只体现在节点的运行状态及节点的连接情况。同时在组织网络中，节点之间的边只代表企业之间的合作关系，不代表企业之间的地理距离，即边的长度没有界定。此外，网络中企业之间的合作关系具有双向性，因此假定节点之间的边为无向边。因此，用无向图 $G(V,E)$ 来表示组织网络，其中 $V=\{1, 2, \cdots, N\}$ 代表所有节点企业的集合，$E=\{e_{ij} \mid i,j \in V\} \subseteq V \times V$ 代表所有边（关系）的集合。

根据组织网络的边权特征，假定组织网络中不同企业之间合作关系的密切程度存在差异。于是，定义 $W=[w_{ij}]_{N \times N}$ 表示组织网络节点企业之间的合作关系紧密程度矩阵，其元素 w_{ij} 表示节点企业 i 与节点企业 j 之间合作关系的权重。如果 $w_{ij}=0$，说明这两个节点企业没有合作关系；如果 $w_{ij}>0$，则说明这两个节点企业存在一定程度的合作关系。我们采用相似权的处理方法，即节点之间的边权越大，意味着这两个企业之间的合作关系越紧密。

在无权网络中，将某节点直接相连的边数称为该节点的度。在有权组织网络中，节点的度已经不能全面地展示节点企业的状态信息，于是引入节点的点强度概念。由于节点之间每条边都有相应的点权值，于是将某节点企业 i 所直接相连的边上的边权总和称为该节点 i 的点强度 s_i，记为 $s_i=\sum_{j \in \Gamma_i} w_{ij}$，其中，$\Gamma_i$ 表示与节点企业 i 直接相连的邻居节点企业集合。在组织网络中，节点企业的点强度在一定程度上代表着该企业在网络中的地位，即某节点企业的点强度越高，表明与该节点企业直接相连的边权之和越大，越能反映出该节点企业是组织网络的核心企业。基于组织网络具有加权无标度网络的特征，我们采用学者 Barrat、Barthelemy 和 Vespignani 提出的 BBV 模型来构建研发网络，具体生成算法步骤包括以下几点。

（1）初始化。最初，给定一个包含 N_0 个全连接的节点企业所构成的初始网络，初始边之间赋予权值 w_0。

（2）增长性。接下来，每隔一个时间间隔加入一个新的节点企业 j，并且与 m（$m \leqslant N_0$）个已加入的节点企业相连接，产生 m 条新边，新边同样赋予权值 w_0。

（3）择优连接性。新加入的节点企业 j 依据点权比重选择与已加入的节点相连接，于是新加入节点企业 j 与已加入节点 i 相连接的概率 Π_{ij} 为

$$\Pi_{ij}=\frac{s_i}{\sum_{l \in V} s_l} \tag{6-18}$$

式中，s_i——节点企业 i 的点强度；

V——组织网络的所有节点企业集合。

（4）边权动态调整。假设每次新加入的节点企业都会给被选择连接的节点企业 i 的点强度 s_i 带来 δ 的增量，即节点 i 的点强度 s_i 会进行如下变化：$s_i \to s_i + \delta + w_0$。接下来，产生的增量 δ 会引发节点 i 的所有相邻节点的边权进行调整，具体如图 6-8 所示。

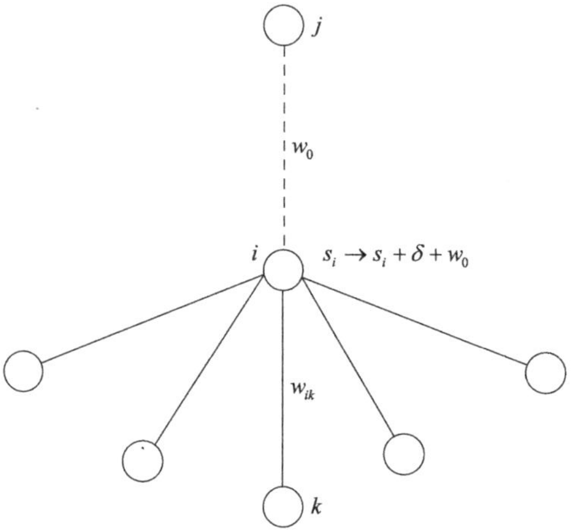

图 6-8　新加入节点引起边权动态调整示意图

其中，节点 i 与邻居节点 k（$k \in \Gamma_i$，$k \neq j$）之间的边权 w_{ik} 会进行如下变化：$w_{ik} \to w_{ik} + \Delta w_{ik}$（其中，$\Delta w_{ik} = \delta \times w_{ik} / s_i$）。

最终，经过 t 个时间间隔后，该 BBV 模型将生成一个具有 $N = N_0 + t$ 个节点、网络节点的度、点强度及边权均服从幂律分布的加权无标度组织网络。

下面，对模型中的部分参数取值进行固定。首先，根据 BBV 模型生成 $N_0 = 6$、$m = 3$、$w_0 = 3$、$\delta = 3$、$N = 1000$ 的组织网络；其次，为了触发组织网络的相继失效过程，假定选取比例为 20%的节点企业，将其状态设定为负载状态，其余节点企业均为正常节点；再次，假设研发项目的关键子任务总数 $M = 200$，于是每项任务平均参与执行的企业数量 $\bar{d} = \dfrac{N}{M} = 5$，其中，每项子任务的计划工期不妨假设服从 1～60 天的均匀整数分布，即 $t_i \sim U(1,60)$；最后，本书将借助 MATLAB 软件，运用数值仿真方法从传染延迟 T、控制参数 ζ、投入风险控制成本 μ 及不同攻击策略等几个方面揭示基于组织网络相继失效的研发项目工期风险传播机理。

1. 组织网络相继失效的基本规律

首先，假设控制参数 $\zeta = 0.4$，可调参数 $\alpha = 0.5$，$p = q = 2$，投入风险控制成本 $\mu = 0.6$。其次，通过 $H(t)$、$I(t)$ 和 $G(t)$ 随时间 t 的变化来揭示组织网络相继失

效的基本规律，具体如图 6-9、图 6-10 所示。

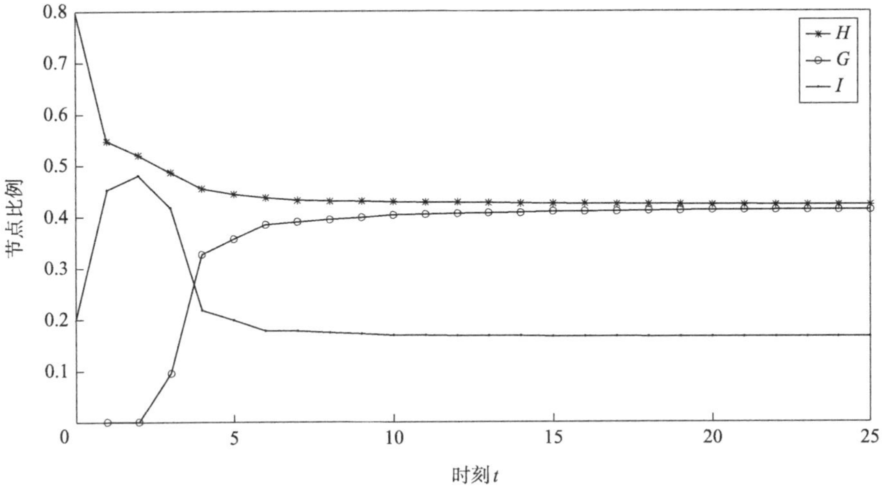

图 6-9　β=2 时组织网络的相继失效过程

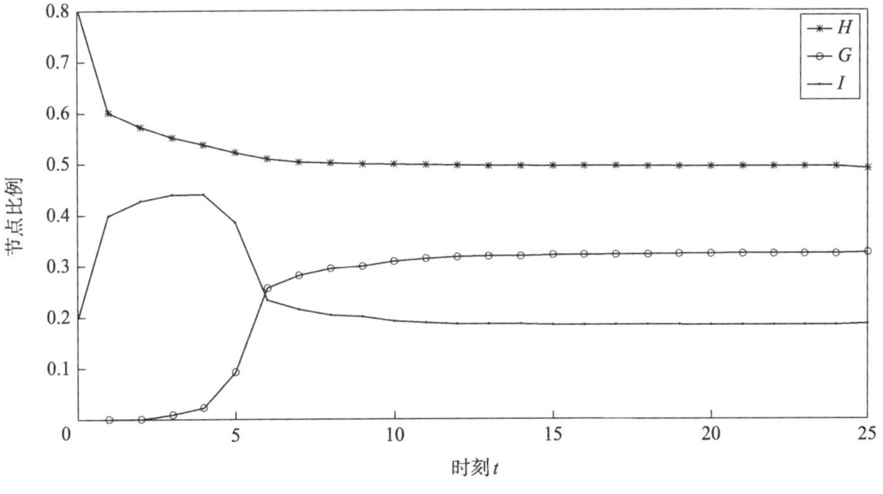

图 6-10　β=4 时组织网络的相继失效过程

从图 6-9 和图 6-10 可以看出，组织网络出现相继失效的初始阶段，处于负载状态的节点企业会快速感染周围的正常节点企业使其处于负载状态，从而造成负载企业的比例 $I(t)$ 快速上升和正常企业的比例 $H(t)$ 快速下降，而此时失效企业的比例 $G(t)$ 基本保持不变。接下来，随着级联失效过程的推进，即当负载企业的比例达到某一数值后，部分负载企业经过自我调整后其状态会发生转变。从图 6-9 和图 6-10 可以看出，发生状态转变的负载企业中绝大部分由负载状态转变为失效状态，即失效企业的比例 $G(t)$ 迅速上升，负载企业的比例 $I(t)$ 迅速下降，而此时正常企业的比例 $H(t)$ 基本保持不变。该数值仿真结果说明，如果没有人为主动地采取风险控制措施，尽管负载企业在传染延迟时间段内会以一定的恢复概率 Ω 恢复为正常企业，但发生状态转变的负载企业中会有很大比例的企业转变为失效状态企业。

此外，对比 $\beta=2$ 和 $\beta=4$ 不同情况可以看出，随着传染延迟时间 T 的增长，相继失效过程结束后最终正常企业的比例会增加，最终失效企业的比例会下降，最终负载企业的比例变化不明显。该仿真结果说明，随着传染延迟时间的增加，正常企业在被感染为负载状态之后会有较长的缓冲期进行自我调整来试图恢复正常，从而造成发生状态转变的负载企业中转变为正常企业的比例会增加，同时转变为失效企业的比例会下降。

2. 参数 ζ 和 μ 不同取值下组织网络相继失效对任务网络工期风险的影响

由上述模型可知，控制参数 ζ 指的是节点企业状态之间传染的难易程度，数值越大，表示节点企业之间越容易被传染；投入风险控制成本 μ 指的是组织网络成员企业的风险抵抗能力，数值越大，表示节点企业的风险抵抗能力越强。接下来，在上述设定的部分参数取值基础上，分别取 $\zeta=0.2$、$\zeta=0.4$、$\zeta=0.6$、$\zeta=0.8$，通过改变 μ 的值来揭示不同参数取值下组织网络相继失效对任务网络工期风险的影响，具体如图 6-11 所示。

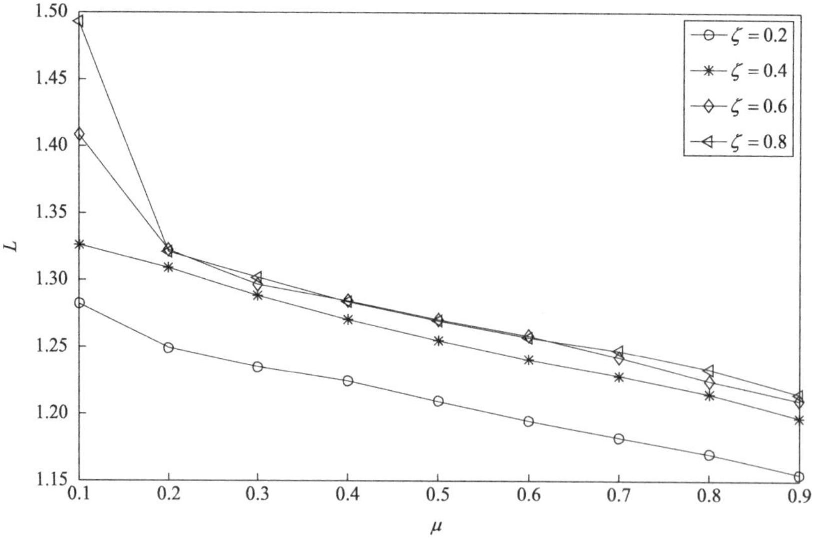

图 6-11　不同 ζ 取值下任务网络工期风险 L 与 μ 之间的关系

从图 6-11 可以看出，随着投入风险控制成本 μ 的增加，组织网络相继失效对任务网络工期风险的影响大小即 L 值逐渐下降。同时，对比不同 ζ 取值下任务网络工期风险的变化情况可以发现，随着参数 ζ 取值的增加，组织网络相继失效对任务网络工期风险的影响大小即 L 值逐渐增加，但这种增加的幅度随着参数 ζ 取值的增加而不断变小。

3. 不同攻击策略下组织网络相继失效对任务网络工期风险的影响

目前，复杂网络的攻击策略主要分为三种：度大攻击、度小攻击及随机攻击。其中，度大攻击指的是按照节点的度进行降序排列，优先选取节点度大的一些节点进行攻击并使其失效；度小攻击指的是按照节点的度进行升序排列，优先选取节点度小的一些节点进行攻击并使其失效；随机攻击指的是随机选取一些节点进行攻击并使其失效。三种不同策略会导致网络状态呈现出不同的变化。事实上，前面的数值仿真中都是假设采用的随机攻击策略，即随机选取比例为 20%的节点企业，将其状态设为负载状态。接下来，分别采用度小攻击策略、随机攻击策略及度大攻击策略来选取 20% 的节点企业并将其状态设为负载状态，以揭示不同攻击策略下组织网络相继失效对任务网络工期风险的影响机理，具体如图 6-12 所示。

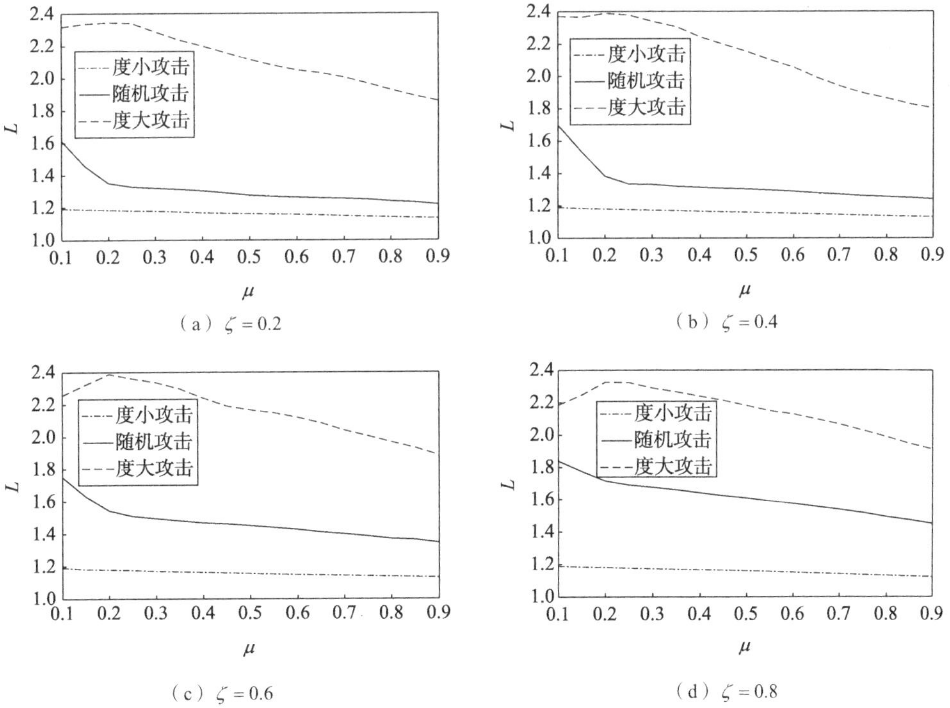

图 6-12　不同攻击策略下任务网络工期风险 L 与 μ 的关系

从图 6-12 可以看出，度大攻击策略对任务网络工期风险的影响最大，接下来依次是随机攻击策略和度小攻击策略。而且随着参数 ζ 取值的增大，随机攻击对任务网络工期风险的影响愈发明显，而度大攻击和度小攻击对任务网络工期风险的影响无显著变化。可见不同攻击策略下研发项目组织网络级联失效对任务网络工期风险具有不同的影响。仿真结果表明，组织网络级联失效对任务网络工期风险的影响程度在度大攻击策略下最显著。也就是说，如果针对组织网络中合作伙伴较多的中心企业进行攻击使其失效会对整个研发项目的工期产生较大的影响。因此，应该对组织网络中合作伙伴数量较多的中心企业（度大节点）加以重点监控，保持其风险状态处于受控范围内。

6.4.5 本节小结

借鉴 CA 模型，从元胞空间 C、元胞状态集合 Q、元胞邻域 V、元胞状态转变规则 F、传染概率、恢复概率、失效概率等方面提出了研发项目组织网络的相继失效模型，并在组织网络级联失效模型的基础上，从组织节点的失效程度及组织对任务的执行关系两方面提出了组织网络相继失效对任务网络工期风险的影响模型。在上述模型中，共提出了组织节点有三种状态即正常状态、负载状态、失效状态，同时提出了组织对任务的执行关系分为主要实施关系、协助实施关系及验收评估关系三种。接下来，借助 MATLAB 软件，运用数值仿真方法从控制参数 ζ、投入风险控制成本 μ 及不同攻击策略等方面，对组织网络相继失效对任务网络工期风险的影响机理进行分析，主要研究成果包括以下几点。

（1）在组织网络出现相继失效现象的初始阶段，处于负载状态的节点企业会快速感染周围的正常节点企业使其处于负载状态，从而导致负载企业的比例快速上升和正常企业的比例快速下降，而失效企业的比例基本保持不变。接下来，随着级联失效的进一步发展，部分负载企业经过自我调整后其状态会发生转变。其中，发生状态转变的负载企业中绝大部分由负载状态转变为失效企业，而正常企业的比例基本保持不变。该数值仿真结果说明，如果没有人为主动地采取风险控制措施，尽管负载企业会有一定的概率恢复为正常企业，但发生状态转变的负载企业中会有很大比例的企业转变为失效状态企业。

（2）随着传染延迟时间的增加，正常企业在被感染为负载状态之后会有较长的缓冲期进行自我调整来试图恢复正常，从而造成发生状态转变的负载企业中转变为正常企业的比例会增加，同时转变为失效企业的比例会下降。

（3）随着投入风险控制成本 μ 的增加，组织网络相继失效对任务网络工期风险的影响大小逐渐下降。而且随着参数 ζ 取值的增加，组织网络相继失效对任务网络工期风险的影响大小逐渐增加，但这种增加的幅度随着参数 ζ 取值的增加而不断变小。

（4）不同攻击策略下组织网络相继失效对任务网络工期风险具有不同的影响，具体是度大攻击策略对任务网络工期风险的影响最大，接下来依次是随机攻击策略和度小攻击策略。这说明如果针对组织网络中合作伙伴较多的中心企业进行攻击使其失效会对整个研发项目的工期产生较大的影响。因此，应该对研发项目中合作伙伴数量较多的中心企业（度大节点）加以重点监控，保持其风险状态处于受控范围内，从而避免发生大规模的工期延误事件。

第7章　关联研发网络的风险级联传播模型构建及仿真

7.1 引　言

在全球经济呈现网络化和一体化的今天，面对着市场需求的快速多变、产品研发周期的不断缩短、研发技术的复杂性及研发资源的有限性，单个研发企业仅靠自身实力已很难实现快速发展的需要。在此背景下，不同研发企业通过结成研发网络来合作研发新产品就成为企业快速获取竞争优势的有效途径[1]。研发网络作为成员企业为了实现共同研发新产品或新技术、获得互补研发资源、缩短研发周期及降低研发成本等战略目标，通过契约、合作协议或社会关系等正式或非正式关系而形成的技术创新网络，既可以突破时间和地域的限制，又可以规避高额的市场交易费用，从而极大地满足了快速获取互补研发资源、缩短研发周期、降低研发成本等的战略目标。

然而，随着研发网络规模的不断扩大及成员企业之间合作程度的日益加深，研发网络在运行过程中出现了新的风险问题：由于成员企业之间错综复杂的合作关系，研发网络上的各种潜在风险并不是孤立的，而是具有相互触发和影响的关系。具体就是当研发网络中的少数企业因受到内外不利因素的干扰而发生风险事件后，这些发生的风险事件就会借助企业之间形成的合作关系而触发周围企业上的潜在风险，从而形成研发网络上的风险传播现象，最终有可能给整个研发网络造成严重的后果。

除此之外，现实中许多研发网络之间还存在着相互关联的关系。一方面，对研发网络中的部分成员企业来说，由于自身发展壮大的需要，这些企业并不仅属于一个研发网络，而且在其他研发网络之中也承担着研发任务。例如，成都飞机工业（集团）有限责任公司既承担了空客 A380 前起落架舱门组件的研制任务，又承担了波音 787 方向舵的研制任务。另一方面，由于企业资源禀赋和专业分工的不同，研发网络中的某些成员企业往往需要其他研发网络的某些企业为其提供技术或产品方面的服务才能开展研发活动。例如，参与某一大型软件系统研发项目的某一企业需要处于其他研发网络的企业为其提供硬件或底层技术的支撑才能完成所承担的研发任务。正是不同研发网络之间存在的相互关联关系使其中一个研发网络上发生的风险传播现象会借助关联关系而扩散到与之相关联的其他网络，从而在关联研发网络上发生风险级联传播现象。风险传播的这种级联效应在一定程度上进一步增加了研发网络的脆弱性，从而成为影响研发网络健康发展的重要因素。鉴于此，为了预防相互关联研发网络上风险级联传播效应的发生，以及最大限度地减小风险级联传播对研发网络及其关联网络的影响，我们将针对关联研发网络上发生的风险级联传播现象及其发生机理展开研究。

近年来，随着网络技术的快速发展，风险在不同组织之间的传播问题正受到学者的关注。但总结发现，现有研究大多借鉴复杂网络中的病毒传播模型如SIS模型、SIR模型等来探讨各自领域的风险传播现象。但这些模型看似传播的是风险，实际上传播的是节点的健康或感染状态，忽视了风险本身可以被量化的本质。而相继故障理论中的负荷-容量模型则可以较好地解释研发网络上发生的风险传播现象。对现实的研发网络而言，每个成员企业在研发过程中都会面临不同风险事件的影响，当受到内外因素的干扰而不断累积的风险超过自身所能承受的最大范围时，风险事件便会通过节点间的合作关系而触发周围企业的潜在风险，从而导致周围企业因承受的风险超过自身所能承受的最大范围而不能正常运转即“失效”，这样风险便在研发网络内部进行了传播，这与网络上的相继故障现象具有高度的内在一致性。

此外，近年来，关联复杂网络理论的迅速发展尤其是针对相互关联网络相继故障现象的研究为研究关联研发网络上的风险级联传播问题提供了重要的理论依据。因此，我们借鉴关联网络理论、相继故障理论及风险管理理论，拟提出关联研发网络上的风险级联传播模型，从而揭示相互关联研发网络上发生的风险级联传播规律及其对关联网络脆弱性的影响。

7.2　关联网络上的相继故障研究综述

自1998年Watts和Strogatz首次提出WS小世界网络模型和1999年Barabási和Albert首次提出BA无标度网络模型以来，关于复杂网络的研究层出不穷，产生了许多有价值的研究成果和结论。然而，很多研究都集中在对某个独立网络进行探讨，而对不同网络之间的交互作用则较少关注。事实上，现实中的许多网络之间存在各种相互关联关系，如供电网络和供水网络、供电网络和计算机网络及供电网络、计算机网络和交通网络等。一个网络部分节点功能的失效极有可能导致其他网络节点的失效，从而在相互关联网络上发生相继故障（或称级联失效）现象[171]。关于相互关联网络上发生相继故障的一个著名实例就是 2003 年 8 月 14 日发生在美国东部的一次停电事故，这次停电除了最终造成美国八个州和加拿大一个省出现大面积停电之外，还导致了北美供水网络系统和其他关键基础设施网络系统的瘫痪，经济损失高达数百亿美元[20]。

此后，关于相互关联网络上发生的相继故障现象得到了许多学者的关注。Rinaldi 等早在 2001 年通过分析 1998 年美国银河 4 号通信卫星失效和加利福尼亚州电力网络系统中断之间的级联效应，提出了一个识别供电网、供水网、交通网、天然气网、通信网等主要基础设施网络系统之间关联类型的研究框架，该研究框架将网络之间的相互关联类型分为物理关联（physical interdependency）、网络关联（cyber interdependency）、地理关联（geographic interdependency）和逻辑关联（logical interdependency）[172]。

在此基础上，Buldyrev 等提出了一个研究框架来定量研究相互关联网络上发生的相继故障现象，他们以相互关联的供电网络和因特网网络为例，通过建立数学模型再现了 2003 年 9 月发生在意大利的一次停电事故如何蔓延至整个供电网络并进而导致因特网网络出现瘫痪。研究发现，随机攻击一个网络中的少数节点（即将该节点移除网络）可以导致所有关联网络的彻底崩溃，但是对于单个独立的网络而言，则需要随机攻击相当数量的节点才能导致该网络的彻底崩溃[173]；Huang 等进一步分析了相互关联网络面对蓄意攻击（优先选择节点度大的节点进行攻击和优先选择节点度小的节点进行攻击）而出现的相继故障现象，研究发现相互关联网络很难通过保护度大节点的策略来显著提高自身面对相继故障的鲁棒性，而这种保护策略在提高单一网络面对相继故障的鲁棒性方面则效果显著[174]。

实际上，Buldyrev 和 Huang 等假定两个网络是通过一对一的双向节点关系（即假设网络 A 中的每个节点与网络 B 中的每个节点是一一对应关系）而建立起相互关联关系，但这种假设与现实网络往往并不相符。鉴于此，Parshani 等探讨了部分相互关联网络（即假设网络 A 中的部分节点依赖网络 B 中的部分节点，同时网络 B 中的部分节点依赖网络 A 中的部分节点）上的相继故障现象，研究发现减小网络之间的关联度可以提高整个网络面对相继故障的鲁棒性[175]。

在此基础上，Wang 等考虑了网络节点具有动态负荷这一特性，通过建立节点负荷的分配机制提出了相互关联网络上的相继故障模型，并通过数值仿真方法研究了关联网络面对不同节点失效所呈现出的不同鲁棒性，进而提出了如何分配节点之间的负荷来提高关联网络面对相继故障的鲁棒性[176]；Zhang 等以相互关联的交通网络为例，通过引入网络流概念研究了关联交通网络上发生的相继故障现象，研究发现关联网络面对相继故障的鲁棒性明显弱于单一网络面对相继故障的鲁棒性[177]；Dueñas-Osorio 等以位于美国田纳西州谢尔比县密西西比河沿岸的供电网络和供水网络为例，研究了这两种关联网络之间的相继故障现象，通过对比分析攻击供电网络中的不同节点即变电站对整个关联网络造成的不同影响，对不同节点在网络中的重要性程度进行了识别和排序[178]；Wang 等以相互关联的供电网络和天然气网络为例，研究了关联网络面对攻击关联边策略时发生的相继故障现象，研究发现攻击网络之间的关联边可以显著增加整个网络的脆弱性，从而提出了应该优先保护那些关联边来减小关联网络发生相继故障的范围[179]。

国内学者张超等以供电和供水系统为例，依据节点间的功能传输关系构建了关联失效动力学模型，进而对关联作用条件下节点失效的动力学演化过程进行了仿真，研究发现少量节点的物理失效（节点受到物理损坏不能正常运行）极易引起大量节点的功能失效（功能输入缺失引起的功能无法正常输出）[180]；王淑良和陈学广以华中地区某城市的供电网和天然气网络为例，分析了该关联基础设施网络上发生的级联故障及其对脆弱性的影响，研究发现扰动（即攻击网络策略）对关联网络的影响远远大于对独立网络的影响，关联网络面对蓄意攻击非常脆弱而面对随机攻击具有相对较好的故障容忍性[181]。

通过对上述关联网络的相继故障相关研究进行总结，发现目前的研究尚处于发展阶段，且大多仍集中在电力、供水、交通、通信、天然气等关联基础设施网络之间发生的相继故障现象。学者 Gao 等提出关联网络上的相继故障现象除了在关联基础设施网络系统及人体各个生理系统如神经系统与心血管系统比较常见之外，在社会经济系统如银行系统、股市、产业集群网络等同样存在[182]。但实际上，这方面的研究相对较少。

可以预见，不同社会经济系统之间发生的相继故障将成为以后研究的热点和趋势。基于此，我们将关联网络上相继故障的研究成果应用到研发网络上风险级联传播的研究中，试图揭示相互关联的研发网络上发生的风险级联传播现象及其规律，为现实中如何提高关联研发网络面对风险级联传播的鲁棒性从而保持自身健康、持续发展提供一定的理论依据。

7.3　关联研发网络的形成模型

7.3.1　单个研发网络的形成模型

首先，假设研发网络是由众多研发企业所组成的复杂网络，其中节点代表网络中的成员企业，两点间的连线代表两个企业之间具有的合作关系。鉴于现实中企业之间的合作关系往往是相互的，在此用无向图 $G(V, E)$ 来表示研发网络，其中 $V=\{1, 2, \cdots, N\}$ 代表所有节点的集合，$E=\{e_{ij} \mid i, j \in V\} \subseteq V \times V$ 代表所有边的集合。同时，将 $A=[a_{ij}]_{N \times N}$ 作为研发网络的邻接矩阵，其中元素 $a_{ij}=1$ 表示节点企业 i 与节点企业 j 存在合作关系，$a_{ij}=0$ 则表示两者尚未建立合作关系。

网络拓扑结构对自身的功能具有重要作用。因此，考察研发网络的拓扑结构对正确揭示发生在其上的风险传播规律具有重要意义。目前，学者 Hanaki 等[64]、Broekel 和 Hartog[65]、Cloodt 等[70]、Roediger 和 Barber[68]、Protogerou 等[69]、Barber 等[71]分别对研发网络拓扑结构进行了深入研究，认为研发网络具有无标度网络的增长性和择优连接性两大主要特征。其中，增长性主要体现为研发网络在运行过程中，在位企业会不断寻求与网络外企业的合作，同时网络外企业也会积极寻求与在位企业合作以加入到研发网络中，从而最终使得研发网络的规模效应不断形成。择优连接性则体现为试图加入研发网络的新企业在选择合作伙伴时往往具有一定的偏好性。具体就是某个在位企业的规模越大、拥有的资源越丰富，就会吸引越来越多的新企业与之建立合作关系，并最终越有可能成为网络的中心节点，而那些起初拥有合作关系数量较少的企业则最终可能成为外围节点。

此外，部分学者 Newman[52]、Autant-Bernard 等[73]、Barber 等[71]、Hanaki 等[64]也相继提出研发网络具有小世界网络特征。具体就是，受沟通成本和沟通效率的影响，研发企业在选择合作伙伴过程中倾向于同距离自己较近的研发企业建立合作关系。鉴于研发网络同时具有无标度网络和小世界网络的特征，本书提出研发网络的生成算法，具体包括以下两点。

（1）初始。假设研发网络是从一个具有 m_0 个节点企业的研发联盟开始，同时假定这 m_0 个节点企业的地理坐标依次为：$<x_1, y_1>$，$<x_2, y_2>$，$\cdots$，$<x_{m_0}, y_{m_0}>$。其中，$x_i \in [0,1]$ 且随机取值，$y_i \in [0,1]$ 且随机取值。

（2）增长。每隔相同时间加入一个新的节点企业 i（地理坐标为 $<x_i, y_i>$，其中，$x_i \in [0,1]$ 且随机取值，$y_i \in [0,1]$ 且随机取值），并且与在位节点企业相连接产生 m（$m \leqslant m_0$）条边。基于研发网络具有无标度网络和小世界网络的特征，于是新加入的节点企业 i 与网络在位节点企业 j 相连接的概率 Π_{ij} 为

$$\Pi_{ij}=\frac{d_j^{\lambda} / D_{ij}^{\mu}}{\sum_k \left(d_k^{\lambda} / D_{ik}^{\mu}\right)} \tag{7-1}$$

式中，d_j——节点 j 的度，即与该节点存在直接连接关系的邻居节点数量；

D_{ij}——节点 i 与节点 j 之间的物理距离即欧氏距离，其中 $D_{ij}=\sqrt{(x_i-x_j)^2+(y_i-y_j)^2}$；

λ 和 μ——$\lambda \geqslant 0$，$\mu \geqslant 0$，称为可调参数，分别控制着择优连接性和物理距离邻近性的偏好比例，很显然，λ 取值越大，新加入节点企业 i 越倾向于同度大的在位企业相连接；μ 取值越小，新加入节点企业 i 越倾向于与自己物理距离越近的在位企业相连接。简化起见，不妨假设择优连接性和物理距离邻近性对新加入企业选择合作伙伴的影响程度相同，即 $\lambda=\mu$。

最终，经过 t 个时间间隔，将生成一个具有 $N = m_0 + t$ 个节点企业、平均度 $\langle d \rangle \approx 2m$ 且同时具有无标度网络和小世界网络特征的研发网络。

7.3.2　关联研发网络间的关联关系识别

目前，不少学者对关联网络之间具有的关联关系类型进行了分析与识别。其中，学者 Rinaldi 等提出了一个针对供电网、供水网、交通网、天然气网、通信网等主要基础设施网络之间关联关系类型的识别框架，该框架将网络之间具有的关联关系类型分为物理关联（即一个网络的输出是另一个网络的输入）、网络关联（即一个网络的状态依赖于另一个关联信息网络上传输的信息或信号）、地理关联（即两个或多个关联网络会同时受到某一个事件如洪水、地震、爆炸的影响）和逻辑关联（如 2000 年底美国加利福尼亚州发生的供电网络危机通过逻辑关联关系影响了金融网络的正常运行）[172]。学者 Lee 等提出了不同网络具有的五种关联关系类型：输入关联（一个网络需要另一个网络提供服务才能正常运行）、相互关联（网络 A 的输出是另一个网络 B 的输入，同时网络 B 的输出也是网络 A 的输入）、共享关联（两个网络共享一部分要素）、同位关联（与地理关联相同）、专属关联（专属于某些特殊关联网络之间才有的关联关系）[183]。

对研发网络而言，我们认为关联研发网络之间至少存在着这样两种关联关系：共享关联关系和输入关联关系。其中，共享关联关系指研发企业由于自身发展的需要并只属于某一个研发网络，往往同时在其他研发网络中也承担着研发任务。例如，英特尔公司既承担了苹果手机研发网络中处理器芯片的研发任务，同时又在 IBM 笔记本电脑研发网络中承担了相应的研发任务。输入关联关系指一个研发网络中的某些成员企业需要另一个研发网络中的某些成员企业为其提供技术、资金、知识、工艺等资源才能进行研发活动。例如，围绕苹果手机而组建的研发网络中，英特尔公司和超威半导体公司会为 C919 大型客机研发网络中负责航电系统研发任务的中国航空电子系统股份有限公司提供数据处理等方面的技术服务等。

简化起见，在此只考虑两个研发网络，分别用 $G^A(V^A,E^A)$ 和 $G^B(V^B,E^B)$ 表示。同时假定，这两个研发网络之间存在输入关联关系和共享关联关系，用 $V_1^A(V_1^B)$ 表

示研发网络 $G^A(G^B)$ 中为研发网络 $G^B(G^A)$ 中的某些企业提供技术、资金、知识、工艺等资源的企业集合，用 V_2 表示在研发网络 G^A 和 G^B 中均承担研发任务的企业集合。而且，假定这两类关联关系均为节点企业与节点企业之间的一对一关系。因此，本书用关联矩阵 $I_{A\rightleftarrows B}=[I_{ij}]_{N^A\times N^B}$ 来构建两个研发网络之间具有的关联关系，具体形式如下：

$$I_{A\rightleftarrows B}:I_{ij}=\begin{cases}1, & \text{如果节点企业}i(i\in V_1^A)\text{为节点企业}j(j\in V^B)\text{提供研发资源}\\-1, & \text{如果节点企业}i(i\in V^A)\text{需要节点企业}j(j\in V_1^B)\text{为其提供研发资源}\\2, & \text{如果节点企业}i(i\in V^A)\text{和节点企业}j(j\in V^B)\text{为同一企业}\\0, & \text{其他}\end{cases} \tag{7-2}$$

然后，提出用指标 r 来定量描述两个关联研发网络之间具有的关联强度，具体公式如下：

$$r_{AB}=\sum_{j=1}^{N^B}\sum_{i=1}^{N^A}|I_{ij}|\Big/(N^A+N^B)=(|V_1^A|+|V_1^B|+2|V_2|)\Big/(N^A+N^B) \tag{7-3}$$

式中，r_{AB}——研发网络 G^A 与研发网络 G^B 之间的关联强度；

I_{ij}——研发网络 G^A 的节点企业 i 与研发网络 G^B 的节点企业 j 之间存在的关联关系；

N^A——研发网络 G^A 中的节点企业总数；

N^B——研发网络 G^B 中的节点企业总数；

$|V_1^A|$——集合 V_1^A 中的节点企业数量，其中，V_1^A 指的是研发网络 G^A 中为研发网络 G^B 中的某些企业提供资源的企业集合；

$|V_1^B|$——集合 V_1^B 中的节点企业数量，其中，V_1^B 指的是研发网络 G^B 中为研发网络 G^A 中的某些企业提供资源的企业集合；

$|V_2|$——集合 V_2 中的节点企业数量，其中，V_2 指的是在研发网络 G^A 和 G^B 中均承担研发任务的企业集合。

7.4 关联研发网络的风险级联传播模型

目前，关于风险传播的研究较多借鉴复杂网络传染病传播模型如 SIS 模型、SIR 模型等，描述的是节点受到风险影响后状态（健康或感染）变化的一种连锁反应，却忽略了风险可以在节点上累积直到超过该节点可承受能力的可量化的本质。鉴于此，我们将风险发生后对研发网络成员企业造成的损失大小视为该企业所承担的风险负荷，将成员企业所拥有的最大抗风险能力视为该企业的风险容量。当某成员企业累积的风险负荷超过了自身的风险容量时，该企业将不能正常运营而失效。接下来，该失效企业上发生的风险便会借助企业之间的合作关系而触发合作企业上的潜在风险，进而导致合作企业因风险负荷超载而出现级联失效现象。

而且，由于关联研发网络之间具有的关联关系，单个研发网络内失效企业上发生的风险也可以通过关联企业之间具有的关联关系而触发另一个研发网络上的风险传播过程，从而就形成了关联研发网络之间的风险级联传播现象。下面将从单个研发网络的风险传播过程和关联研发网络之间的风险级联传播过程两个方面来提出关联研发网络的风险级联传播模型。

7.4.1　单个研发网络的风险传播模型

在建立风险传播模型之前，结合研发网络及风险的特点做出如下假设：①研发网络成员企业只有两种状态，即正常状态和失效状态。当企业的风险负荷小于风险容量时，该企业处于正常状态，不会向其他企业传播风险，但会接受风险。当企业的风险负荷超过风险容量时，该企业处于失效状态，将向合作企业传播风险但不接受风险。②失效企业向合作企业传播风险后，将立即退出研发网络。③风险传播只在具有直接合作关系的企业之间进行。接下来，将从研发网络节点企业的风险负荷定义、节点企业的风险容量确定、节点企业之间的风险局域触发规则建立三个方面来提出单个研发网络内的风险传播模型。

1. 节点企业的风险负荷定义

研发网络中所有企业在运营过程中都不可避免地面临不同的潜在风险，主要包括政治风险 R_1、经济风险 R_2、市场风险 R_3 等外部风险，以及资金风险 R_4、技术风险 R_5、道德风险 R_6、工期风险 R_7 等内部风险。而且不同类型的潜在风险发生后，会对研发企业造成不同程度的损失。因此，我们将 t 时刻节点企业 i（i=1, 2, …, N）上的风险负荷 $L_i(t)$ 定义为 t 时刻该企业 i 上发生的所有风险造成的损失总和，公式如下：

$$L_i(t) = \sum\nolimits_{j=1}^{7} w_j \times \eta_j^i(t) \tag{7-4}$$

式中，w_j ——风险 R_j 发生后造成的损失大小；

$\eta_j^i(t)$ —— t 时刻节点企业 i 上风险 R_j 的发生状态，$\eta_j^i(t)=1$ 表示企业 i 上的风险 R_j 已经发生，$\eta_j^i(t)=0$ 则表示尚未发生。

本书假设 $t=0$ 时，研发网络处于正常运行状态，所有成员企业的风险负荷 $L_i(0)=0$。

2. 节点企业的风险容量确定

对研发网络来说，不同企业在网络中的地位及角色不同，所拥有的风险容量也就各不相同。于是，假设节点企业处理风险负荷的最大能力即风险容量与该节点的度及所有邻居节点企业的度有关，即某节点企业的度及邻居节点企业的度越大，该节点企业拥有的风险容量就越高。此外，研发企业的风险容量还与整体研发网络普遍面临的平均风险大小有关。例如，C919 大型客机研发网络所要研发的产品是我国首次自主研制的干线民用客机，无现成经验和技术可借鉴，这就决定了该网络的所有成员企业比其他研发网络的所有成员企业所面临的平均风险要大，因而所拥有的风险容量也就高一些。因此，提出节点企业 i 的风险容量 C_i 的计算公式，具体如下：

$$C_i=\beta\frac{(d_i\sum_{j\in\Gamma_i}d_j)^{\alpha}}{\max\{(d_k\sum_{l\in\Gamma_k}d_l)^{\alpha}\mid k=1,2,\cdots,N\}}\bar{V} \tag{7-5}$$

式中，d_i——节点企业 i 的度；

β——研发网络的抗风险能力容许参数，表示节点企业为了抵抗风险而投入资源的程度，其值越大，意味着研发网络每个节点企业投入的抗风险资源越多，风险容量就越大；

α——可调参数，$0\leqslant\alpha\leqslant1$，表示研发网络成员企业风险容量分布的平均程度，其值越小，研发网络成员企业风险容量的分布越均匀，否则差异度越大；

Γ_i——节点企业 i 的邻居节点企业集合，即 $\Gamma_i=\{j\mid a_{ij}=1\}$；

$\bar{V}$——整体研发网络面临的平均风险大小，即 $\bar{V}=\sum_{i=1}^{7}w_ip_i$，其中，$p_i$（$0\leqslant p_i\leqslant1$）表示风险 R_i 的发生概率。

3. 节点企业之间的风险局域触发规则建立

当 t 时刻节点企业 i 出现 $L_i(t)>C_i$ 时，该节点企业 i 将处于失效状态并向直接合作企业传播风险。在此，用 $\tau_i(t)=1$ 表示 t 时刻节点企业 i 处于失效状态，而 $\tau_i(t)=0$ 则表示 t 时刻节点企业 i 处于正常状态。当然，失效企业发生的风险并不一定可以触发合作企业的潜在风险，而是存在一定的触发概率。因此，提出不同风险之间的触发概率矩阵 $H=[h_{ij}]_{7\times7}$，其中 $h_{ij}=P(R_j\mid R_i)$ 表示风险 R_i 已发生的条件下触发潜在风险 R_j 的概率。据此，提出 t+1 时刻节点企业 j 上 $L_j(t+1)$ 的计算公式，具体如下：

$$L_j(t+1)=L_j(t)+\sum_{R_k\in\Psi_j(t)}\left[w_k\mathrm{OR}\left\{\varphi_{lk}^{ij}(t+1)\mid i\in\Gamma_j'(t),R_l\in\Phi_i(t)\right\}\right] \quad (7\text{-}6)$$

式中，$\Psi_j(t)$——t 时刻节点企业 j 上潜在风险的集合，即 $\Psi_j(t)=\left\{R_k\mid\eta_k^j(t)=0\right\}$；

$\Gamma_j'(t)$——t 时刻节点企业 j 的邻居失效企业集合，即 $\Gamma_j'(t)=\left\{i\mid\tau_i(t)=1\text{且}\ a_{ij}=1\right\}$；

$\Phi_i(t)$——t 时刻邻居失效企业 i（$i\in\Gamma_j'(t)$）上已发风险的集合，即 $\Phi_i(t)=\left\{R_l\mid\eta_l^i(t)=1\right\}$；

$\varphi_{lk}^{ij}(t+1)$——t+1 时刻邻居失效企业 i 上已发风险 R_l 触发节点企业 j 上潜在风险 R_k 的状态，$\varphi_{lk}^{ij}(t+1)$=1 表示 t+1 时刻节点企业 j 上的潜在风险 R_k 被邻居失效企业 i 上的已发风险 R_l 触发，$\varphi_{lk}^{ij}(t+1)$=0 则表示尚未触发；

OR——或运算符，即参加运算的集合元素中只要有一个为 1，其结果就为 1，否则就为 0，换句话说，只要有一个邻居失效企业上的已发风险将节点企业 j 上的潜在风险触发，该潜在风险就被触发。

7.4.2　关联研发网络的风险级联传播过程

首先，风险除了在单个研发网络内进行传播之外，还可以借助关联研发网络之间的关联关系而扩散至另一个研发网络中，从而出现关联研发网络的风险级联传播现象。因此，假设具有输入关联关系的两个研发企业中，除了某企业因失效而可能引发所在研发网络的风险传播现象之外，需要该失效企业提供技术、资金、知识或工艺等资源才能正常运营的关联企业上的潜在风险将会被触发而立即失效。其次，失效的关联企业上被触发的风险便会借助企业之间的合作关系而触发其合作企业上的潜在风险，进而可能导致合作企业因风险负荷超载而失效，这就在另一个研发网络上引发了风险传播现象。下面，以图 7-1 来具体描述关联研发网络间的风险级联传播过程。

在图 7-1 中，研发网络 G^A 由研发企业 A_1、A_2、A_3、A_4、A_5、A_6 组成，研发网络 G^B 由研发企业 B_1、B_2、B_3、B_4、B_5、B_6 组成。其中，实线表示研发网络 G^A（G^B）内企业之间的合作关系，虚线表示研发网络之间的关联关系，白色节点表示处于正常状态的企业，黑色节点表示风险负荷超过自身风险容量而失效的企业。关联研发网络 G^A 和 G^B 之间的风险级联传播过程可以通过下面四个阶段来具体描述。

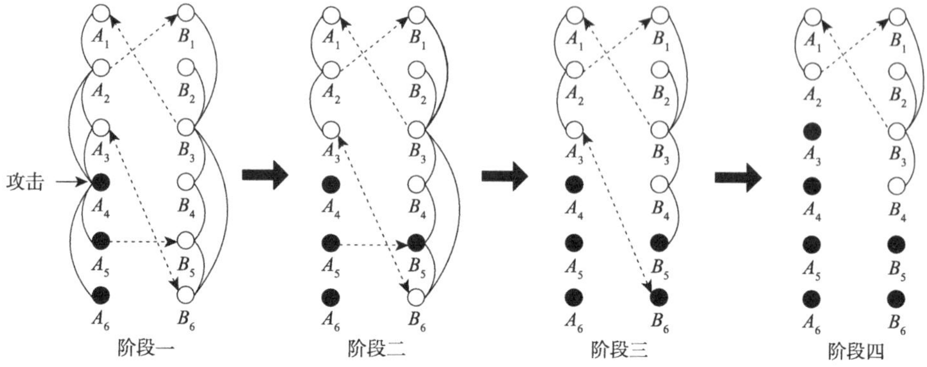

图 7-1　关联研发网络间的风险级联传播过程示意图

阶段一：假设 t 时刻，研发网络 G^A 上的节点企业 A_4 受到外部或内部的攻击如政策调控、股市波动、资金链断裂或关键人员离职、技术攻关失败等因素导致该企业累积的风险负荷超过了自身的风险容量，于是该企业 A_4 处于失效状态。在研发网络 G^A 中，企业 A_4 上发生的风险将借助企业之间的合作关系而触发合作企业 A_2、A_3、A_5、A_6 上的潜在风险。由于不同企业拥有的风险容量各不相同，不妨假设企业 A_5 和 A_6 上被触发的风险负荷超过了各自的风险容量而失效，即 $L_{A_5}(t)+\Delta L_{A_4A_5} > C_{A_5}$ 和 $L_{A_6}(t)+\Delta L_{A_4A_6} > C_{A_6}$，企业 A_2 和 A_3 由于被触发的风险负荷小于等于各自的风险容量仍然处于正常状态，即 $L_{A_2}(t)+\Delta L_{A_4A_2} \leqslant C_{A_2}$ 和 $L_{A_3}(t)+\Delta L_{A_4A_3} \leqslant C_{A_3}$，其中 $\Delta L_{A_4A_i}$ 表示失效企业 A_4 上的已发风险导致企业 A_i（i=2, 3, 5, 6）增加的风险负荷。于是在 t 时刻结束后，企业 A_4、A_5 和 A_6 将从研发网络 G^A 退出。

阶段二：研发企业 A_5 和 B_5 之间具有输入关联关系，即企业 B_5 需要企业 A_5 为其提供技术、资金、知识、工艺等资源才能进行网络 G^B 的研发活动。因此，假设由于缺少来自企业 A_5 提供的资金、技术和原材料支持，研发企业 B_5 上的财务风险 R_4、技术风险 R_5 和工期风险 R_7 被触发，从而累积的风险负荷超过自身的风险容量而处于失效状态，即 $L_{B_5}(t)+\Delta L_{A_5B_5} > C_{B_5}$，其中 $\Delta L_{A_5B_5}$ 表示由于企业 A_5 和 B_5 之间的输入关联关系，企业 B_5 增加的风险负荷。

阶段三：在 t+1 时刻，研发网络 G^B 中失效企业 B_5 上的已发风险会借助企业之间的合作关系而触发合作企业 B_4 和 B_6 上的潜在风险。同样，不妨假设企业 B_6 上被触发的风险负荷超过了自身的风险容量而失效，即 $L_{B_6}(t+1)+\Delta L_{B_5B_6} > C_{B_6}$，而企业 B_4 由于拥有足够高的风险容量而仍然处于正常状态，即 $L_{B_4}(t+1)+\Delta L_{B_5B_4} \leqslant C_{B_4}$。于是在 t+1 时刻结束后，企业 B_5 和 B_6 将从研发网络 G^B 退出。

阶段四：根据研发企业 B_6 和 A_3 之间具有的共享关联关系即企业 A_3 和 B_6 同为一个企业，我们假设研发企业 A_3 立即处于失效状态。在这里，我们假设研发企业 A_2

具有足够高的风险容量而不会出现风险负荷超载，即研发企业 A_3 的失效不会触发研发网络 G^A 的风险传播现象。关联研发网络 G^A 和 G^B 之间的风险级联传播过程最终造成了企业 A_3、A_4、A_5、A_6、B_5、B_6 的失效。否则，将继续重复着后面的过程，直到关联研发网络中不再产生新的失效企业，此时也就意味着风险级联传播过程的结束。

最后，为了衡量风险级联传播结束后对两个关联研发网络造成的影响，在此提出用指标 I^* 来表示风险级联传播结束后失效企业总数占所有成员企业总数的比例，公式如下：

$$I^* = \lim_{t\to\infty} I(t) = \lim_{t\to\infty} \sum_{i\in V^A \cup V^B} \frac{\tau_i(t)}{N^A + N^B} \tag{7-7}$$

式中，$I(t)$ —— t 时刻结束时失效企业总数 $\sum_{i\in V^A \cup V^B} \tau_i(t)$ 占所有成员企业总数 $N^A + N^B$ 的比例，显然 $I(0) = 0$。

当整个关联研发网络失效企业的数量保持不变时，也就意味着风险级联传播过程的结束。显然，如果 $I^* \to 0$，意味着只有极少数研发企业因失效而退出网络，整个关联研发网络处于有序运行状态；如果 $I^* \to 1$，意味着绝大部分研发企业因失效而退出网络，整个关联研发网络处于瘫痪状态。

7.5　数值仿真及结果分析

在揭示关联研发网络的风险级联传播机理之前，先对模型中的部分参数取值进行固定，具体包括以下主要内容。

（1）考虑到现实研发网络的规模一般不超过 100 个成员企业，在此假设两个关联研发网络拥有相同的规模即 N^A=N^B=100。同时，简化起见，假定两个关联研发网络的初始网络规模相同即 $m_0^A = m_0^B$ =5，拥有相同的平均度即 $m^A = m^B$ =3，于是两个关联网络的平均度 $\langle d^A \rangle = \langle d^B \rangle \approx 2m^A$ =6。例如，2002 年华为研发网络的初始网络规模是 6 个成员企业，到 2013 年网络规模增加至 61 个成员企业[184]。1997 年，诺基亚研发网络的初始网络规模是 11 个成员企业，到 2002 年网络规模增加至 46 个成员企业[1]。

（2）考虑研发网络同时具有无标度网络和小世界网络的特征，假设择优连接性和物理距离邻近性对新加入企业选择合作伙伴具有相同的影响力，于是不妨假设 λ^A=λ^B=1，μ^A=μ^B=1。

（3）假设两个研发网络分别具有相同数量的输入关联关系及共享关联关系；假设不同风险具有不同的发生概率和损失大小，对该研发网络设定 $p_1 = 50\%$，$w_1 = 3$；$p_2 = 30\%$，$w_2 = 3$；$p_3 = 10\%$，$w_3 = 4$；$p_4 = 70\%$，$w_4 = 2$；$p_5 = 90\%$，

$w_5=1$； $p_6=30\%$， $w_6=2$； $p_7=50\%$， $w_7=2$。于是，$\bar{V}=\sum_{i=1}^{7} w_i p_i=6.7$。

（4）简化起见，假设任意两个不同风险之间具有相同的触发概率，即 $h_{ij}=25\%$（$\forall i=1,2,\cdots,7$；$\forall j=1,2,\cdots,7$）。

（5）为了引发关联研发网络上的风险级联传播过程，不妨假设攻击研发网络 G^A 上的 N_a 个成员企业并使其失效。失效后的这些企业将可能触发所在网络的风险传播现象，并可能扩散至另一个研发网络，从而引发关联研发网络上的风险级联传播现象。

接下来，将借助 MATLAB 软件，运用数值仿真方法从抗风险能力容许参数 β 和可调参数 α、关联强度 S 及不同攻击策略这几个方面，揭示关联研发网络上的风险级联传播过程及其规律。

7.5.1　抗风险能力容许参数 β 对风险级联传播的影响

根据式（7-5）可以得出，研发网络节点企业的风险容量与抗风险能力容许参数 β 的取值呈正相关关系。当 β 的取值足够大时，所有节点企业均拥有足够的抗风险能力来处理合作企业所触发的额外风险负荷，从而保证风险不会在单个研发网络内部和关联研发网络之间进行传播。于是，我们提出用关键抗风险阈值 β^* 来表征关联研发网络面对风险级联传播的脆弱性大小。具体来说，当 $\beta \geqslant \beta^*$ 时，关联研发网络中的大多数企业拥有足够的抗风险能力来保证其正常参与研发活动，风险级联传播不会在关联网络中发生；而当 $\beta < \beta^*$ 时，一些节点企业就会因增加后的风险负荷超过自身的风险容量而失效，此时意味着风险在单个研发网络内进行传播，并进一步扩散至另一个研发网络，从而导致整个关联研发网络发生崩溃。接下来，将运用数值仿真分析指标 I^* 与参数 β 之间的关系来揭示抗风险能力容许参数 β 对关联研发网络风险级联传播的影响，结果如图 7-2 所示。

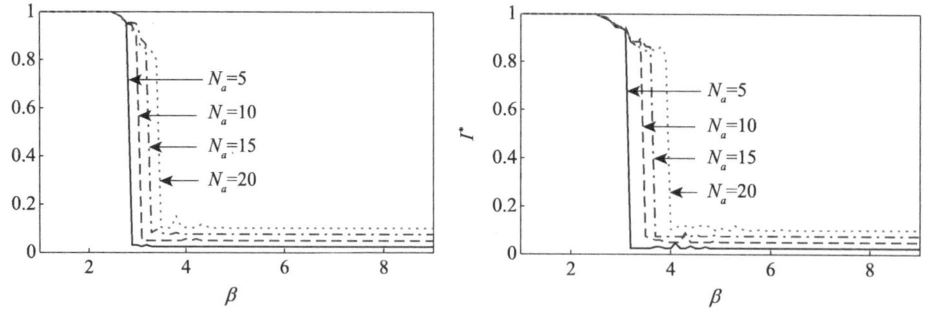

（a）$\alpha=0.15$　　（b）$\alpha=0.20$

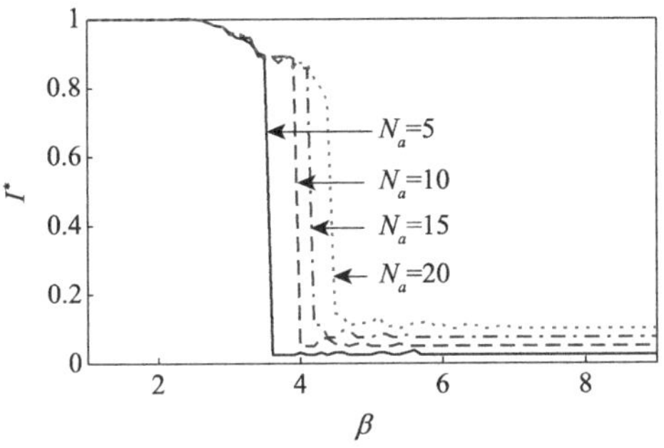

（c）$\alpha = 0.25$

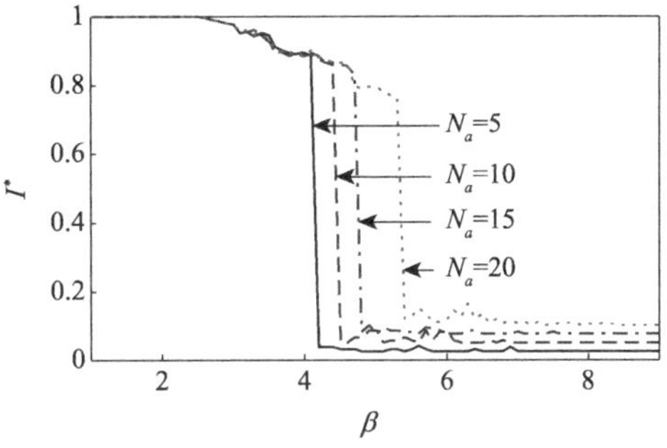

（d）$\alpha = 0.30$

图 7-2　随机攻击下指标 I^* 与参数 β 之间的关系（ $r = 10\%$ ）

从图 7-2 可以看出，当参数 $\alpha = 0.15$ 、$\alpha = 0.20$ 、$\alpha = 0.25$ 、$\alpha = 0.30$ 时，指标 I^* 刚开始随着参数 β 取值的增加而缓慢下降，而当 β 取值超过一定的阈值时，该指标 I^* 便迅速下降。比如，当参数 α =0.15 时，指标 I^* 起初随着参数 β 取值的增加缓慢下降，而参数 β 的取值超过 2.9（此时对应的是随机攻击研发网络 G^A 上 N_a =5 个节点企业）、3.1（此时对应的是随机攻击研发网络 G^A 上 10 个节点企业）、3.3（此时对应的是随机攻击研发网络 G^A 上 15 个节点企业）、3.5（此时对应的是随机攻击研发网络 G^A 上 20 个节点企业）时，指标 I^* 便迅速下降。当参数 $\alpha = 0.20$ 、$\alpha = 0.25$ 、$\alpha = 0.30$ 时，同样出现上述阈值现象。实际上，上述出现的 2.9、3.1、3.3、3.5 这四个阈值，就是我们上面所提出的关键抗风险阈值 β^* 。该仿真结果再一次验证了关键抗风险阈值的存在。该结果说明了当抗风险能力容许参数 β 的取值大于等于对应的关键抗风险阈值 β^* 时，关联研发网络上的风险级联传播现象可以完全阻止。

此外，从图 7-2 还可以看出，当参数 $\alpha = 0.15$ 、$\alpha = 0.20$ 、$\alpha = 0.25$ 、$\alpha = 0.30$ 时，关键抗风险阈值 β^* 与随机攻击节点企业的数量 N_a 基本呈正相关关系。比如，当参数 α =0.2 时，随机攻击节点企业数量 N_a =5 时对应的关键抗风险阈值 β^* =3.2，随机攻击节点企业数量 N_a =10 时对应的关键抗风险阈值 β^* =3.5，随机攻击节点企业数量 N_a =15 时对应的关键抗风险阈值 β^* =3.7，随机攻击节点企业数量 N_a =20 时对应的关键抗风险阈值 β^* =4。正如上面分析的那样，关键抗风险阈值 β^* 指的是在假定关联研发网络大多数节点企业均拥有足够的抗风险能力来抵御风险级联传播现象发生的前提下，参数 β 取值的最小值。换句话说，关键抗风险阈值 β^* 的取值越大，意味着关联研发网络面对风险级联传播越脆弱，反之亦然。因此可以得出这么一个结论，当随机攻击的节点企业数量越多时，关联研发网络面对风险级联传播的脆弱性越显著。

7.5.2　可调参数 α 对风险级联传播的影响

根据式（7-5）可以看出，参数 α 控制着关联研发网络节点企业风险阈值分布的异质性程度。具体来说，参数 α 的取值越大，关联研发网络上不同节点企业风险容量之间的分布越不均匀。在这里，我们不妨假设关联研发网络节点企业风险容量分布的异质性程度对关联研发网络的风险级联传播过程具有一定的影响。为了验证这一假设，我们运用数值仿真方法并基于仿真数据和拟合数据，对关键抗风险阈值 β^* 与可调参数 α 之间的关系进行研究，具体如图 7-3 和图 7-4 所示。其中，图 7-3 的拟合数据是对仿真数据采用拟合函数 polyfit (x, y, n)生成的。

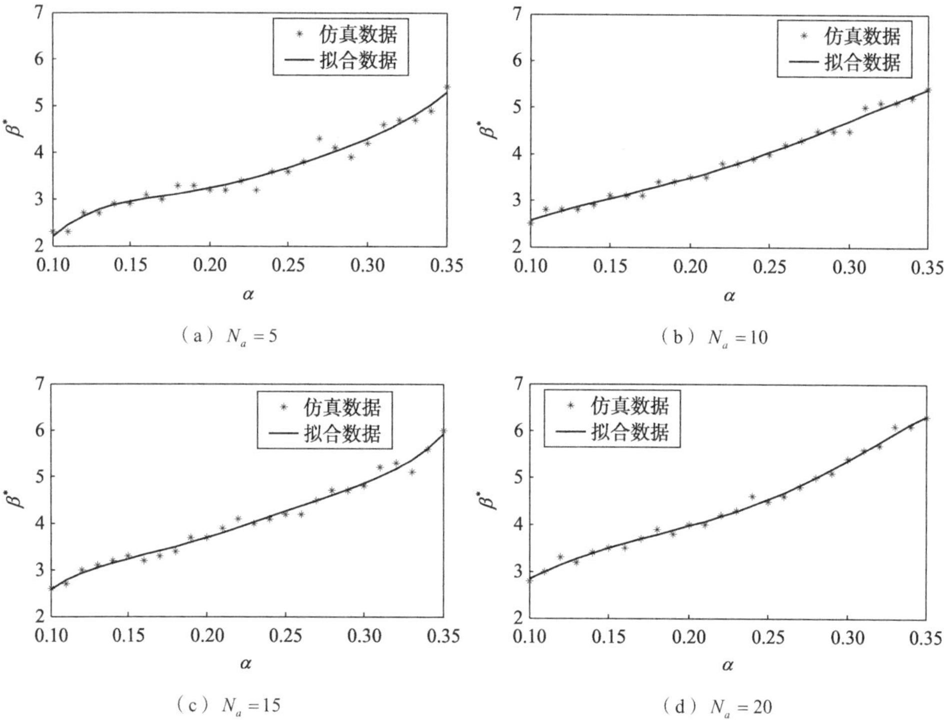

（a）$N_a=5$　　（b）$N_a=10$

（c）$N_a=15$　　（d）$N_a=20$

图 7-3　随机攻击下 β^* 与 α 的关系（r=10%）

从图 7-3 可以看出，当 $N_a=5$、$N_a=10$、$N_a=15$、$N_a=20$ 时，关键抗风险阈值 β^* 基本上随着可调参数 α 值的增加而增加。例如，当 N_a=5 时，可调参数 α=0.10 时对应的关键抗风险阈值 β^*=2.3，可调参数 α=0.15 时对应的关键抗风险阈值 β^*=2.9，可调参数 α=0.20 时对应的关键抗风险阈值 β^*=3.2，可调参数

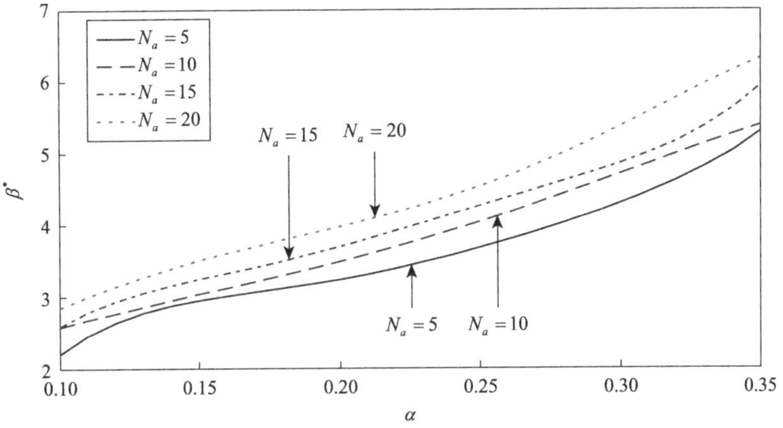

图 7-4　随机攻击下不同 N_a 取值下 β^* 与 α 的关系（r=10%）

α =0.25 时对应的关键抗风险阈值 β^* =3.6，可调参数 α =0.30 时对应的关键抗风险阈值 β^* =4.2，可调参数 α =0.35 时对应的关键抗风险阈值 β^* =5.4。于是，该仿真结果说明了关联研发网络面对风险级联传播的脆弱性与参数 α 取值具有一定的相关关系。具体来说，参数 α 的取值越大，节点企业风险容量之间的分布越不均匀，关联研发网络面对风险级联传播的脆弱性就越大。该仿真结果表明，为了减少关联研发网络上风险级联传播现象发生的可能性，节点企业应该尽可能选择与自身风险容量相近的企业建立合作关系，从而推动整个关联研发网络中不同节点企业之间的风险容量尽可能均匀。此外，图 7-4 进一步验证了初始受随机攻击企业的数量 N_a 与关键抗风险阈值 β^* 具有正相关关系，即随着随机攻击的节点企业数量越多，关联研发网络面对风险级联传播的脆弱性就越显著。

7.5.3　关联强度 r 对风险级联传播的影响

我们知道，关联强度 r 描述了两个研发网络之间的关联强度。当 r 取值较小时，表示两个研发网络彼此独立，风险仅在两个独立的研发网络内进行传播，因而风险传播影响的范围具有局限性。然而，当 r 取值较大时，表示两个研发网络的相互关联程度不断加强，此时风险级联传播能够对整个关联网络造成广泛的影响。因此，可以假设两个研发网络之间广泛的关联关系数量会在一定程度上增加关联研发网络面对风险级联传播的脆弱性。接下来，将运用数值仿真方法分析指标 I^* 与参数 β 之间的关系，以揭示关联强度 r 对风险级联传播的影响，结果如图 7-5 所示。

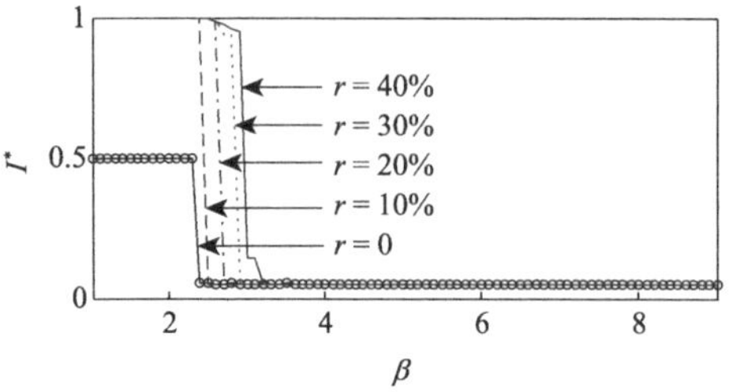

（a）$\alpha=0.10$

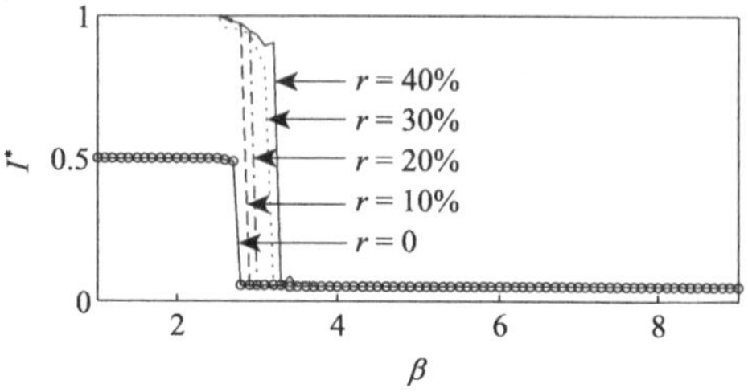

（b）$\alpha=0.15$

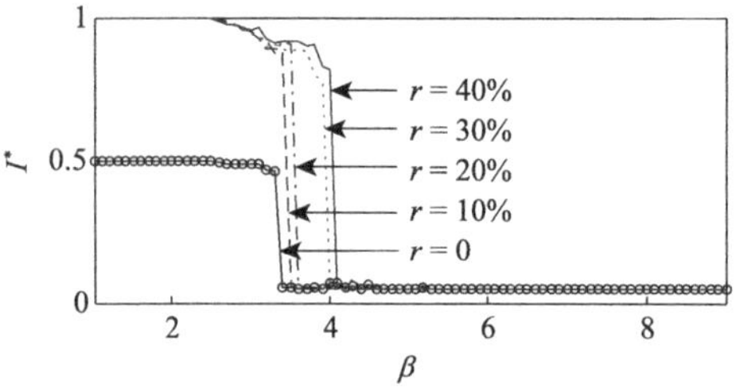

（c）$\alpha=0.20$

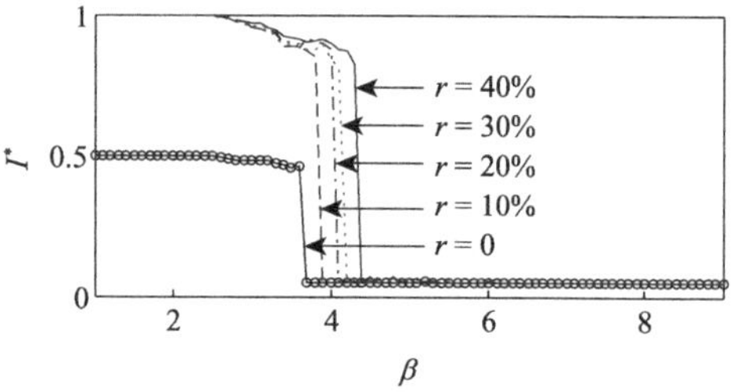

（d）$\alpha=0.25$

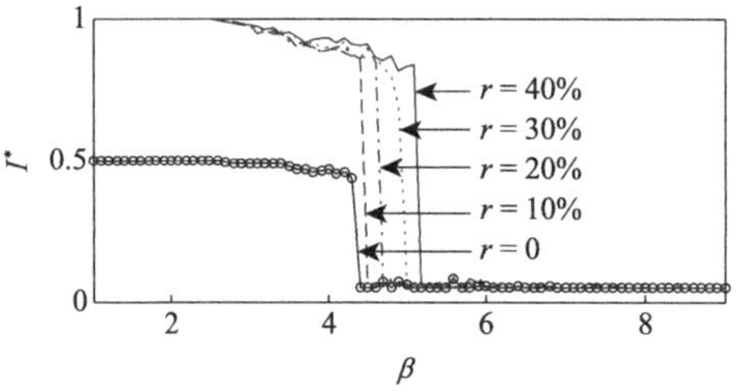

（e）$\alpha=0.30$

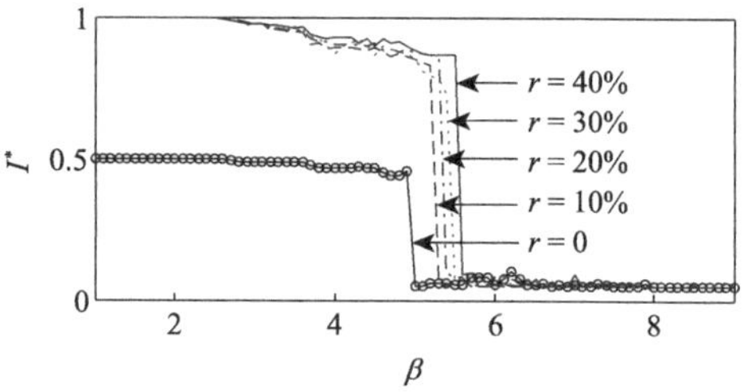

（f）$\alpha=0.35$

图 7-5　随机攻击下不同 r 取值时 I^* 与 β 的关系（ $N_a=10$）

从图 7-5 可以看出，当参数 $\alpha=0.10$ 、 $\alpha=0.15$ 、 $\alpha=0.20$ 、 $\alpha=0.25$ 、 $\alpha=0.30$ 、 $\alpha=0.35$ 时，关键抗风险阈值 β^* 基本上总是随着关联强度 r 值的增加而增加。关联强度 r 较高的关联研发网络面对风险级联传播时的关键抗风险阈值 β^* 总是大于关联强度 r 较小的关联研发网络的关键抗风险阈值 β^*。比如，当 $\alpha=0.10$ 时，关联强度 $r=0$ 的关联研发网络面对风险级联传播时的关键抗风险阈值 $\beta^*=2.4$，关联强度 $r=10\%$的关联研发网络面对风险级联传播时的 $\beta^*=2.5$，关联强度 $r=20\%$的关联研发网络面对风险级联传播时的 $\beta^*=2.7$，关联强度 $r=30\%$的关联研发网络面对风险级联传播时的 $\beta^*=2.9$，关联强度 $r=40\%$的关联研发网络面对风险级联传播时的 $\beta^*=3$。当参数 $\alpha=0.15$ 、 $\alpha=0.20$ 、

$\alpha = 0.25$、$\alpha = 0.30$、$\alpha = 0.35$ 时，同样具有上述规律。事实上，当关联强度 r=0 时，意味着两个研发网络彼此相互独立且互不影响，风险仅在各自研发网络内部进行传播而不能扩散至另一个研发网络中。然而，当关联强度 r>0 时，风险将借助两个网络存在的共享关联关系或输入关联关系从一个网络传播到另一个网络，从而在一定程度上增加整个关联研发网络上失效节点企业的数量。该仿真结果验证了关联网络的关联强度对增加网络的脆弱性具有显著的影响这一结论[173,175]。因此，该结论给我们这样一个启示，那就是有必要投入一定的资源去保护那些存在关联关系的企业，以此来减少风险级联传播现象对整个关联研发网络造成的影响。

7.5.4 不同攻击策略对风险级联传播的影响

前面的数值仿真过程均假定风险级联传播是在随机攻击研发网络 G^A 上的 N_a 个成员企业所出现的。事实上，除了随机攻击以外，复杂网络还通常面临其他类型的攻击策略如蓄意攻击策略。目前，常见的蓄意攻击策略主要指度大攻击策略，即有选择性地攻击网络中节点度大的节点。对研发网络而言，节点企业的最大抗风险能力即风险容量也是衡量企业网络地位的重要指标之一。因此，我们提出另一种蓄意攻击策略：容量大攻击策略，即有选择性地攻击网络中具有较大抗风险能力即风险容量较大的企业。接下来，我们将运用数值仿真方法分析三种攻击策略下指标 I^* 与参数 β 之间的关系，以揭示三种不同的攻击策略（即随机攻击、度大攻击和容量大攻击）对关联研发网络面对风险级联传播的脆弱性的影响机理。结果如图 7-6 所示。

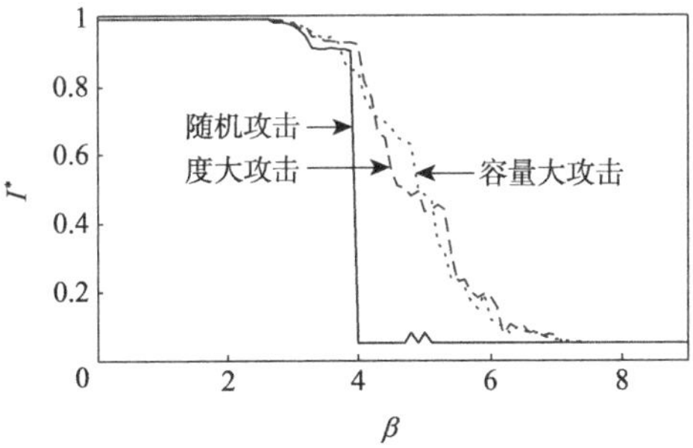

（a）$\alpha = 0.15$

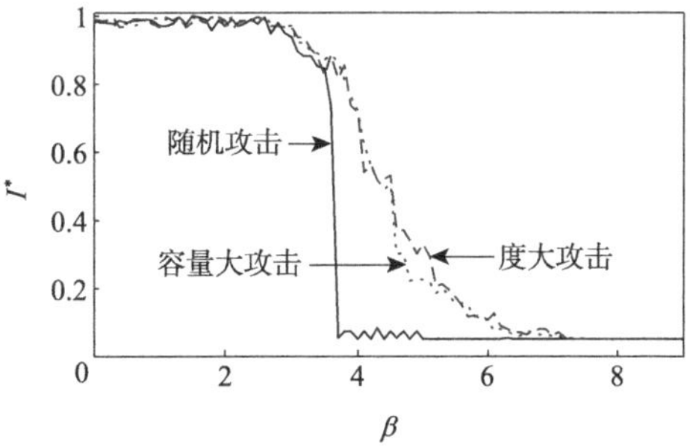

（b）$\alpha = 0.20$

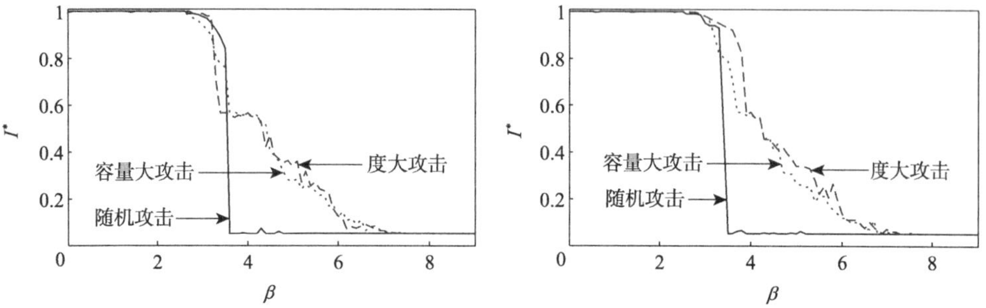

（c）$\alpha = 0.25$　　　　（d）$\alpha = 0.30$

图 7-6　不同攻击策略下 I^* 与 β 的关系（$N_a = 10, r = 10\%$）

从图 7-6 可以看出，当 $\alpha = 0.15$、$\alpha = 0.20$、$\alpha = 0.25$、$\alpha = 0.30$ 时，随机攻击下关联研发网络面对风险级联传播时的关键抗风险阈值 β^* 总是小于度大攻击和容量大攻击下关联研发网络面对风险级联传播时的关键抗风险阈值 β^*。比如，当 α =0.15 时，随机攻击下关联研发网络面对风险级联传播时的关键抗风险阈值 β^* =4.1，而度大攻击下关联研发网络面对风险级联传播的关键抗风险阈值 β^* =4.5，容量大攻击下关联研发网络面对风险级联传播的关键抗风险阈值 β^* =4.6。当参数 $\alpha = 0.20$、$\alpha = 0.25$、$\alpha = 0.30$ 时，同样具有上述规律。该仿真结果表明：关联研发网络在受到随机攻击时比在度大攻击和容量大攻击时具有更强的鲁棒性。

此外，从图 7-6 还可以看出，关联研发网络面对度大攻击时的关键抗风险阈值 β^* 与面对容量大攻击时的关键抗风险阈值 β^* 基本相等。比如，当 α =0.20 时，关联研发网络面对度大攻击时的关键抗风险阈值 β^* =5.7，这与关联研发网络面对容量大攻击时的关键抗风险阈值是相同的；当 α =0.25 时，关联研发网络面对度大攻击时的关键抗风险阈值 β^* =6.8，面对容量大攻击时的关键抗风险阈值 β^* =6.9；当 α =0.30 时，关联研发网络面对度大攻击时的关键抗风险阈值 β^* =8，这与关联研发网络面对容量大攻击时的关键抗风险阈值也是相同的。该仿真结果表明度大攻击和容量大攻击策略对关联研发网络面对风险级联传播的脆弱性具有基本相同的影响。两种攻击策略对关联研发网络的影响差异较小的原因在于，研发网络中节点度的分布和风险容量的分布具有相似性，从而造成度大攻击策略和容量大攻击策略所选取的失效节点企业基本上是一致的。具体如图 7-7 所示。

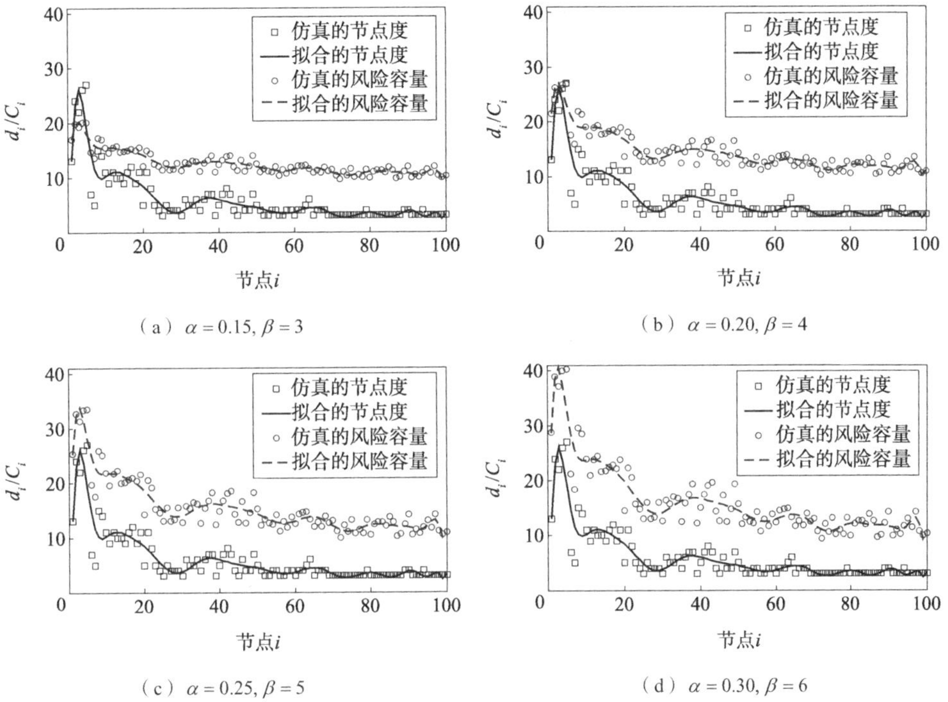

图 7-7　网络 A 所有企业中 d_i 和 C_i 的关系（$N_a=10, r=10\%$）

从图 7-7 可以看出，不管参数α和β取何值，关联研发网络节点企业的度分布与风险容量分布具有大致相同的形式。换句话说，关联研发网络中具有较高节点度的成员企业通常也拥有较高的风险容量，具有较低节点度的成员企业通常也具有较低的风险容量。总之，关联研发网络在面对随机攻击策略时的鲁棒性最高，度大攻击和容量大攻击这两种攻击策略对关联研发网络面对风险级联传播的脆弱性影响差异不大。因此，该结论给我们这么一个启示，那就是有必要识别出关联研发网络中具有较高节点度或风险容量的重要企业，并为之投入较多的保护资源来提高它们的抗风险能力，从而最大限度地减少风险级联传播现象对关联研发网络的影响。

7.6　本 章 小 结

随着全球经济的网络化和一体化，不同研发企业通过结成研发网络来合作研发新产品成为企业快速获取竞争优势的有效途径。此外，不同研发网络之间还存在着各种各样的关联关系。例如，研发网络中的某些成员企业由于自身发展壮大的需要，并不仅属于一个研发网络，而且往往在其他研发网络之中也承担着研发任务。或者由于企业资源禀赋和专业分工的不同，研发网络中的某些成员企业往往需要其他研发网络的某些企业为其提供技术或产品方面的服务才能开展研发活动。不同研发网络之间具有的这些关联关系导致风险不仅在一个研发网络内发生传播现象，还可能借助这些关联关系而扩散至另一个研发网络，从而在两个不同研发网络之间发生风险级联传播现象。鉴于此，我们对关联研发网络上发生风险级联传播现象进行了研究。

首先，对关联网络主要包括电力、供水、交通、通信、天然气等关联基础设施网络上的相继故障问题进行了研究综述，发现上述研究成果可以较好地应用到关联研发网络上的风险级联传播之中。其次，基于研发网络同时具有无标度网络和小世界网络的特征，提出了单个研发网络的形成模型。并在此基础上，通过理论分析与实地调研，识别出了不同研发网络之间存在的两种主要关联关系：共享关联关系和输入关联关系，进而提出了关联研发网络的关联强度这一指标。再次，借鉴相继故障理论思想，从研发企业风险负荷的定义、风险容量的确定、风险之间局域触发规则的建立三个方面，提出了单个研发网络内的风险传播模型，并在此基础上，描述了关联研发网络之间的风险级联传播过程，从而提出了关联研发网络的风险级联传播模型。最后，运用数值仿真方法并借助 MATLAB 软件，从抗风险能力容许参数 β 和可调参数 α 、关联强度 S 及不同攻击策略这几个方面，分析了关联研发网络上的风险级联传播过程及其规律。主要研究成果有以下几点。

（1）仿真结果再一次验证了关键抗风险阈值的存在。关键抗风险阈值 β^* 可以较好地衡量关联研发网络面对风险级联传播时的脆弱性大小，即关键抗风险阈值 β^* 的取值越大，关联研发网络面对风险级联传播越脆弱，反之亦然。仿真结果也说明了只有当抗风险能力容许参数 β 的取值大于等于对应的关键抗风险阈值 β^* 时，关联研发网络上的风险级联传播现象才可以完全阻止。

（2）关键抗风险阈值 β^* 与随机攻击节点企业的数量 N_a 基本呈正相关关系，即当随机攻击的节点企业数量越多时，关键抗风险阈值 β^* 越大，意味着关联研发网络面对风险级联传播的脆弱性越显著。

（3）关键抗风险阈值 β^* 基本上随着可调参数 α 值的增加而增加，即参数 α 的取值越大，节点企业风险容量之间的分布越不均匀，关联研发网络面对风险级联传播的脆弱性就越大。该仿真结果表明，为了减少关联研发网络上风险级联传播现象发生的可能性，节点企业应该尽可能选择与自身风险容量相近的企业建立合作关系，从而推动整个关联研发网络节点企业之间的风险容量尽可能均匀。

（4）关联强度对关联研发网络面对风险级联传播的脆弱性具有一定的影响，即关键抗风险阈值基本上随着关联强度 r 值的增加而增加。换句话说，关联强度

r 较高的关联研发网络面对风险级联传播时的关键抗风险阈值 β^* 总是大于关联强度 r 较小的关联研发网络的关键抗风险阈值 β^*。因此，有必要投入一定的资源去保护那些存在关联关系的企业，以此来减少风险级联传播现象对整个关联研发网络造成的影响。

（5）随机攻击下关联研发网络面对风险级联传播时的关键抗风险阈值 β^* 总是小于度大攻击和容量大攻击下关联研发网络面对风险级联传播时的关键抗风险阈值 β^*。该仿真结果表明，关联研发网络在受到随机攻击时比在受到度大攻击和容量大攻击时具有更强的鲁棒性。因此，有必要识别出关联研发网络中具有较高节点度或风险容量的重要企业，并为之投入较多的保护资源来提高它们的抗风险能力，从而最大限度地减少风险级联传播现象对关联研发网络的影响。

（6）关联研发网络面对度大攻击时的关键抗风险阈值 β^* 与面对容量大攻击时的关键抗风险阈值 β^* 基本相等。该仿真结果表明，度大攻击和容量大攻击策略对关联研发网络面对风险级联传播的脆弱性具有基本相同的影响。究其原因，发现研发网络中节点度的分布和风险容量的分布具有相似性，从而造成度大攻击策略和容量大攻击策略所选取的失效节点企业基本上是一致的。

第 8 章　针对研发网络风险传播的控制策略模型构建及仿真

8.1　引　　言

我们知道，研发网络中少数节点企业上发生的风险可以借助企业之间的合作关系而触发周围邻居企业的潜在风险，并最终可能导致整个研发网络的崩溃或瘫痪。如果不能对风险进行有效控制，风险传播现象的发生将造成研发企业因不能抵抗过量的风险负荷而不能正常运营，甚至会进一步导致研发网络的瘫痪，从而给整个研发活动造成不可挽回的重大损失。针对风险传播可能对研发网络带来的严重后果，我们将对风险传播的控制策略进行研究，以达到减小风险传播损失和影响范围、保持研发网络正常运行的目的。

事实上，许多学者针对相继故障的控制策略或方法展开了一定的研究，可以给针对风险传播的控制策略提供一定的理论参考。目前，针对相继故障提出的控制策略或方法基本分成了两种类型：一种是网络封锁（network interdiction）方法，另一种是线路转换（line switching）方法[185]。其中，网络封锁方法是一种目前被普遍采用的方法，它主要通过在相继故障发生前提前重新设计要素间关系或者重新分配冗余线路来最终达到提高网络鲁棒性的目的。更为确切地说，这种方法实际上是基于网络拓扑结构的视角，识别出那些可能导致整个网络彻底瓦解的关键要素（节点或边），进而阻断这些关键要素与周围要素的联系。针对如何识别关键要素这个问题，相继提出了许多模型或方法，主要有遗传算法（genetic algorithm）[186,187]、贪婪算法（greedy algorithm）[188]、非线性规划（nonlinear programming）[189]、进化算法（evolutionary algorithm）[190]等。线路转换方法则针对的是相继故障发生后，通过剪掉网络中的一些连接边来达到阻止相继故障进一步扩散的目的。这种方法在解决因线路过载而引发相继故障方面被广泛采用，如Shao 和 Vittal 提出了一个修正转换算法（corrective switching algorithm）去解决线路过载问题[191]；Granelli 等提出了一个分支定界算法和遗传算法相结合的算法来解决源于线路过载的混合整数规划问题[192]；Zio 等基于二进制差分进化算法（binary differential evolution algorithm）提出了三种应对相继故障的保护策略，即全局保护策略、本地保护策略和混合保护策略[193]；Li 等在此基础上进一步提出了非支配排序二进制差分进化算法（non-dominated sorting binary differential evolution algorithm）来解决因相继故障导致的要素过载问题[185]。

通过上述文献回顾，发现网络封锁和线路转换方法都是通过增加或删除一些要素（节点或边）来达到控制相继故障的目的。然而，这两种方法在一定程度上改变了网络的拓扑结构，有可能将网络分割成几个互不相连的孤岛，从而给网络带来一些不可预见的严重后果[194,195]。除此之外，鉴于投入控制资源的有限性，当网络规模变得很大时，采用上述优化算法来增加、替换或移除那些识别出的要素是效率低下而且非常复杂的[193]。从这个意义上说，上述两种控制方法对由众多研发企业组成的研发网络来说可能并不适用。

鉴于上述情况，部分学者从如何修复失效节点、同时又不改变网络拓扑结构这个视角入手，开始提出了一些控制策略或方法来应对相继故障。比如，Liu 等以 ER 随机网络和无标度网络为例，通过建立自我修复模型分析了节点修复的时机和资源投入两个因素对控制相继故障的影响[196]；张超等以供电和供水关联网络为例，应用多阶段决策和遗传算法提出了节点修复策略模型，并通过数值仿真发现最优修复策略与失效发生时间紧密相关[180]；Yi 等以社会网络为例，提出了一个针对失效节点多余负荷的分配算法来实现控制相继故障的目的[197]；Yang 等针对因特网和电力网络，提出了一个如何重新分配失效节点负荷的优化加权策略[198]；考虑到负荷过载节点的邻居节点同样可以提供一些保护资源来保持自身的正常运行，Wang 针对 BA 无标度网络提出了一个本地保护策略来应对相继故障的进一步扩散[199]；接下来，也有学者基于无标度网络上发生相继故障的特点，提出了四种保护策略，即针对那些度大节点的修复策略、针对那些度小节点的修复策略、针对那些邻居节点更容易触发自身失效的节点的修复策略、针对那些失效更容易触发邻居节点失效的节点的修复策略[200,201]。

可以看出，上述基于失效节点修复视角而提出的几种控制策略或方法为我们针对风险传播的控制策略模型提供了很好的理论依据和借鉴价值。鉴于此，我们将从如何针对失效节点企业进行修复（即针对失效节点企业的修复机制）和选择何种失效节点企业进行修复（即失效节点企业的选择策略）这两个方面入手，提出针对风险传播的风险控制策略模型，并运用数值仿真方法来验证所提出风险控制策略模型的有效性。

8.2　基于失效企业修复的风险控制策略模型

在前面提出的研发网络风险传播模型中，假定当研发网络节点企业上的风险负荷超过自身的风险容量时，该节点企业将进入失效状态，随后该失效企业立即从研发网络中移除。事实上，在现实的许多网络系统中，由于一些保护措施的存在和保护资源的投入，并不是所有超负荷的节点都会立即从网络中移除。而往往在主动自我调整行为的干预下，某些本应该立即失效的节点通过自身努力或者外部帮助而得到了修复机会，通过自我修复能够重新正常运行，这在一定程度上增强了网络的鲁棒性[202]。例如，在因特网上，每时每刻都会有大量的数据包在不同路由器之间进行传递，当某一路由器上通过的数据流量超过自身的处理能力而出现堵塞时，就会有一些相应的人为干预措施或控制手段去主动调节或分流通过该路由器上的数据流量，从而避免因少数路由器的堵塞而引起整个因特网上的瘫痪。事实上，交通网络、物流网络等也同样存在上述类似情况。每个路口即节点都承担着一定的交通流量，如果一些路口因交通流量超过自身所能承载的最大流量而出现堵塞时，交警便会主动疏导交通，人为地去控制通过该路口的交通流量，确保该堵塞路口能够重新正常运转，从而避免了因少数路口的堵塞而导致的大面积堵车现象。基于此，我们将在研发网络风险传播模型的基础上，提出基于失效节点企业修复策略的风险控制策略模型。

8.2.1　失效节点企业的修复机制

基于前面的研发网络风险传播模型我们知道，当 t 时刻研发网络节点企业 i 上的风险负荷 $L_i(t)$ 大于自身的风险容量 C_i 时，该节点企业将处于失效状态，否则将继续处于正常运行状态。对此，提出采用布尔变量 $\tau_i(t)$ 来表示 t 时刻节点企业 i 的运行状态，其中 $\tau_i(t)=1$ 表示 t 时刻节点企业 i 已处于失效状态，$\tau_i(t)=0$ 表示 t 时刻节点企业 i 仍处于正常状态。基于失效节点的修复思想，不妨假设在 $t+1$ 时刻，该失效节点企业 i “有幸”被选择进行修复。在修复过程中，我们假定修复失效企业主要是通过消除该失效企业上已发生的部分风险以减小该企业的风险负荷来实现的。当然，由于风险控制资源的有限性，不可能全部消除所选取的失效企业上已发生的所有风险，而只能消除部分已发生的风险。因此，针对失效节点企业的修复机制指的是在保证修复后的失效企业上风险负荷小于自身风险容量的前提下，仅消除该失效企业上风险值最小的风险集合。

当然，由于风险控制资源的有限性，并不是所有的失效企业都能够获得修复“资格”。在这里，我们提出用布尔变量 ρ_i 来表示研发网络的节点企业 i 是否具有修复“资格”。其中，如果 $\rho_i=1$，意味着该企业 i 如果失效后将具有修复资格；如果 $\rho_i=0$，则意味着该节点如果失效后将不会被修复。而且，当失效企业被修复后并不意味着以后不会再被其他失效企业上的风险所“感染”，而是以后仍然存在被风险感染并再次处于失效状态的可能。同样地，由于风险控制资源的有限性，获得修复资格的失效节点企业不可能拥有无限次数的修复机会，而只能获得有限次数的修复机会。鉴于此，我们假定被选择用来修复的失效企业仅具有有限次数的修复机会。在此，提出用布尔变量 ϑ_j 来表示拟修复节点企业 j 是否被修复的状态。其中，如果 $\vartheta_j=0$，表示拟修复节点企业 j 尚未因失效而被修复过；如果 $\vartheta_j=1$，则表示该企业 j 已经被修复过。从中可以看出，在风险传播过程的某一时刻，研发网络中的所有成员企业都可能处于三种状态，即正常运行状态、永久失效状态、失效后等待修复状态。下面，我们将以图 8-1、图 8-2 为例来具体说明不同时刻基于失效企业修复策略的研发网络风险控制过程。

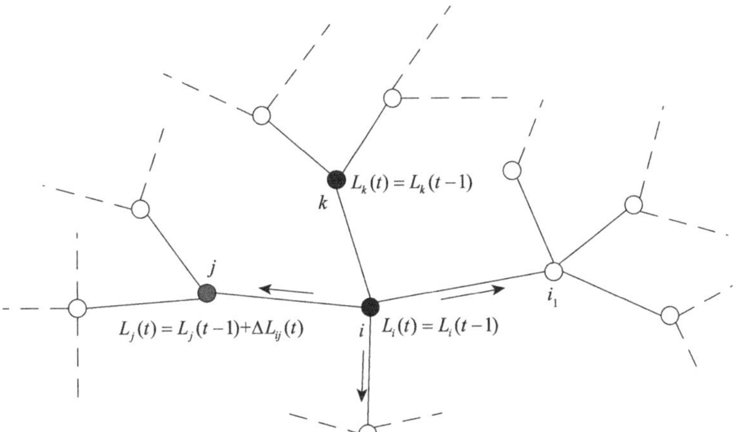

图 8-1　t 时刻基于失效节点修复策略的研发网络风险控制过程

在图 8-1 中，假定黑色节点 k 为 $t-2$ 时刻失效但不具有修复资格（即 $\rho_k=0$）的企业，黑色节点 i 为 $t-1$ 时刻被失效企业 k 感染失效但不具有修复资格（即 $\rho_i=0$）的企业，灰色节点 j 为 t 时刻被失效企业 i 感染失效却将在 $t+1$ 时刻被修复（即 $\rho_j=1$ 且 $\vartheta_j=0$）的企业，白色节点（包括节点 i_1 和节点 i_2）均为 $t-1$ 时刻结束后处于正常运行状态的企业。对失效节点企业 i 来说，由于没有修复资格（即 $\rho_i=0$），于是在 t 时刻该失效企业上已发生的风险将通过企业间的合作关系并依据风险触发概

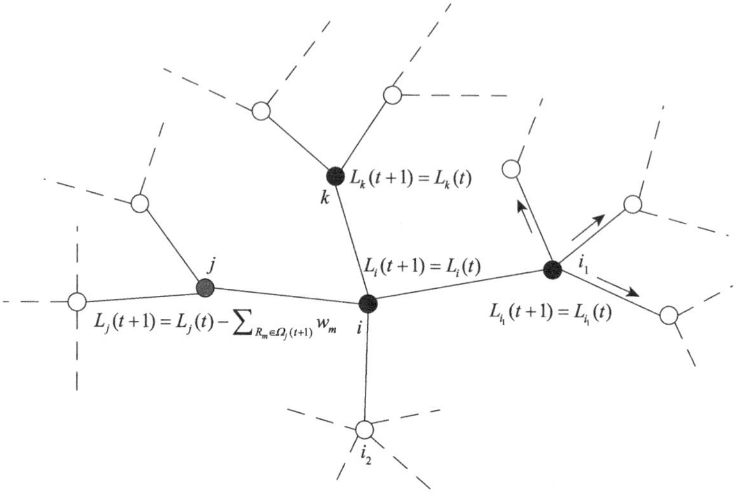

图 8-2　t+1 时刻基于失效节点修复策略的研发网络风险控制过程

率矩阵 H 而触发邻居节点企业 j、i_1、i_2 上的各类潜在风险，而自身所承担的风险负荷仍然保持不变，即 $L_i(t)=L_i(t-1)>C_i$，失效企业 k 同样如此。对节点企业 j 来说，由于在 t 时刻受到失效企业 i 上的风险触发，在 t 时刻结束后自身的风险负荷将会有所增加而超载，即 $L_j(t)=L_j(t-1)+\Delta L_{ij}(t)>C_j$，其中 $\Delta L_{ij}(t)$ 为 t 时刻由失效企业 i 上已发生风险的触发作用而导致节点企业 j 上增加的风险负荷，具体公式如下：

$$L_j(t)=L_j(t-1)+\sum_{l\notin\Psi_j(t-1)}\left(w_l\mathrm{OR}\left\{\varphi_l^{ij}(t)\mid i\in\Phi_j(t-1)\right\}\right) \tag{8-1}$$

式中，$L_j(t)$——t 时刻节点企业 j 的风险负荷；

$\Psi_j(t-1)$——$t-1$ 时刻节点企业 j 上已发生的风险集合；

w_l——风险 R_l 发生后所产生的损失大小；

OR——或运算符，例如 OR{0, 1, 1, 0}=1，OR{0, 0, 0, 0}=0，表示只要有一个邻居失效企业将节点企业 j 上的潜在风险触发，该潜在风险就将发生；

$\varphi_l^{ij}(t)$——布尔变量，表示 t 时刻失效企业 i 上已发生的风险触发节点企业 j 上潜在风险 R_l 的状态，$\varphi_l^{ij}(t)$=1 表示节点企业 j 上的潜在风险 R_l 被失效企业 i 上的风险触发，$\varphi_l^{ij}(t)$=0 则表示风险 R_l 尚未被触发；

$\Phi_j(t-1)$——$t-1$ 时刻结束后节点企业 j 的邻居失效节点集合，该集合中的任一节点企业 $i\in\Phi_j(t)$ 必须同时满足如下条件：①$\tau_i(t-1)$=1；②visit(i)=0 即尚未从研发网络中移除；③ρ_i=0 或者 ϑ_i=1，即不具有修复资格或者曾经失效后已经被修复过。

在图 8-2 中，我们假定黑色节点 i 和 k 均为 t 时刻结束后就已经从研发网络中移除的失效企业，黑色节点 i_1 为 t 时刻被失效企业 i 感染失效且不具备修复资格但尚未从研发网络中移除的失效企业，灰色节点 j 为 t 时刻被失效企业 i 感染失效却在 t+1 时刻被修复（即 $\rho_j=1$ 且 $\vartheta_j=0$）的企业，白色节点均为 t 时刻结束后处于正常运行状态的企业。对失效节点企业 i_1 来说，由于没有修复资格（即 $\rho_{i_1}=0$），于是在 t+1 时刻该失效企业上已发生的风险将通过企业间的合作关系并依据风险触发概率矩阵 H 而触发邻居节点企业上的各类潜在风险，而自身所承担的风险负荷仍然保持不变即 $L_{i_1}(t)=L_{i_1}(t-1)>C_{i_1}$。对修复节点企业 j 来说，尽管在 t 时刻受到失效企业 i 上的风险触发作用而导致自身的风险负荷超过风险容量而暂时处于失效状态即 $\tau_j(t)=1$，但由于具有修复资格且尚未被修复即 $\rho_j=1$ 和 $\vartheta_j=0$，于是在 t+1 时刻该企业 j 将通过修复过程而消除发生在其上风险值最小的风险集合即 Ω_j，但必须保证修复过后该企业将重新处于正常运行状态即 $L_j(t+1)\leqslant C_j$，公式如下：

$$L_j(t+1)=L_j(t)-\sum_{R_m\in\Omega_j(t+1)}w_m \tag{8-2}$$

式中，$L_j(t)$——t 时刻节点企业 j 的风险负荷；

w_m——风险 R_m 发生后所产生的损失大小；

$\Omega_j(t+1)$——t+1 时刻失效企业 j 上被消除的风险损失总和最小的已发风险集合。

8.2.2 失效节点企业的选择策略

如前所述，失效节点企业的修复机制描述了如何对研发网络中的失效节点企业进行修复的过程。而且，基于前面分析我们知道，由于研发网络中所投入风险控制资源的有限性，并不是所有的失效企业都可以获得修复“资格”，于是提出了采用布尔变量 ρ_i 来表示节点企业 i 是否具有修复“资格”。如果 $\rho_i=1$，意味着企业 i 具有修复资格，而 $\rho_i=0$ 则意味着该节点企业不具有修复资格。接下来，我们将分析选择何种失效企业进行修复这个问题。

我们知道，复杂网络通常面临两种类型的攻击策略：随机攻击策略和蓄意攻击策略。其中，随机攻击策略是从网络中随机地选取某些节点进行破坏从而使之失效，而蓄意攻击策略则是有选择性地从网络中优先选取某些节点进行破坏从而使之失效。对蓄意攻击策略来说，现有的关于相继故障模型的研究大多关注的是攻击网络上度大的节点对相继故障现象的影响，进而分析整体网络面对相继故障呈现出的脆弱性。对研发网络来说，除了攻击度大的节点企业对研发网络脆弱性具有影响之外，风险容量大的节点企业在研发网络中同样具有重要的地位，其失效与否对整体研发网络的脆弱性也可能具有显著的影响。因此，与攻击策略相对应，本书提出针对失效节点企业进行修复的选择策略也分为三种类型：随机修复策略（random restoration strategy），度大修复策略（high-degree restoration strategy），容量大修复策略（high-capacity restoration strategy）。下面是这三种修复策略的具体内容。

（1）随机修复策略。该策略是完全随机地从研发网络中选取一部分节点企业进行修复，也就是说不管度大或度小的节点企业还是风险容量大或风险容量小的节点企业，所有企业都拥有等概率地被修复的机会。

（2）度大修复策略。该策略是根据节点度由大到小的顺序，优先选择研发网络中那些度大的节点企业进行修复。如果一些节点企业具有相同的节点度，我们则随机地选取其中一个。

（3）容量大修复策略。该策略是根据风险容量由大到小的顺序，优先选择研发网络中那些风险容量大的节点企业进行修复。如果一些节点具有相同的风险容量，我们则随机地选取其中一个。

最后，仍然采用指标 $I^* = \lim_{t\to\infty} I(t) = \lim_{t\to\infty} \sum_{i\in V^A \cup V^B} \frac{\tau_i(t)}{N^A + N^B}$ 来定量描述采用风险控制策略下风险传播最终对整个研发网络脆弱性的影响大小。

8.3　数值仿真及结果分析

在对研发网络风险控制策略模型进行数值仿真之前，我们所采用的研发网络仍然是第 3 章研发网络形成模型中参数 δ=0.5、N_0=6、$\sigma=\varsigma$=1、θ_0=0、ε=0.001、$\omega_i^A \sim U(0,1)$、$\omega_i^B \sim U(0,1)$ 时，通过数值仿真生成的虚拟研发网络。其中，生成后的研发网络成员企业总数 N=179，平均度 $\langle k\rangle$=9.55，聚集系数 C=0.07，平均路径长度 L=2.48。同时，为了更好地体现不同攻击策略对风险控制策略模型的影响，规定选取攻击的节点企业数量占成员企业总数的比例 p_{attack}=3%，于是攻击的研发网络节点企业数量 $N_{\text{attack}} = N \times p_{\text{attack}} \approx 5$。此外，风险触发概率矩阵 H 中不同风险之间的触发概率仍然同第 3 章给出的一致，于是该研发网络面临的平均风险大小 $\bar{V} = \sum_{i=1}^{7} w_i p_i$ =6.7。

接下来，将运用数值仿真方法并通过 MATLAB 软件，深入探讨参数 α 和 β、修复节点企业比例 p_{restore}、三种不同攻击策略分别对研发网络风险控制策略模型的影响及采用风险控制策略对研发网络脆弱性的影响。

8.3.1　参数 α 和 β 对风险控制策略模型的影响

通过前面内容我们知道，参数 β 作为研发网络的抗风险能力容许参数，表示的是研发网络成员企业为了抵抗风险而投入资源的程度。参数 α 控制着研发网络成员企业风险容量分布的平均程度，其值越小，意味着研发网络成员企业之间的风险容量分布越平均。从中可以推断，参数 α 和 β 取值的大小均可能对风险控制策略模型的效率产生一定的影响。接下来，为了验证参数 α 和 β 的影响，分别对 $\alpha = 0.20$ 、$\alpha = 0.25$ 、$\alpha = 0.30$ 、$\alpha = 0.35$ 时，采用无修复策略与采用风险控制策略模型中的随机修复、度大修复、容量大修复这三种策略下指标 I^{*} 与参数 β 之间的关系进行数值仿真，结果如图 8-3 所示。其中，假定研发网络中拟修复的节点企业数量占所有企业总数的比例 $p_{restore}$=20%，同时假定触发风险传播发生的攻击策略为随机攻击策略。

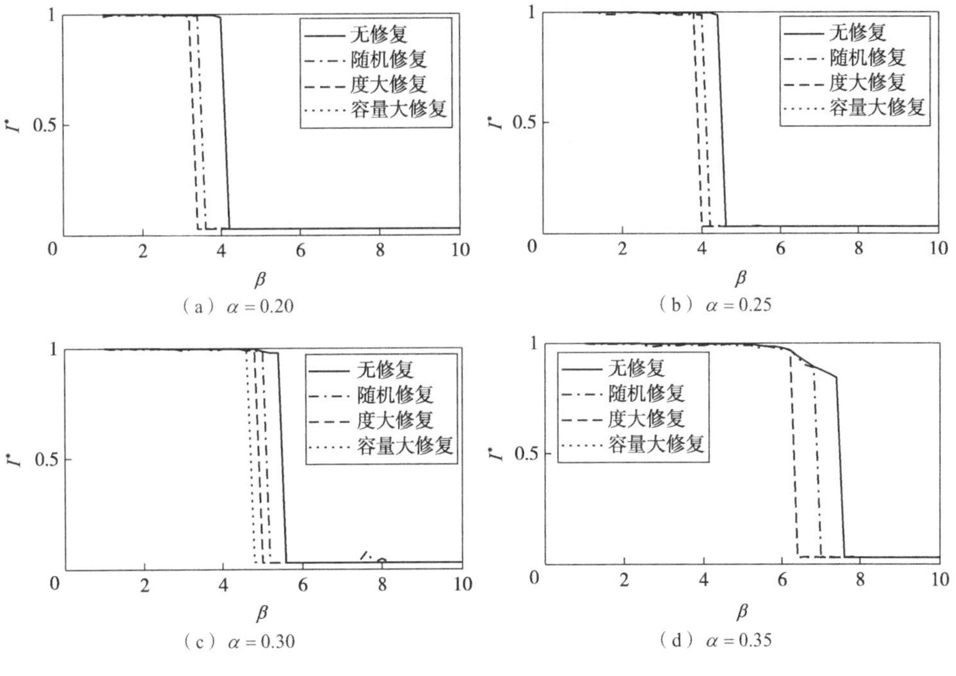

图 8-3　不同修复策略下指标 I^{*} 与参数 β 之间的关系（随机攻击，$p_{restore}$=20%）

从图 8-3 可以看出，与不采用修复策略一样，采用随机修复、度大修复、容量大修复这三种修复策略下研发网络同样存在关键抗风险阈值 β^{*} 。例如，当 α =0.20 时，采用无修复策略下的关键抗风险阈值 $\beta^{*}_{无}$ =4.2，随机修复策略下的关键抗风险阈值 $\beta^{*}_{随机}$ =3.6，度大修复策略下的关键抗风险阈值 $\beta^{*}_{度大}$ =3.4，容量大修复策略下的关键抗风险阈值 $\beta^*_{\text{容量大}}=\beta^*_{\text{度大}}=3.4$。该数值仿真再次验证了关键抗风险阈值作为研发网络面对风险传播具有的脆弱性指标的有效性。

此外，通过图 8-3 中的四个子图还可以初步推断出，在面对随机攻击的情况下，采取节点修复策略时的关键抗风险阈值均小于不采用修复策略时的关键抗风险阈值。例如，当 $\alpha=0.25$ 时，随机修复策略下的关键抗风险阈值 $\beta^*_{\text{随机}}=4.2$，度大修复策略下的关键抗风险阈值 $\beta^*_{\text{度大}}=4$，容量大修复策略下的关键抗风险阈值 $\beta^*_{\text{容量大}}=4$，均小于无修复策略下的关键抗风险阈值 $\beta^*_{\text{无}}=4.6$；当 $\alpha=0.30$ 时，随机修复策略下的关键抗风险阈值 $\beta^*_{\text{随机}}=5.2$，度大修复策略下的关键抗风险阈值 $\beta^*_{\text{度大}}=5$，容量大修复策略下的关键抗风险阈值 $\beta^*_{\text{容量大}}=4.8$，均小于无修复策略下的 $\beta^*_{\text{无}}=5.6$；当 $\alpha=0.35$ 时，随机修复策略下的 $\beta^*_{\text{随机}}=7$，度大修复策略下的 $\beta^*_{\text{度大}}=6.4$，容量大修复策略下的 $\beta^*_{\text{容量大}}=\beta^*_{\text{度大}}=6.4$，均小于无修复策略下的 $\beta^*_{\text{无}}=7.6$。该仿真结果初步说明了采用随机修复、度大修复、容量大修复这三种策略均能够减小研发网络面对风险传播的脆弱性。为了进一步验证上述结论，下面分别对采用无修复、随机修复、度大修复、容量大修复这四种策略下，关键抗风险阈值 β^* 与参数 α 之间的关系进行数值仿真，结果如图 8-4 所示。其中，图中的星点是数值仿真结果，而实线则是依据这些仿真数据而生成的拟合曲线。

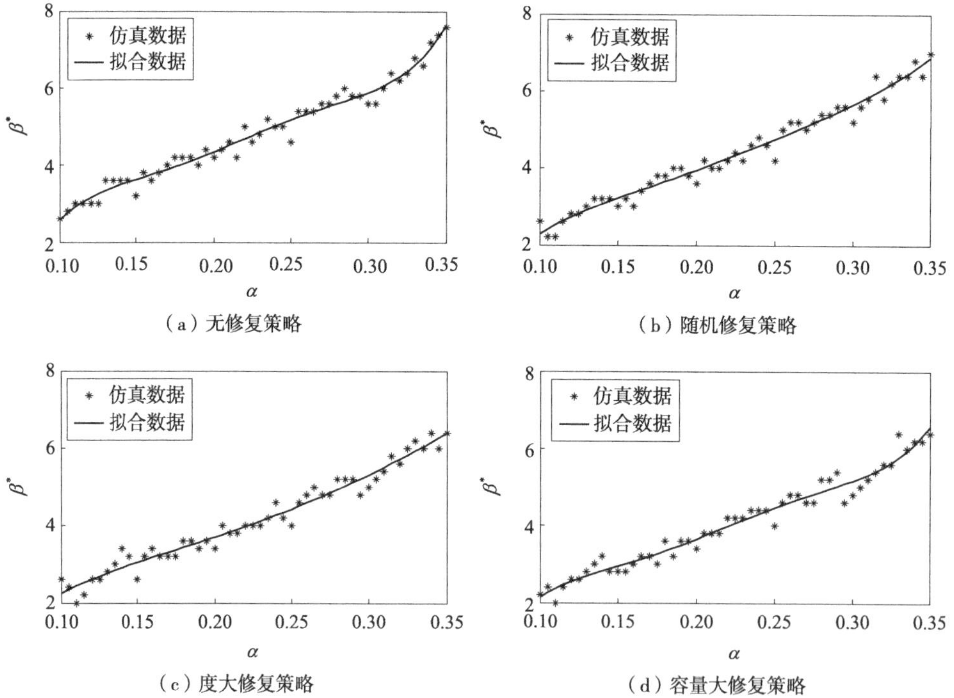

（a）无修复策略　（b）随机修复策略

（c）度大修复策略　（d）容量大修复策略

图 8-4　不同修复策略下参数 α 与 β^* 之间的关系（随机攻击，$p_{\text{restore}}=20\%$）

从图 8-4 可以看出，不管采用何种节点修复策略，关键抗风险阈值 β^* 均随着参数 α 取值的增加而增加。这说明了不管采用风险控制策略模型中的何种修复策略，随着研发网络各成员企业风险容量之间的差异性程度逐渐增加，研发网络面对风险传播的脆弱性均随之增加。因此，要想提高三种修复策略对控制风险传播的效率，应该尽可能地减小研发网络成员企业风险容量之间分布的差异程度。在此基础上，为了对比随机攻击下不同节点修复策略对研发网络脆弱性的不同影响，下面对采用无修复、随机修复、度大修复、容量大修复这四种策略下，关键抗风险阈值 β^* 与参数 α 之间的关系进行对比，结果如图 8-5 所示。

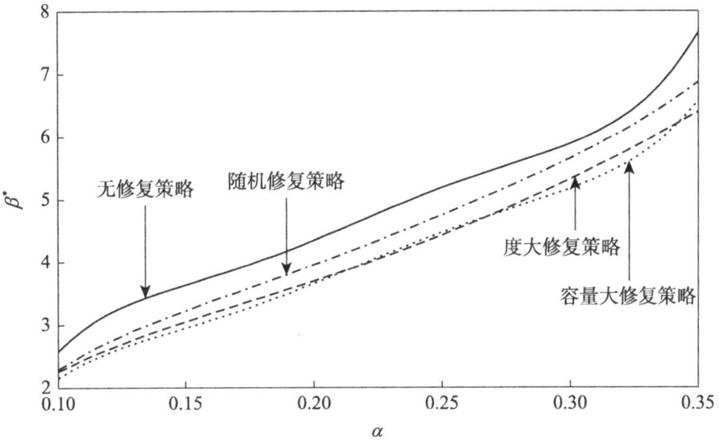

图 8-5　不同修复策略对 β^* 与参数 α 之间关系的影响（随机攻击，p_{restore}=20%）

从图 8-5 可以看出，采用无修复策略下的关键抗风险阈值 $\beta^*_{无}$ 均大于其他三种修复策略下的关键抗风险阈值。该仿真结果进一步验证了研发网络在面对随机攻击下，无论采用何种修复策略均能够减小研发网络面对风险传播的脆弱性，从而验证了所提风险控制策略模型的有效性。此外，面对随机攻击时，采用度大修复策略时的关键抗风险阈值 $\beta^*_{度大}$ 与采用容量大修复策略下的关键抗风险阈值 $\beta^*_{容量大}$ 基本相同，均小于随机修复策略下的关键抗风险阈值 $\beta^*_{随机}$。该仿真结果说明，在面对随机攻击的情况下，采用度大修复策略与容量大修复策略在减小研发网络脆弱性的效率方面基本相同也最高，其次是随机修复策略。

8.3.2　修复节点企业比例 p_{restore} 对风险控制策略模型的影响

前面的数值仿真过程假定研发网络中修复的节点企业数量占所有企业总数的比例 p_{restore}=20%。事实上，通过理论分析，修复节点企业比例 p_{restore} 对风险控制策略模型在提高研发网络面对风险传播的鲁棒性方面可能具有重要的影响。为了揭示修复节点企业比例 p_{restore} 对风险控制策略模型的影响，下面分别对采用随机修复、度大修复、容量大修复这三种策略下，不同的修复节点企业比例 p_{restore} 对指标 I^* 与参数 β 之间关系的影响进行数值仿真，结果如图 8-6 的三个子图所示。其中，规定参数 α =0.20，同时假定触发风险传播的攻击策略为随机攻击策略。

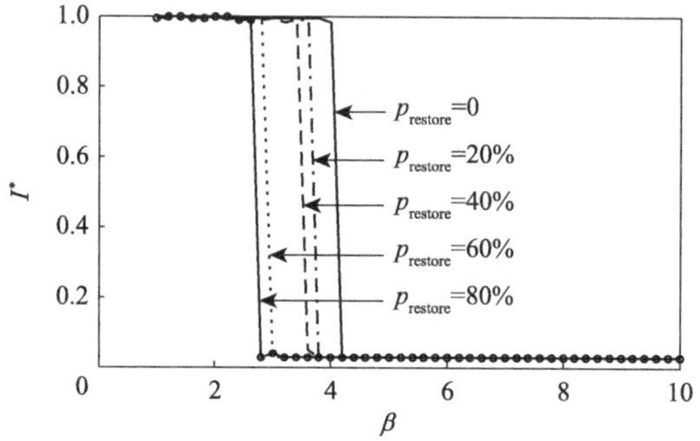

（a）随机修复策略

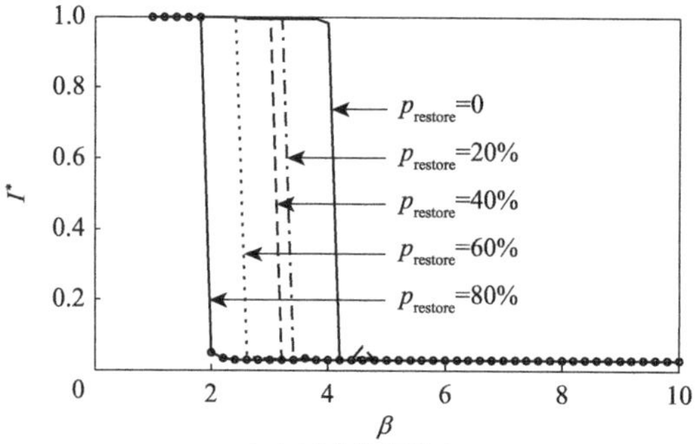

（b）度大修复策略

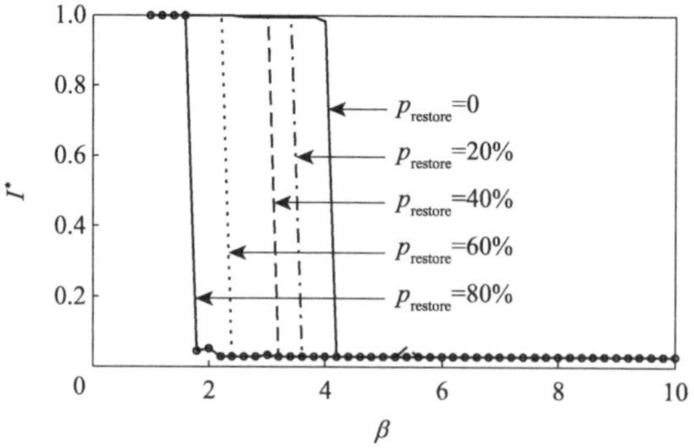

（c）容量大修复策略

图 8-6　不同修复策略下 p_{restore} 对 I^* 与 β 之间关系的影响（随机攻击，α =0.20）

从图 8-6 的三个子图可以看出，不论采用何种修复策略，关键抗风险阈值 β^* 均随着修复节点企业比例 p_{restore} 的增加而减小。例如，当采用随机修复策略时，修

复节点企业比例 $p_{restore}$=20%时的关键抗风险阈值 $\beta^*_{20\%}$=3.8， $p_{restore}$=40%时的关键抗风险阈值 $\beta^*_{40\%}$=3.6， $p_{restore}$=60%时的关键抗风险阈值 $\beta^*_{60\%}$=3， $p_{restore}$=80%时的关键抗风险阈值 $\beta^*_{20\%}$=2.8，均小于不采用修复策略时的关键抗风险阈值 β^*_0=4.2；当采用度大修复策略时， $p_{restore}$=20%时的关键抗风险阈值 $\beta^*_{20\%}$=3.4， $p_{restore}$=40%时的关键抗风险阈值 $\beta^*_{40\%}$=3.2， $p_{restore}$=60%时的关键抗风险阈值 $\beta^*_{60\%}$=2.6， $p_{restore}$=80%时的关键抗风险阈值 $\beta^*_{80\%}$=2，同样小于不采用修复策略时的关键抗风险阈值 β^*_0=4.2；当采用容量大修复策略时， $p_{restore}$=20%时的关键抗风险阈值 $\beta^*_{20\%}$=3.6， $p_{restore}$=40%时的关键抗风险阈值 $\beta^*_{40\%}$=3.2， $p_{restore}$=60%时的关键抗风险阈值 $\beta^*_{60\%}$=2.4， $p_{restore}$=80%时的关键抗风险阈值 $\beta^*_{80\%}$=1.8，均小于不采用修复策略时的关键抗风险阈值 β^*_0=4.2。该数值仿真结果说明，修复节点企业比例 $p_{restore}$ 的增加在一定程度上能够减小三种修复策略下研发网络面对风险传播的脆弱性。

接下来，为了揭示在不同的修复节点企业比例下，三种不同修复策略对减小研发网络脆弱性的效率，下面分别对 $p_{restore}$=20%、 $p_{restore}$=40%、 $p_{restore}$=60%、 $p_{restore}$=80%时，采用无修复策略与三种修复策略对指标 I^* 与参数 β 之间关系的影响进行数值仿真，结果如图 8-7 所示。其中，规定参数 α=0.20，同时假定触发风险传播的攻击策略为随机攻击策略。

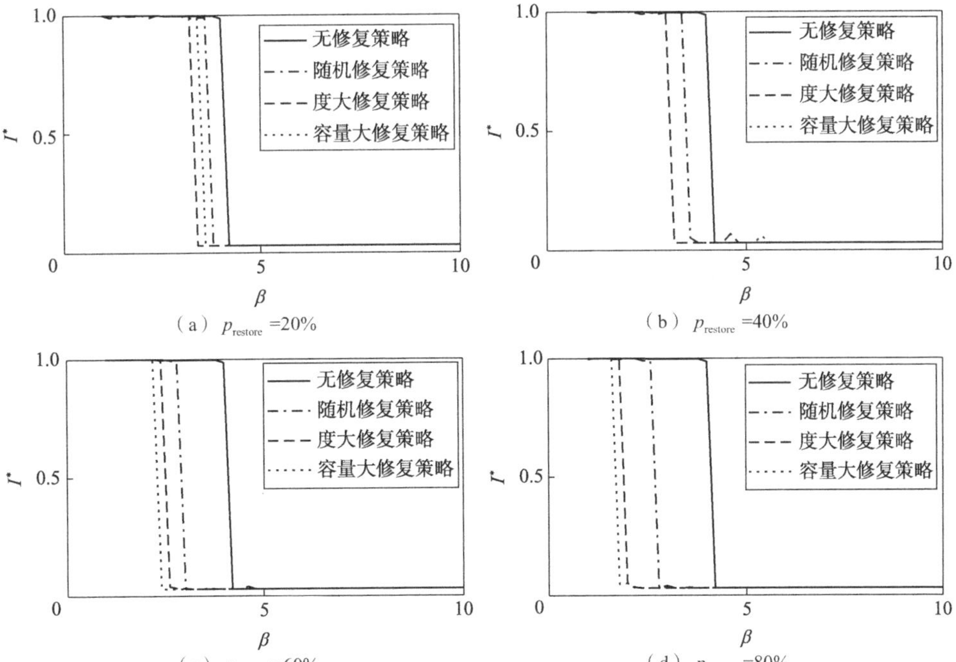

（a） $p_{restore}$=20%　（b） $p_{restore}$=40%

（c） $p_{restore}$=60%　（d） $p_{restore}$=80%

图 8-7　不同 $p_{restore}$ 下修复策略对 I^* 与 β 之间关系的影响（随机攻击， α=0.20）

从图 8-7 可以看出，不管修复节点企业比例 p_{restore} 取何值，采用修复策略时的关键抗风险阈值 β^* 均小于不采用修复策略时的关键抗风险阈值 $\beta^*=4.2$。而且，采用容量大修复策略和度大修复策略时的关键抗风险阈值基本相同，均小于采用随机修复策略时的关键抗风险阈值。例如，当 $p_{\text{restore}}=20\%$时，采用容量大修复策略时的关键抗风险阈值 $\beta^*=3.6$，略大于度大修复策略时的关键抗风险阈值（$\beta^*=3.4$），但均小于随机修复策略时的关键抗风险阈值（$\beta^*=3.8$）；当 $p_{\text{restore}}=40\%$时，容量大修复策略时的关键抗风险阈值 $\beta^*=3.2$，等于度大修复策略时的关键抗风险阈值（$\beta^*=3.2$），但均小于随机修复策略时的关键抗风险阈值（$\beta^*=3.6$）；当 $p_{\text{restore}}=60\%$时，采用容量大修复策略时的关键抗风险阈值 $\beta^*=2.4$，略小于度大修复策略时的关键抗风险阈值（$\beta^*=2.6$），但均小于随机修复策略时的关键抗风险阈值（$\beta^*=3$）；当 $p_{\text{restore}}=80\%$时，容量大修复策略时的关键抗风险阈值（$\beta^*=1.8$），略小于度大修复策略时的关键抗风险阈值（$\beta^*=2$），但均小于随机修复策略时的关键抗风险阈值（$\beta^*=2.8$）。该数值仿真结果说明，不管修复节点企业比例取何值，当面对随机攻击时，采用三种修复策略均能够减小研发网络面对风险传播的脆弱性，此外，容量大修复策略和度大修复策略对控制风险传播的效率基本一致，均高于随机修复策略的效率。容量大修复策略和度大修复策略之所以在控制风险传播即减小研发网络脆弱性的效率方面基本相同，其中一个很重要的原因就是研发网络作为无标度网络在度分布上的极端异质性，从而造成那些度较大的节点企业往往也是风险容量较大的企业。因此，当研发网络面对随机攻击的情况下，采用容量大修复策略进行修复的节点企业往往也是采用度大修复策略进行修复的节点企业，因此容量大修复策略和度大修复策略在减小研发网络脆弱性的效率方面基本一致。

8.3.3　不同攻击策略对风险控制策略模型的影响

在上面的数值仿真过程中，我们均假设研发网络的风险传播过程是在随机攻击下触发的。在本小节中，我们将揭示研发网络面对不同攻击策略时，风险控制策略模型对研发网络脆弱性的影响。我们知道，复杂网络通常面临两种类型的攻击策略，即随机攻击策略和蓄意攻击策略，而且前面也已经就随机攻击和度小攻击、度大蓄意攻击策略对研发网络脆弱性的影响进行了深入分析，并得出了许多有价值的结论，如研发网络面对度小攻击时具有最强的鲁棒性，接下来是随机攻击策略，面对度大蓄意攻击时则最为脆弱。与 8.2.2 小节提出的容量大节点修复策略相对应，我们提出了容量大攻击策略，即有选择性地从研发网络中选取风险容量较大的节点企业并使之失效。接下来，我们对参数 $\alpha=0.30$、$p_{\text{restore}}=20\%$时，度大攻击和容量大攻击这两种攻击策略下，不同修复策略对指标 I^*与参数 β 之间关系的影响分别进行数值仿真，结果如图 8-8 的两个子图所示。

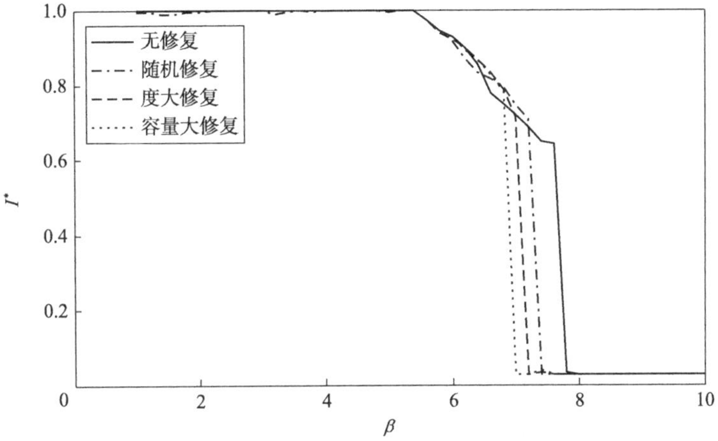

（a）度大攻击策略

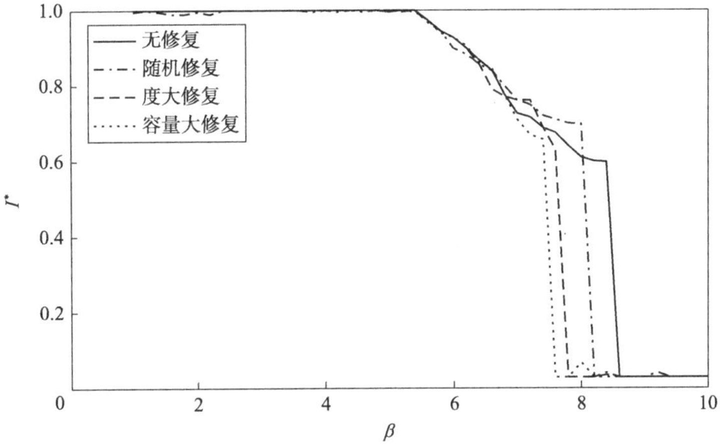

（b）容量大攻击策略

图 8-8　不同攻击策略下不同修复策略对 I^* 与 β 之间关系的影响（ p_{restore} =20%， α =0.30）

从图 8-8 的两个子图可以看出，不管研发网络是面对度大攻击还是容量大攻击策略，采用三种修复策略时的关键抗风险阈值 β^* 均小于不采用修复策略时的关键抗风险阈值，其中采用容量大修复策略时的关键抗风险阈值最小，接下来依次是度大修复策略和随机修复策略。例如，当研发网络面对度大攻击时，采用容量大修复策略时的关键抗风险阈值 $\beta^*_{\text{容量大}}$ =7，度大修复策略时的关键抗风险阈值 $\beta^*_{\text{度大}}$ =7.2，随机修复策略时的关键抗风险阈值 $\beta^*_{\text{随机}}$ =7.4，均小于不采用修复策略时的关键抗风险阈值 $\beta^*_{\text{无}}$ =7.8；当研发网络面对容量大攻击时，采用容量大修复策略时的关键抗风险

阈值 $\beta^*_{容量大}$=7.6，度大修复策略时的关键抗风险阈值 $\beta^*_{度大}$=7.8，随机修复策略时的关键抗风险阈值 $\beta^*_{随机}$=8.2，均小于不采用修复策略时的关键抗风险阈值 $\beta^*_{无}$=8.6。该数值仿真结果说明，当研发网络面对度大攻击和容量大攻击时，三种修复策略均能够在不同程度上减小网络的脆弱性。其中，采用容量大修复策略对控制风险传播即减小网络脆弱性的效率最高，接下来依次是度大修复策略和随机修复策略。

接下来，为了进一步揭示采用不同修复策略下，随机攻击、度大攻击、容量大攻击这三种不同攻击策略对修复策略减小研发网络脆弱性效率方面的不同影响，下面对参数 α =0.30、$p_{restore}$ =20%时，分别采用无修复、随机修复、度大修复、容量大修复这四种策略下，随机攻击、度大攻击和容量大攻击对指标 I^*与参数 β 之间关系的影响进行数值仿真，结果如图 8-9 所示。

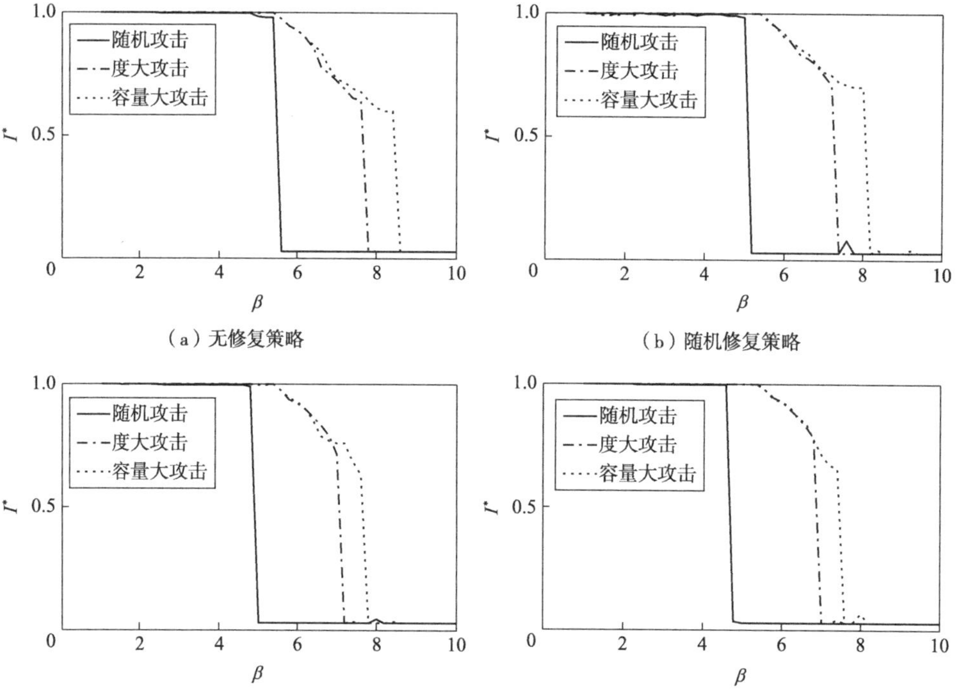

（a）无修复策略　（b）随机修复策略　（c）度大修复策略　（d）容量大修复策略

图 8-9　不同修复策略下攻击策略对 I^*与 β 之间关系的影响（ $p_{restore}$ =20%， α =0.30）

从图 8-9 可以看出，不管是采用无修复策略还是随机修复策略、度大修复策略、容量大修复策略，研发网络面对容量大攻击的关键抗风险阈值最大，接下来依次是度大攻击策略和随机攻击策略。例如，当采用无修复策略时，研发网络面对容量大攻击时的关键抗风险阈值 $\beta^*_{容量大攻击}$ =8.6，面对度大攻击时的关键抗风险

阈值 $\beta^*_{度大攻击}$ =7.8，面对随机攻击时的关键抗风险阈值 $\beta^*_{随机攻击}$ =5.6；当采用随机修复策略时，研发网络面对容量大攻击时的关键抗风险阈值 $\beta^*_{容量大攻击}$ =8.2，面对度大攻击时的关键抗风险阈值 $\beta^*_{度大攻击}$ =7.4，面对随机攻击时的关键抗风险阈值 $\beta^*_{随机攻击}$ =5.2；当采用度大修复策略时，研发网络面对容量大攻击时的关键抗风险阈值 $\beta^*_{容量大攻击}$ =7.8，面对度大攻击时的关键抗风险阈值 $\beta^*_{度大攻击}$ =7.2，面对随机攻击时的关键抗风险阈值 $\beta^*_{随机攻击}$ =5；当采用容量大修复策略时，研发网络面对容量大攻击时的关键抗风险阈值 $\beta^*_{容量大攻击}$ =7.6，面对度大攻击时的关键抗风险阈值 $\beta^*_{度大攻击}$ =7，面对随机攻击时的关键抗风险阈值 $\beta^*_{随机攻击}$ =4.8。

上述数值仿真结果说明，不管是采用无修复策略还是采用随机修复策略、度大修复策略、容量大修复策略，研发网络面对容量大攻击时的脆弱性最高，接下来依次是度大攻击策略和随机攻击策略。换句话说，研发网络面对随机攻击具有最高的鲁棒性，而面对容量大攻击时则最为脆弱。因此，为了有效预防风险传播的发生，应该合理分配研发网络中的有限资源，事先选择研发网络中那些风险容量较大的关键节点企业进行重点保护，从而最大限度地减小研发网络中风险传播发生的可能性。

8.3.4　本节小结

本节运用数值仿真方法分别对参数 α 和 β 、修复节点企业比例 $p_{restore}$ 、三种不同攻击策略（随机攻击、度大攻击、容量大攻击）如何影响风险控制策略模型，以及风险控制策略模型如何影响研发网络面对风险传播的脆弱性进行了深入分析，主要研究成果包括以下几点。

（1）与采用无修复策略一样，采用随机修复、度大修复、容量大修复这三种节点修复策略下研发网络面对风险传播现象同样存在关键抗风险阈值 β^*，这进一步验证了关键抗风险阈值 β^* 作为研发网络脆弱性指标的有效性和合理性。

（2）不管面对随机攻击、度大攻击还是容量大攻击，也不管修复节点企业比例 $p_{restore}$ 取何值，采用修复策略时的关键抗风险阈值均小于不采用修复策略时的关键抗风险阈值。这说明相对于不采用修复策略，采用随机修复、度大修复、容量大修复这三种策略均能够减小研发网络面对风险传播的脆弱性，从而验证了风险控制策略模型在减小研发网络脆弱性方面的有效性。

（3）当研发网络面对随机攻击时，不管修复节点企业比例 $p_{restore}$ 取何值，采用度大修复策略下的关键抗风险阈值 $\beta^*_{度大}$ 与容量大修复策略下的关键抗风险阈值 $\beta^*_{容量大}$ 基本相同，均小于采用随机修复策略下的关键抗风险阈值 $\beta^*_{随机}$ 。这说明在研发网络面对随机攻击的情况下，度大修复策略与容量大修复策略对控制风险传播即减小研发网络脆弱性的效率方面最高也基本相同，均高于随机修复策略的效率。

（4）不管采用何种修复策略，关键抗风险阈值 β^* 均随着参数 α 的增加而增加，这再次说明了随着研发网络各成员企业风险容量之间分布的差异性程度逐渐增加，研发网络面对风险传播的脆弱性也随之增加。因此，要想提高三种修复策略控制风险传播的效率，应尽可能地减小研发网络成员企业风险容量之间的差异程度。

（5）不论采用何种修复策略，关键风险阈值 β^* 均随着修复节点企业比例 p_{restore} 的增加而减小。说明了修复节点企业比例的增加在一定程度上能够减小三种修复策略下研发网络面对风险传播的脆弱性。

（6）当面对度大攻击和容量大攻击时，采用容量大修复策略时的关键风险阈值最小，接下来依次是度大修复策略和随机修复策略。这说明当研发网络面对度大攻击和容量大攻击时，采用容量大修复策略在减小网络脆弱性的效率方面最高，接下来依次是度大修复策略和随机修复策略。

（7）不管是采用无修复策略还是采用随机修复、度大修复、容量大修复策略，研发网络面对容量大攻击的关键抗风险阈值 β^* 最大，接下来依次是度大攻击策略和随机攻击策略。这说明在采用任何一种修复策略的情况下，研发网络面对容量大攻击时的脆弱性最高，接下来依次是度大攻击策略和随机攻击策略。因此，为了最大限度地预防风险传播的发生、减小风险传播发生的可能性，应该优先选择研发网络中风险容量较大的关键节点企业进行重点保护。

8.4 基于节点免疫的研发项目工期风险控制策略模型

根据前面基于组织网络级联失效的研发项目工期风险传播模型可知，组织网络上发生的级联失效现象会对任务网络的工期风险产生较大的不利影响，进而得出了许多有价值的结论和规律。在得出的这些结论和规律基础上，我们从目前比较典型的五种节点免疫策略出发，拟提出基于节点免疫视角的研发项目工期风险控制策略。

目前，部分学者针对节点免疫策略对网络性能的影响展开了一定的研究。比如，Scala 等提出了一种针对特定的金融机构而采取的免疫策略，发现基于中心度的免疫策略比没有免疫策略及随机免疫策略对整体鲁棒性的提升有着明显的优势，从而证明了目标免疫比随机免疫更加有效[203]；Cohen 等提出了一种针对大规模网络的熟人免疫策略，这种策略不需要知道网络的全局信息，只需要知道网络局部信息就可以实现较好的免疫效果[204]；Pastor-satorras 和 Vespignani 针对随机均匀免疫很难达到很好地降低级联失效范围这一现状，提出了一种基于连接层次性的节点免疫策略，研究发现这种免疫策略能够很明显地减小网络的脆弱性[205]。

对研发组织网络中的节点企业而言，节点免疫策略就是在尚未发生级联失效之前，对研发网络中的部分节点进行有针对性的重点保护，如为其购买研发失败保险或加大研发投入来提高研发能力冗余度，最大限度地保障并提高企业在复杂多变的研发环境中抵御风险并能够持续保持较高研发绩效的能力，从而最大限度地减弱级联失效现象对整个研发网络造成的影响及对相关联的任务网络工期风险的负面影响。通过对现有的节点免疫相关文献进行总结，我们提出针对节点企业的五种免疫策略，具体内容如下。

（1）第一种是随机免疫（random immunization，RI）策略。随机免疫策略就是在初始时刻即组织网络发生级联失效之前，随机地从网络中选取部分节点企业进行重点保护。该免疫策略对网络中不管是度大节点企业还是度小节点企业都是平等对待的。不难看出，这种策略的可操作性很强，但对有些网络的免疫效果往往不是很理想。比如，对研发组织网络来说，该网络中绝大多数成员企业的节点度很小，于是随机免疫将有很大的概率选取那些节点度很小的成员企业进行免疫。而事实上，免疫这些节点度较小的成员企业对控制整个组织网络上发生的级联失效现象往往效果不是很理想，很难真正有效地减弱级联失效的规模。因此，对组织网络来说，随机免疫的效果非常有限，但与不采取免疫策略相比，仍具有一定的效果。

（2）第二种是熟人免疫（acquaintance immunization，AI）策略。熟人免疫策略就是从部分节点企业的局部信息出发，首先从所有节点企业中随机选出一定数量的节点企业，再从每一个被选取的节点企业中随机地选取邻居企业进行保护。不难看出，这种免疫策略不需要知道组织网络的全局信息，因而对大规模网络而言尤其适用。在具有无标度网络特征的组织网络中，节点度大的成员企业比节点度小的成员企业拥有更多的节点企业与其相连接，熟人免疫是先随机选出部分节点再随机选取其邻居节点，因而节点度大的企业比节点度小的企业被选取并免疫的概率大得多。因此，对研发组织网络来说，熟人免疫策略比随机免疫应该会产生更好的免疫效果。

（3）第三种是改进的熟人免疫（improved-acquaintance immunization，IAI）策略。传统的熟人免疫策略是在随机选出的节点中再随机选取其邻居节点进行免疫，而改进的熟人免疫策略是针对邻居节点的选择过程，就是对随机选出节点的所有邻居节点的度进行排序，再按照该邻居节点的度占所有邻居节点的度之和的比重进行选取，于是节点企业 i 的某邻居企业 j 被选取的概率 Π_{ij} 为

$$\Pi_{ij} = \frac{k_j}{\sum_{l \in \Gamma_i} k_l} \tag{8-3}$$

式中，k_j——节点企业 j 的度；

Γ_i——节点企业 i 的所有邻居节点集合。

（4）第四种是中心度免疫（centrality immunization，CI）策略。基于前面提出的 K-核计算模型，我们将计算得出的节点企业的 K-核值作为该节点的中心度。在此基础上，对组织网络中所有节点企业的中心度进行降序排列，从中选取一定比例的中心度大的节点企业进行免疫。

（5）第五种是度大免疫（high-degree immunization，HI）策略。度大免疫策略是最经典的目标免疫策略，也是效果较为理想的免疫策略，主要就是将组织网络中节点企业的度进行降序排列，再从中选取一定比例的节点度大的成员企业进行免疫。

从以上五种免疫策略可以看出，熟人免疫和改进的熟人免疫是局部免疫策略，中心度免疫和度大免疫是全局免疫策略。局部免疫策略指的是在已知网络局部信息的情况下进行的免疫，而全局免疫指的是在已知网络全局信息的情况下进行的免疫。这两类免疫策略在不同的环境下均有其自身的适用性，如对规模庞大复杂且不断变化的人类社交网络系统来说，全局免疫是难以做到的，而熟人免疫可能就是一种既经济又合理的免疫策略。

接下来，我们假设被选取进行免疫的节点企业的状态均为免疫状态，即在参与研发活动的整个过程中不会受到周围合作企业的影响，始终保持正常的研发效率而参与到研发任务的执行中，因而其状态用（0，1）表示。于是，提出组织网络的节点企业 i 在 t 时刻的状态 $\tau_i(t)$ 表示如下：

$$\tau_i(t)=\begin{cases}(0,0), & \text{节点企业}i\text{在}t\text{时刻处于正常状态}\\(0,1), & \text{节点企业}i\text{在}t\text{时刻处于免疫状态}\\(1,0), & \text{节点企业}i\text{在}t\text{时刻处于负载状态}\\(1,1), & \text{节点企业}i\text{在}t\text{时刻处于失效状态}\end{cases} \tag{8-4}$$

于是，组织网络中不同节点企业状态之间的转变规则具体如图 8-10 所示。其中，IS 表示处于免疫状态的节点企业，NS 表示处于正常状态的节点企业，OS 表示处于负载状态的节点企业，FS 表示处于失效状态的节点企业。

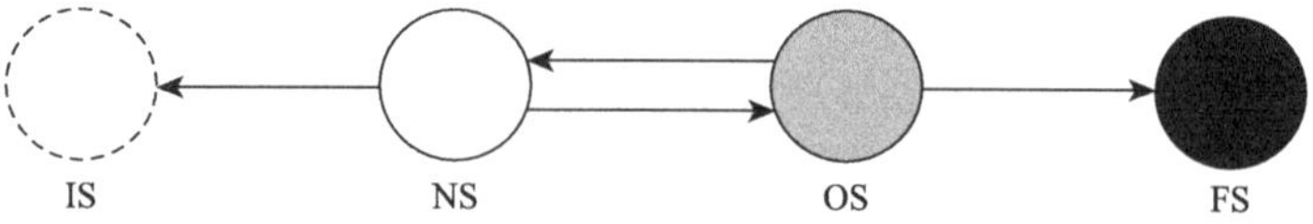

图 8-10　节点企业的状态转变规则

最终，仍然采用所有任务计划工期的拖延程度 $L=\sum_{i=1}^{M}t_i'\Big/\sum_{i=1}^{M}t_i$ 来度量采用节点免疫策略下组织网络级联失效对任务工期风险的影响大小。显然，当模型中其他参数取值相同的情况下，采用某种节点免疫策略时的 L 值越小，表示采用该节点免疫策略对控制任务网络工期风险的效果越好。

8.5　数值仿真及结果分析

根据前面分析，研发组织网络具有无标度网络和加权网络的两个基本特征。因此，采用 BBV 模型来构建研发项目的组织网络模型，具体生成算法在此不做赘述。最终，经过 t 个时间间隔后，生成一个具有 $N = N_0 + t$ 个节点、网络节点的度、点强度及边权均服从幂律分布的加权无标度组织网络。接下来，将运用数值仿真方法，根据 BBV 模型生成参数 $N_0 = 6$ 、 $m = 3$ 、 $w_0 = 3$ 、 $\delta = 3$ 、 $N = 1000$ 的研发组织网络。

接下来，在生成组织网络模型的基础上，不妨假设该研发项目的研发任务总数 $M = 200$，于是每项任务平均参与执行的组织节点数 $\overline{d} = \dfrac{N}{M} = 5$，同时假设每项任务的计划工期服从 1～60 天的均匀整数分布，即 $t_i \sim U(1,60)$ 。为了触发组织网络的级联失效过程，随机选取比例为 20% 的节点企业把其状态设为负载状态，其余节点企业均处于正常状态。由于资源的有限性，初始时刻按照不同的节点免疫策略，选取比例为 5%的节点企业使其处于免疫状态。

鉴于传染延迟参数 β、控制参数 ζ 及风险控制投入成本 μ 等不同参数取值对任务网络工期风险具有不同程度的影响，下面分别从控制参数 ζ、风险控制投入成本 μ 及传染延迟参数 β 对基于节点免疫的工期风险控制策略效率的影响进行数值仿真。

8.5.1　参数 μ 和 ζ 对工期风险控制策略模型的影响

如前所述，控制参数 ζ 表示的是组织网络节点企业之间状态传染的难易程度，其值越大表示节点企业之间越容易传染与被传染；风险控制投入成本 μ 表示节点企业投入风险控制成本的程度，其值越高表示节点企业投入风险控制的成本越多，其风险控制能力就越强。接下来，将分别对不同节点免疫策略下，ζ=0.2、ζ=0.4、ζ=0.6、ζ=0.8 时指标 L 与参数 μ 之间的关系进行数值仿真，以揭示参数 μ 对工期风险控制策略模型的影响，具体如图 8-11 所示。

从图 8-11 可以看出，不管采取何种节点免疫策略，当参数 ζ=0.2、ζ=0.4、ζ=0.6、ζ=0.8 时，任务网络的工期风险大小即指标 L 值均随着参数 μ 值的增加呈现出不断下降的趋势。该仿真结果再一次验证了参数 μ 的增加可以显著减小任务网络的工期风险这一结论。进一步可以得出，参数 μ 的增加均可以显著提高所有五种节点

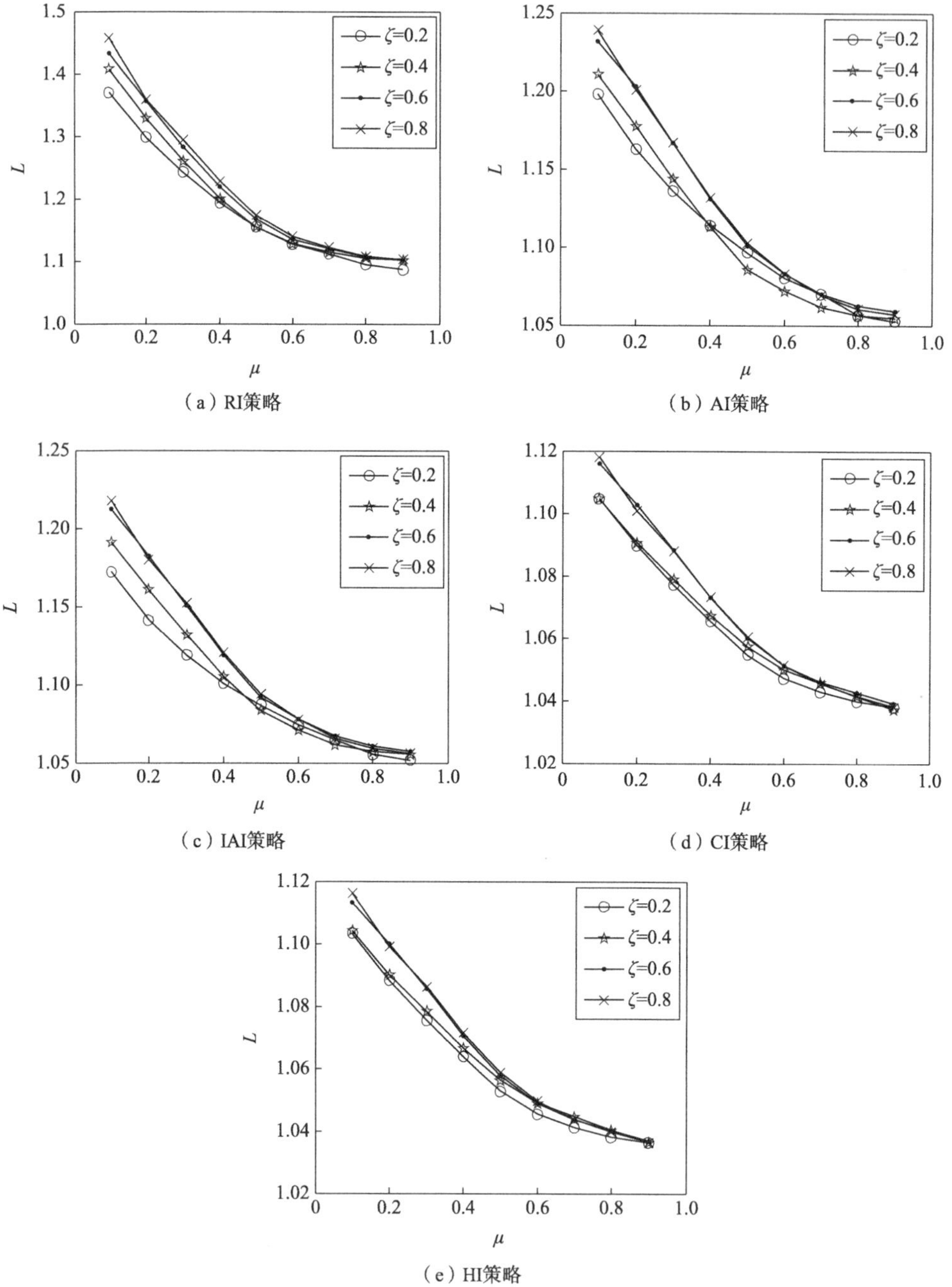

图 8-11　不同节点免疫策略下参数 ζ 不同取值下指标 L 与参数 μ 之间的关系

免疫策略对控制工期风险的效果。接下来，为了进一步分析五种不同节点免疫策略对控制工期风险的不同效果，下面对不同参数 ζ 取值下，采取不同节点免疫策

略时的指标 L 与参数 μ 之间的关系进行数值仿真，具体如图 8-12 所示。

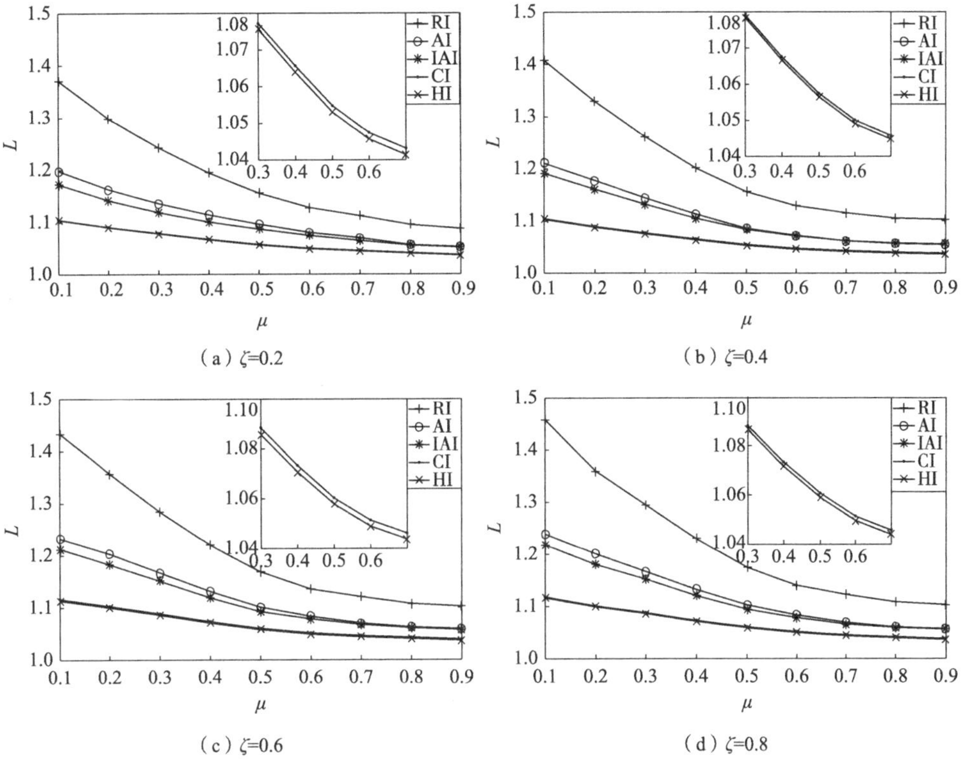

（a）ζ=0.2　（b）ζ=0.4

（c）ζ=0.6　（d）ζ=0.8

图 8-12　不同节点免疫策略下指标 L 与参数 μ 之间的关系（ζ=0.2、0.4、0.6、0.8）

从图 8-12 中的四个子图即参数 ζ 取不同数值下五种不同节点免疫时指标 L 与参数 μ 之间的关系可以看出，不管参数 ζ 取何值，当固定参数 μ 取某一个数值时，采取 HI 策略时指标 L 值最小，接下来依次是 CI 策略、IAI 策略、AI 策略，而采取 RI 策略时的指标 L 值最大。该仿真结果说明，五种节点免疫策略中，HI 策略对控制组织网络级联失效进而控制任务网络工期风险时的效果最佳，接下来依次是 CI 策略、IAI 策略、AI 策略和 RI 策略。

而且，对比这五种免疫策略可以看出，采取不同免疫策略时指标 L 面对参数 μ 值的变化而随之变化的程度不同。具体就是，采取 RI 策略时指标 L 随着参数 μ 的增加而减小的趋势最为显著，接下来依次是 AI 策略和 IAI 策略，而采取 CI 策略和 HI 策略时指标 L 随参数 μ 变化而变化的趋势最不显著。该结果说明，将组织网络中节点度或中心度较高的成员企业进行免疫之后，对网络中其余的成员企业而言，彼此之间的状态影响概率相对较低即彼此之间很难相互感染，于是组织网络发生级联失效的范围和可能性就大大减小，因而指标 L 随参数 ζ 变化而随之变化的趋势不明显。该结论给我们这样一个启示，那就是对组织网络采取中心度免疫策略或度大免疫策略即保护组织网络中那些中心度高或节点度大的关键企业，可以在很大程度上控制组织网络级联失效对任务网络工期风险的影响，而且这种控制的效果受研发项目内外部环境的影响较小。

8.5.2　参数 β 对工期风险控制策略模型的影响

如前所述，传染延迟参数 β 对组织网络的级联失效具有重要的影响，其数值的变化会影响组织网络发生级联失效直到结束时各种状态节点企业的比例，进而通过级联失效现象对任务网络的工期风险产生一定的影响。不难看出，传染延迟参数对基于节点免疫的工期风险控制策略可能会具有一定的影响。为了验证这一假设，下面将分别对不同节点免疫策略下，传染延迟参数 β 分别取 2、4、6、8 时指标 L 与参数 μ 之间的关系进行数值仿真，具体如图 8-13 所示。

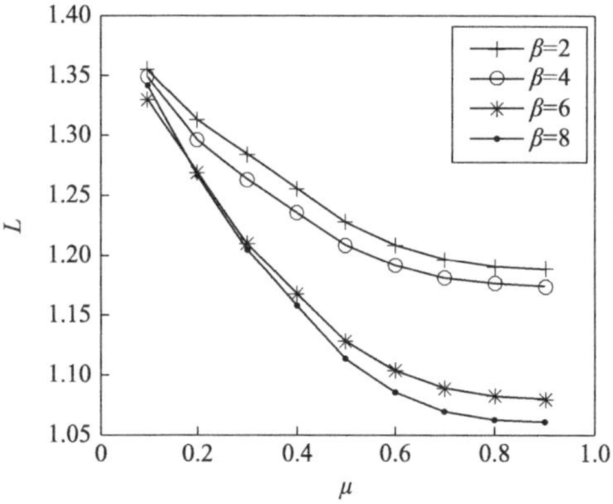

（a）RI策略

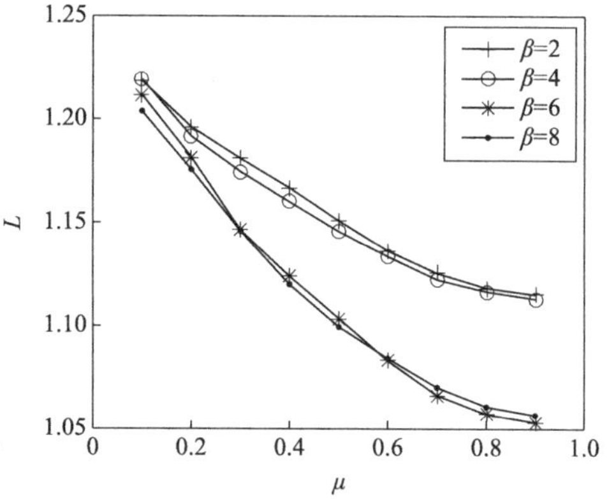

（b）AI策略

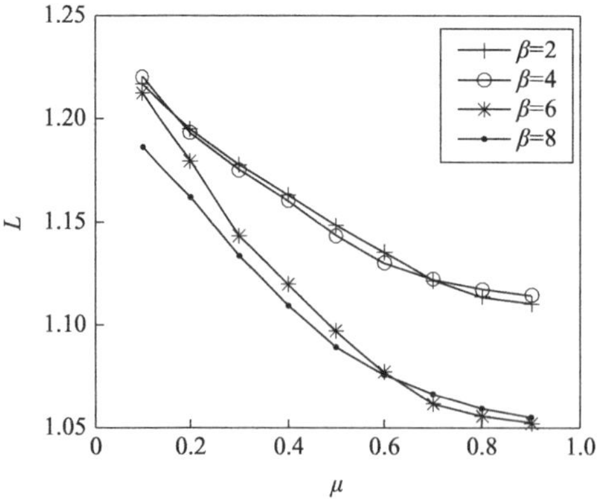

（c）IAI策略

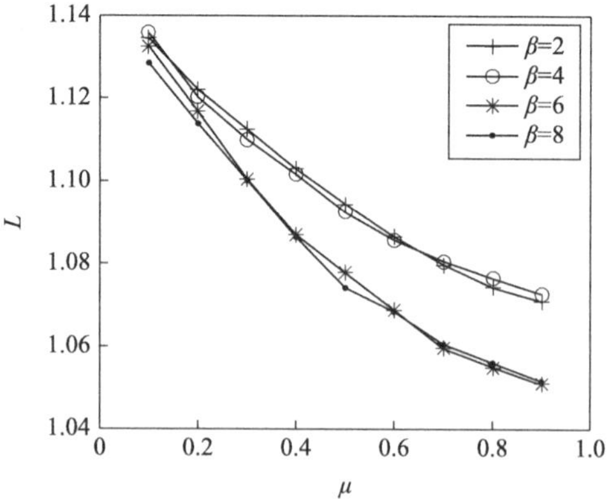

（d）CI策略

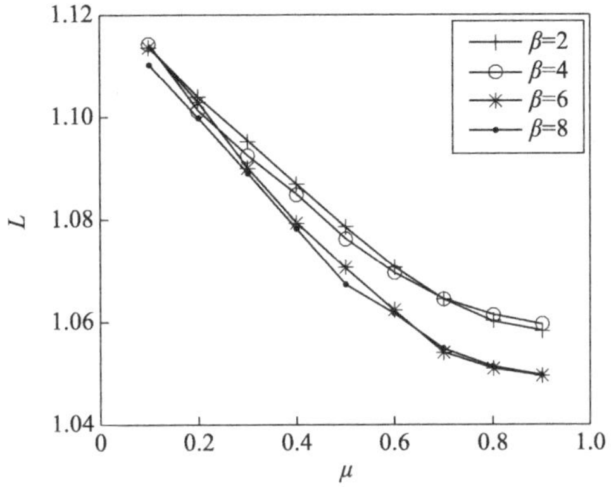

（e）HI策略

图 8-13　不同节点免疫策略下参数 β 不同取值下指标 L 与参数 μ 之间的关系

从图 8-13 可以看出，不管组织网络采取何种节点免疫策略，当固定参数 μ 取某一数值时，工期风险大小指标 L 随着传染延迟参数 β 数值的增加而相应减小。该仿真结果说明，不管采取何种节点免疫策略，参数 β 值的增加即传染延迟时间 T 的延长，均可以在一定程度上提高这五种节点免疫策略对控制任务网络工期风险的效果。接下来，为了进一步对比分析五种不同节点免疫策略对控制工期风险的不同效果，下面对参数 β 取不同数值下，采取不同节点免疫策略时指标 L 与参数 μ 之间的关系进行数值仿真，具体如图 8-14 所示。

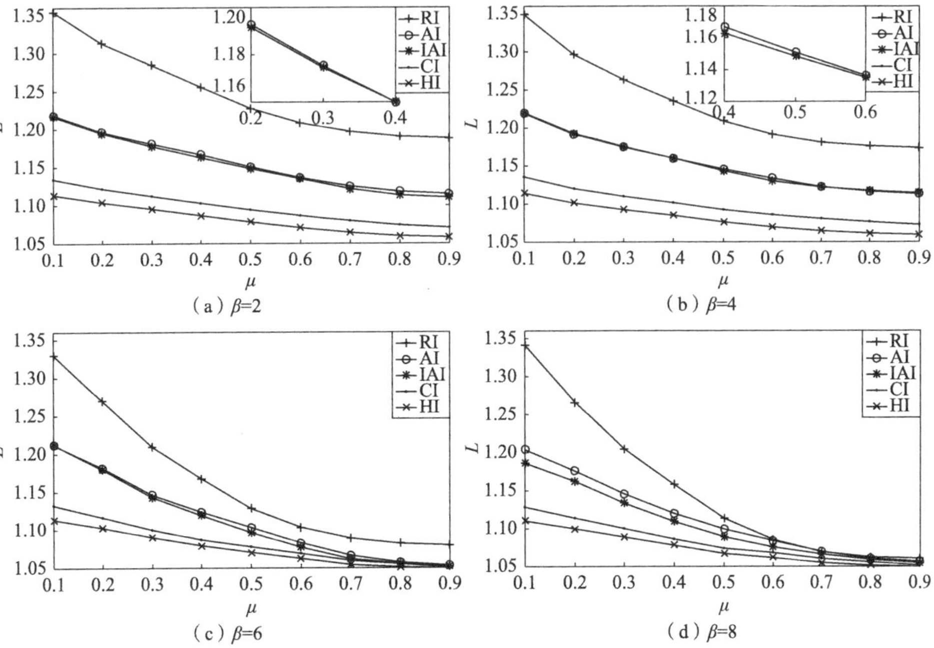

图 8-14　不同节点免疫策略下指标 L 与参数 μ 之间的关系（β=2、β=4、β=6、β=8）

从图 8-14 中的四个子图即对比参数 β 取不同数值下五种不同节点免疫时指标 L 与参数 μ 之间的关系可以看出，不管参数 β 取何值，当固定参数 μ 取某一个数值时，采取 HI 策略时的指标 L 值最小，接下来依次是 CI 策略、IAI 策略、AI 策略，而 RI 策略时的指标 L 值最大。该仿真结果说明，五种节点免疫策略中，HI 策略对控制组织网络级联失效进而控制任务网络工期风险时的效果是最佳的，接下来依次是 CI 策略、IAI 策略、AI 策略，而 RI 策略控制级联失效进而控制工期风险的效果最差。

而且，从图 8-14 也可以看出，采取不同免疫策略下指标 L 面对参数 μ 值的变化而随之变化的程度有所不同。具体就是，采取 RI 策略下指标 L 随着参数 μ 的增加而减小的程度最为显著，接下来依次是 AI 策略、IAI 策略，CI 策略和 HI 策略。该结果再次说明，对组织网络中节点度或中心度较高的成员企业进行免疫之后，可以显著减小组织网络发生级联失效的范围和可能性，进而可以在很大程度上控制组织网络级联失效对任务网络工期风险的影响，而且这种控制的效果受研发项目内外部环境的影响较小。

8.5.3　本节小结

本节运用数值仿真方法并借助 MATLAB 软件，分别从控制参数 ζ、风险控制投入成本 μ 及传染延迟参数 β 对基于节点免疫的工期风险控制策略效率的影响进行了分析。主要研究成果包括以下几点。

（1）不管对组织网络采取何种节点免疫策略，当参数 ζ 取不同数值时，任务网络的工期风险大小即指标 L 值均随着参数 μ 值的增加呈现出不断下降的趋势。该仿真结果说明，参数 μ 的增加可以显著提高所有五种节点免疫策略对控制工期风险的效果。

（2）不管参数 ζ 取何值及不管参数 β 取何值，采取 HI 策略时的指标 L 值最小，接下来依次是 CI 策略、IAI 策略、AI 策略、RI 策略。这说明，五种节点免疫策略中，HI 策略对控制组织网络级联失效进而控制任务网络工期风险时的效果最佳，接下来依次是 CI 策略、IAI 策略、AI 策略和 RI 策略。

（3）对比这五种免疫策略，采取不同免疫策略下指标 L 面对参数 μ 值的变化而变化的程度不同，即采取 RI 策略下指标 L 随着参数 μ 的增加而减小的程度最为显著，接下来依次是 AI 策略、IAI 策略，CI 策略和 HI 策略。该结果说明，对组织网络中节点度或中心度较高的成员企业进行免疫之后，可以显著减小组织网络发生级联失效的范围和可能性，进而可以在很大程度上控制组织网络级联失效对任务网络工期风险的影响，而且这种控制的效果受研发项目内外部环境的影响较小。该结论给我们这样一个启示，在实际的研发项目工期风险管理中，理论上应该对那些合作伙伴最多的核心企业进行重点保护，这可以在很大程度上有效地控制组织网络级联失效及工期风险的发生。但如果只知道组织网络的局部信息，那么此时对组织网络采取改进的 AI 策略，仍然对降低研发项目的工期风险同样具有重要的作用和意义。

第 9 章 针对关联研发网络风险级联传播的控制策略

9.1 引　　言

面对市场需求的快速多变、产品研发周期的不断缩短、产品结构和功能的日益复杂及研发资源的稀缺有限，不同企业之间通过结成研发网络来合作研发已成为现代研发活动的有效战略选择[1]。例如，参与 C919 大型客机研制项目的参研单位共有 200 多家，这些组织通过结成研发网络确保了该研发活动的顺利进行。然而，随着研发网络规模的不断扩大及成员企业之间合作关系的错综复杂，研发网络很容易发生风险传播现象，并最终对整个研发网络及整个研发活动造成严重后果。而且，随着合作研发的日益频繁与加深，许多研发网络之间还存在着关联关系。不同研发网络之间存在的关联关系会进一步引发风险在不同研发网络上的级联传播现象，这在一定程度上又增加了研发网络的脆弱性。鉴于风险级联传播现象对研发网络可能造成的更大的不利影响，有必要针对如何控制关联研发网络上发生的风险级联传播现象展开研究。

目前，关于复杂网络上风险传播的研究主要集中在经济金融网络、供应链网络、计算机网络、企业合作网络、产业链网络等领域。然而，单层网络已很难有效地描述一些真实的社会网络系统。而现实中的许多网络之间存在着各种关联关系，如供电网络和供水网络、供电网络和计算机网络、计算机网络和交通网络等。而且一个网络部分节点功能的失效很可能导致其他网络节点的失效，从而在关联网络上发生级联失效（相继故障）现象。对此，学者开始关注关联网络上的级联失效现象。Buldyrev 研究团队采用渗流理论对某层网络节点失效引发的多层网络之间的级联失效问题进行了建模及仿真，研究发现随机攻击一个网络中的少数节点可以导致所有关联网络的彻底崩溃，但是对于单个网络则需要随机攻击相当数量的节点才能导致该网络的彻底崩溃[173,175,206]；Huang 等分析了关联网络面对蓄意攻击（度大攻击和度小攻击）出现的级联失效现象，发现关联网络通过保护度大节点来提高其鲁棒性的效果不如单一网络明显[174]；Wang 等通过建立节点负荷的动态分配机制提出了关联网络的级联失效模型，并分析了如何分配节点之间的负荷来提高关联网络面对级联失效的鲁棒性[176]；Zhang 等通过引入网络流概念研究了关联交通网络上的级联失效现象，发现关联网络面对级联失效的鲁棒性明显弱于单一网络[177]；Wang 等揭示了关联的供电网络与天然气网络面对攻击边策略时的级联失效现象，提出了应该优先保护关联边来减小关联网络发生级联失效的范围[179]；王建伟等考虑边权重和相互依赖网络间耦合强度对负荷的影响而构建了相互依赖网络的级联失效模型，进而探讨了提高相互依赖网络整体抵制级联失效鲁棒性的优化策略[207]；张超等根据节点间的功能传输关系构建了关联供电网络与供水网络的失效动力学模型，发现少量节点的物理失效极易引起大量节点的功能失效[180]；王淑良和陈学广分析了关联基础设施网络上发生的级联失效及其对脆弱性的影响，发现关联网络面对蓄意攻击非常脆弱而面对随机攻击具有相对较好的容忍性[181]；韩海艳等采用元胞自动机模型构建了双层耦合网络上的风险传播及其保护策略模型，发现耦合网络的风险传播受网络拓扑结构的影响，目标保护策略在作用速度上稍逊于随机保护策略，但对感染规模的抑制方面优于随机保护策略[208]。

通过总结发现，大多数研究集中在供电、供水、交通、通信、天然气等关联基础设施网络或抽象关联网络上的级联失效现象。而实际上，级联失效现象除了在关联基础设施网络比较常见之外，在社会经济网络系统中同样存在。魏龙和党兴华从节点负荷、节点容量、子网络内部与子网络间的失效机制入手构建了相依技术创新网络的级联失效模型[209]。对研发网络而言，从单层网络视角甚至从关联网络层面开展的关于风险传播的研究尚不多。而且，针对风险传播如何控制的研究也相对较少。目前，部分学者针对级联失效的控制策略进行了一定的研究，基本分成了网络封锁和线路转换两大类。但这两类控制策略都是通过增加或删除一些网络要素（节点或边）来达到控制的目的，均在一定程度上改变了网络的拓扑结构，从而给网络带来一些不可预见的其他严重后果。为了不改变网络的拓扑结构，我们拟从提高未失效企业的最大抗风险能力和修复已失效企业两方面，提出针对关联研发网络风险级联传播的控制策略模型，并运用数值仿真方法来验证该模型的有效性。

9.2　针对风险级联传播的控制策略模型

目前，关于风险传播的研究较多借鉴复杂网络传染病传播模型如 SIS 模型、

SIR 模型等，描述的是节点受到风险影响后状态（健康或感染）变化的一种连锁反应，却忽略了风险可以在节点上累积直到超过该节点可承受能力的可量化本质。因此，我们将风险发生后对研发网络成员企业造成的损失大小视为该企业所承担的风险负荷，将成员企业所拥有的最大抗风险能力视为该企业的风险容量。当某成员企业累积的风险负荷超过了自身的风险容量时，该企业将不能正常运营而失效。接下来，该失效企业上发生的风险便会借助企业之间的合作关系而触发合作企业上的潜在风险，进而导致合作企业因风险负荷超载而出现风险传播现象。而且，单个研发网络内失效企业上发生的风险也可以通过关联企业之间具有的关联关系而触发另一个研发网络上的风险传播过程，从而就形成了关联研发网络之间的风险级联传播现象。前面第 8 章已经从构建单个研发网络内的风险传播模型和关联研发网络之间的风险级联传播模型两方面，提出了关联研发网络的风险级联传播模型，在此不做赘述。接下来，将针对关联研发网络风险级联传播现象提出控制策略模型。

通过前面的研究综述，已知目前针对相继故障的网络封锁和线路转换这两类控制策略均会在不同程度上改变网络的拓扑结构，从而给整个网络带来更为严重的其他后果。鉴于此，下面将从风险级联传播发生之前如何提高未失效企业的风险容量和风险级联传播发生过程中如何修复已失效企业两方面，提出针对关联研发网络风险级联传播现象的控制策略模型。

如前所述，风险容量指的是研发企业通过自身能力可以承担的最大风险负荷，其值越大，表示该企业的最大抗风险能力越强，反之越弱。当然，除了企业通过自身努力来增加风险容量之外，还可以通过外部措施如加大政府投入、出台相关政策法规、加强市场监管、规范研发活动秩序等进一步增加企业的风险容量，从而最大限度地预防风险级联传播的发生。因此，用 C_i' 表示关联研发网络节点企业 i 通过施加外部措施后的风险容量，具体公式如下：

$$C_i' = (1+\theta)C_i \tag{9-1}$$

式中，C_i'——节点企业 i 通过施加外部措施后的风险容量；

C_i——节点企业 i 的初始风险容量；

θ——$\theta \geqslant 0$，称为研发网络的抗风险能力提高参数，表示通过外部措施而投入给研发网络所有成员企业风险控制资源（包括有形资源和无形资源）的程度，其中，θ 取值越大，意味着通过外部措施投入给研发网络所有成员企业的风险控制资源越多，每个企业增加的风险容量就越多。

当关联研发网络由于各种原因不可避免地发生风险级联传播后，我们提出通过修复已失效企业来达到进一步控制风险级联传播的目的。鉴于风险控制资源的有限性特点，本书提出如下假设。

（1）并不是所有的企业失效后都可以被修复，只有部分失效企业才具有修复资格。于是，本书提出 ρ_i 表示节点企业 i 是否具有修复资格，其中 $\rho_i=1$ 表示该企业 i 失效后具有修复资格，而 $\rho_i=0$ 表示没有修复资格。

（2）修复失效企业是通过消除该失效企业上最少的风险负荷同时保证减少后的风险负荷小于风险容量这一方法来实现的。

（3）鉴于风险控制资源的有限性，在此假设具有修复资格的失效企业仅有一次的修复机会，且修复后仍有可能被其他失效企业上的风险再次触发而失效。于是，提出采用 $\lambda_i(t)$ 来表示 t 时刻具有修复资格的失效企业 i（即 $\rho_i=1$ 且 $\tau_i(t)=1$）被修复的状态。其中，$\lambda_i(t)=0$ 表示该企业 i 尚未修复，而 $\lambda_i(t)=1$ 表示已被修复。接下来，将以图 9-1 和图 9-2 来描述修复失效企业的具体过程。

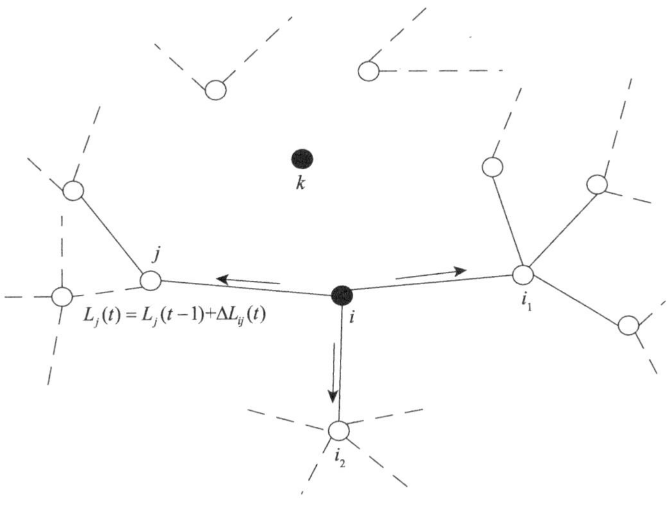

图 9-1　t 时刻研发企业 j 的失效过程

在图 9-1 中，假定黑色节点 k 为 $t-1$ 时刻结束后因失效已退出网络的企业，黑色节点 i 为 $t-1$ 时刻结束后被失效企业 k 上的风险所触发而失效但不具有修复资格且尚未退出研发网络的企业，白色节点为 $t-1$ 时刻结束时处于正常状态的企业。对失效企业 i 来说，由于不具有修复资格（即 $\rho_i=0$），于是在 t 时刻该企业被触发的风险将通过企业间的合作关系而触发合作企业 j、i_1、i_2 上的潜在风险。以企业 j 为例，不妨假定 t 时刻结束后该企业 j 的风险负荷将超过风险容量，即 $L_j(t)=L_j(t-1)+\Delta L_{ij}(t)>C_j'$，于是该企业 j 处于失效状态。

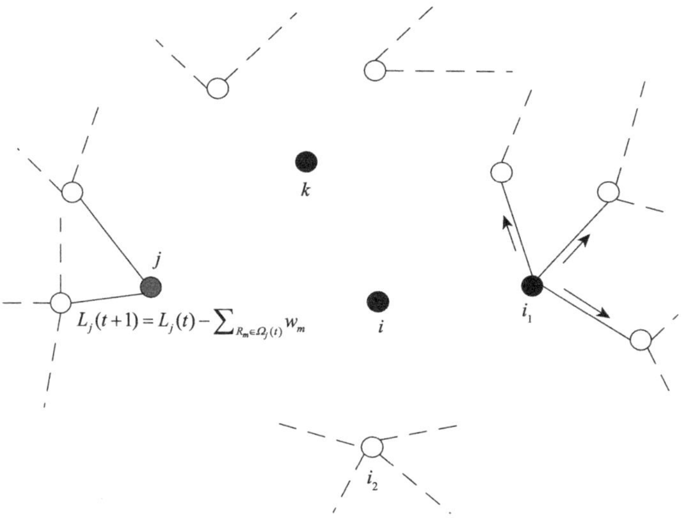

图 9-2　t+1 时刻失效企业 j 的修复过程

在图 9-2 中，黑色节点 i 和 k 为 t 时刻结束后因失效而退出网络的企业，黑色节点 i_1 为 t 时刻结束后被失效企业 i 上的风险所触发而失效但不具有修复资格的企业，灰色节点 j 为 t 时刻结束后被失效企业 i 上的风险所触发而失效但具有修复资格的企业，白色节点为 t 时刻结束后处于正常状态的企业。对失效企业 i_1 来说，由于没有修复资格（即 $\rho_{i_1}=0$），于是在 t+1 时刻该企业上的已发风险将通过企业间的合作关系而进一步触发其合作企业上的潜在风险。而对失效企业 j 来说，由于具有修复资格且尚未被修复（即 $\rho_j=1$ 且 $\lambda_j(t)=0$），于是在 t+1 时刻将通过消除该失效企业 j 上最少的风险负荷同时保证减少后的风险负荷小于风险容量来实现修复的目的。因此，本书提出用 $\Omega_j(t+1)$ 来表示 t+1 时刻失效企业 j 上被消除的最少风险负荷之和，具体公式如下：

$$\Omega_j(t+1)=\min\{\sum_{R_m\in A}w_m \mid A\subset\Phi_j(t+1), L_j(t)-\sum_{R_m\in A}w_m\leqslant C'_j\} \quad (9\text{-}2)$$

式中，w_m——风险 R_m 发生后造成的损失大小；

R_m——风险事件 R_m；

$L_j(t)$——t 时刻节点企业 j 的风险负荷；

$\Phi_j(t+1)$——t+1 时刻失效企业 j 上的已发风险集合；

C'_j——节点企业 j 通过施加外部措施后的风险容量。

因此，t+1 时刻结束后失效企业 j 修复后的风险负荷 $L_j(t+1)=L_j(t)-\sum_{R_m\in\Omega_j(t+1)}w_m$。接下来，针对哪些失效企业具有修复资格，提出了三种选取失效企业进行修复的策略：①随机修复策略，即完全随机地从网络中选取部分失效企业进行修复；②度大修复策略，即根据节点度由大到小的顺序选择网络中节点度大的失效企业进行修复；③容量大修复策略，即根据风险容量由大到小的顺序选择网络中风险容量大的失效企业进行修复。

最终，为了衡量风险级联传播结束后对两个关联研发网络造成的影响，仍然采用指标 I^* 来表示风险级联传播结束后失效企业总数占所有成员企业总数的比例，公式如下：

$$I^* = \lim_{t\to\infty} I(t) = \lim_{t\to\infty} \sum_{i\in V^A\cup V^B} \frac{\tau_i(t)}{N^A + N^B} \tag{9-3}$$

式中，N^A——研发网络 G^A 的所有成员企业总数；

N^B——研发网络 G^B 的所有成员企业总数；

V^A——研发网络 G^A 的所有成员企业集合；

V^B——研发网络 G^B 的所有成员企业集合；

$\tau_i(t)$——t 时刻节点企业 i 的运行状态，其中 $\tau_i(t)=0$，表示 t 时刻该节点企业 i 处于正常运行状态，其中 $\tau_i(t)=1$，表示 t 时刻该节点企业 i 已处于失效状态；

$I(t)$——t 时刻结束时失效企业总数 $\sum_{i\in V^A\cup V^B}\tau_i(t)$ 占所有成员企业总数 N^A+N^B 的比例，显然 $I(0)=0$。

当整个关联研发网络失效企业的数量保持不变时，也就意味着风险级联传播过程的结束。显然，如果 $I^*\to 0$，意味着只有极少数研发企业失效而退出网络，整个关联研发网络处于有序运行状态；如果 $I^*\to 1$，意味着绝大部分研发企业已经失效而退出网络，整个关联研发网络处于瘫痪状态。

9.3　数值仿真及结果分析

在对风险控制策略模型进行数值仿真之前，首先提出关联研发网络形成模型。根据前面分析，我们知道研发组织网络具有无标度网络的增长性和择优连接性及小世界网络的基本特征。其中，增长性体现为由于对互补性研发知识的需求，在位企业会不断寻求网络外企业进行合作，同时网络外企业也会积极与在位企业寻求合作以加入到研发网络中，从而使得研发网络的规模不断增加；择优连接性主要体现为拟加入研发网络的新企业在选择合作伙伴时具有一定的偏好性，即某个在位企业的研发实力越强、拥有的研发资源越丰富，就会吸引越来越多的新企业与之建立合作关系，并最终越有可能成为网络的中心节点。而那些研发实力较弱、拥有合作关系数量较少的企业则最终成为外围节点；

同时，研发网络也具有小世界网络的特征，即由于沟通成本和沟通效率的影响，研发企业在选择合作伙伴过程中倾向于同距离自己较近的研发企业建立合作关系。基于上述分析，在此提出单个研发网络的生成算法，具体包括以下主要内容。

（1）增长：从一个具有 m_0 个节点的初始全连通研发网络开始，每隔相同时间加入一个新的节点企业 j，并且与在位节点企业相连接产生 m（$m \leqslant m_0$）条边；

（2）局部择优连接：将网络中与新加入节点企业 j 距离最近的 M（$m \leqslant M \leqslant m_0 + t$）个节点企业集合作为节点企业 j 的局域世界 V_j'，于是新加入的节点企业 j 与局域世界 V_j' 内的节点企业 i（$i \in V_j'$）相连接的概率 Π_{ij} 为

$$\Pi_{ij} = \frac{d_i}{\sum_{k \in V_j'} d_k} \tag{9-4}$$

式中，d_i——节点 i 的度，即与该节点存在直接连接关系的节点数量；

V_j'——节点 j 的局域世界，即距离节点 j 最近的 M（$m \leqslant M \leqslant m_0 + t$）个节点所组成的集合，其中，节点 j 与节点 k（$k \in V_j'$）之间的距离指欧氏距离，即 $D_{jk} = \sqrt{(x_j - x_k)^2 + (y_j - y_k)^2}$（其中，$< x_j, y_j >$ 指的是节点 j 的地理坐标，$x_i \in [0,1]$ 且随机取值，$y_i \in [0,1]$ 且随机取值）。

最终，经过 t 个时间间隔，研发网络将生成一个具有 $N = m_0 + t$ 个节点企业、平均度 $\langle d \rangle \approx 2m$ 的复杂网络。

接下来，根据前面分析，我们知道关联研发网络之间存在着共享关联关系和输入关联关系这两种关联关系，其中，共享关联关系指研发企业由于自身发展的需要并不仅只属于某一个研发网络，往往同时在其他研发网络之中也承担着研发任务。输入关联关系指一个研发网络中的某些成员企业需要另一个研发网络中的某些成员企业为其提供技术、资金、知识、工艺等资源才能进行研发活动。因此，提出关联矩阵 $I_{A \rightleftarrows B} = [I_{ij}]_{N^A \times N^B}$ 来构建两个研发网络之间具有的关联关系，具体内容可见式（7-2），在此不做赘述。基于此，提出指标 S 来定量描述两个研发网络之间具有的关联强度，具体如下：

$$S_{AB} = \sum_{j=1}^{N^B} \sum_{i=1}^{N^A} \left| I_{ij} \right| \Big/ (N^A + N^B) = \left(\left| V_1^A \right| + \left| V_1^B \right| + 2\left| V_2 \right| \right) \Big/ (N^A + N^B) \tag{9-5}$$

式中，S_{AB}——研发网络 G^A 与研发网络 G^B 之间的关联强度；

I_{ij}——研发网络 G^A 的节点企业 i 与研发网络 G^B 的节点企业 j 之间存在的关联关系；

N^A——研发网络 G^A 中的节点企业总数；

N^B——研发网络 G^B 中的节点企业总数；

$|V_1^A|$——集合 V_1^A 中的节点企业数量，其中，V_1^A 指的是研发网络 G^A 中为研发网络 G^B 中的某些企业提供资源的企业集合；

$|V_1^B|$——集合 V_1^B 中的节点企业数量，其中，V_1^B 指的是研发网络 G^B 中为研发网络 G^A 中的某些企业提供资源的企业集合；

$|V_2|$——集合 V_2 中的节点企业数量，其中，V_2 指的是在研发网络 G^A 和 G^B 中均承担研发任务的企业集合。

下面，对上述模型中的部分参数取值进行固定。根据现实研发网络规模及成员企业之间的合作程度，在此假设两个研发网络的规模 $N^A = N^B = 100$，同时假定 $m_0^A = m_0^B = 6$，$m^A = m^B = 3$，$M^A = M^B = 6$，于是两个网络的平均度 $\langle d^A \rangle = \langle d^B \rangle \approx 2m^A = 6$。假设两个研发网络分别具有相同数量的输入关联关系及共享关联关系，即 $|V_1^A| = |V_1^B| = |V_2|$，于是两个研发网络之间的关联强度 $S_{AB} = 2|V_1^A|/N^A$，据此可以采用数值仿真方法生成虚拟的关联研发网络。假设风险的损失大小分为可忽略、轻度、一般、严重、灾难五个等级，分别用数值 1、2、3、4、5 表示。进一步假设该关联研发网络的七类风险具有不同的发生概率和损失大小，设定 $p_1 = 10\%$，$w_1 = 5$；$p_2 = 25\%$，$w_2 = 4$；$p_3 = 30\%$，$w_3 = 4$；$p_4 = 35\%$，$w_4 = 3$；$p_5 = 35\%$，$w_5 = 3$；$p_6 = 30\%$，$w_6 = 3$；$p_7 = 40\%$，$w_7 = 2$，于是，$\bar{V} = \sum_{i=1}^{7} w_i p_i = 6.5$。简化起见，假设任意两个不同风险之间具有相同的触发概率，即 $h_{ij} = 25\%$（$\forall i=1, 2, \cdots, 7$；$\forall j=1, 2, \cdots, 7$）。为了引发风险级联传播过程，假设初始攻击研发网络 G^A 上 10 个成员企业并使其失效。鉴于资源的有限性，假设两个网络具有相同数量具有修复资格的企业，设定 $N_{修复}^A = N_{修复}^B = 30$。

接下来，将运用数值仿真方法并借助 MATLAB 软件，分别分析抗风险能力提高参数 θ、参数 α、关联强度 S 及不同攻击策略对风险控制策略的影响。

9.3.1　抗风险能力提高参数 θ 对风险控制策略的影响

抗风险能力提高参数 θ（$\theta \geqslant 0$）指的是关联研发网络尚未发生风险级联传播之前，通过外部措施而投入给整个管理研发网络所有成员企业风险控制资源的程度。不难看出，当参数 θ 值足够大时，投入给整个关联研发网络的风险控制资源足够充足，每个成员企业增加后的风险容量足以抵抗额外的风险负荷，于是风险就不会在关联研发网络之间进行大范围的级联传播。但是当参数 θ 值比较小时，有些企业增加后的风险容量不足以抵抗额外的风险负荷，这样风险就有可能在整个关联研发网络中进行大范围的级联传播。接下来，为了揭示参数 θ 取值对风险控制策略的影响，分别对 $\alpha=0.10$ 、$\alpha=0.20$ 、$\alpha=0.30$ 、$\alpha=0.40$ 时，失效企业占所有企业的比例这一指标 I^* 与参数 θ 之间的关系进行数值仿真，结果如图 9-3 所示。其中，在此假定采用随机攻击策略即随机选取研发网络 G^A 上的 10 个企业进行初始攻击从而触发风险级联传播过程，同时假定该关联研发网络之间的关联强度 S=20%。

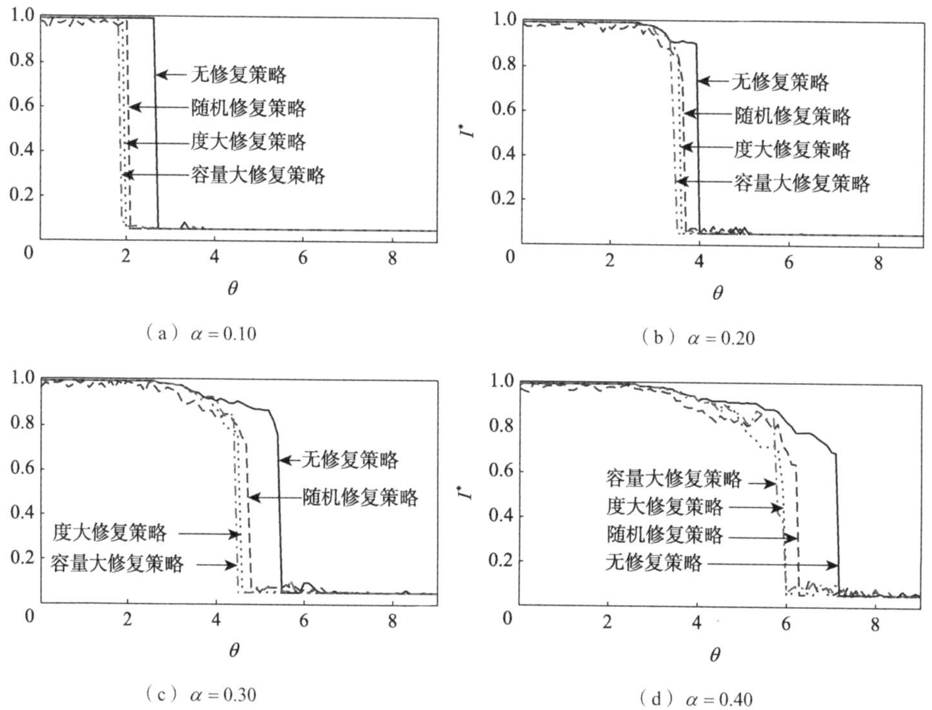

（a）$\alpha=0.10$　（b）$\alpha=0.20$

（c）$\alpha=0.30$　（d）$\alpha=0.40$

图 9-3　不同修复策略下指标 I^* 与参数 θ 之间的关系（随机攻击，S=20%）

从图 9-3 可以看出，不管是否采用修复策略还是采用何种修复策略，当 $\alpha=0.10$ 、$\alpha=0.20$ 、$\alpha=0.30$ 、$\alpha=0.40$ 时，失效企业占所有企业的比例即指标 I^* 刚开始随着参数 θ 取值的增加并没有出现明显下降的趋势，仍然保持在较高数值附近。此时，意味着整个关联研发网络出现了大范围的风险级联传播现象，表明大多数研发企业已经因风险负荷超载而处于失效状态。但当参数 θ 的取值不断增加并超过某一阈值时，指标 I^* 值便迅速下降至 0 附近。此时，意味着整个关联研发网络并没有发生风险级联传播过程，大多数研发企业仍处于正常运营状态。比如，当 $\alpha=0.10$ 时，不管是否采用修复策略还是采用何种修复策略，指标 I^* 起初随着 θ 取值的增加而下降的趋势均不明显。但当参数 θ 的取值分别超过 1.9（对应容量大修复策略）、2（对应度大修复策略）、2.1（对应随机修复策略）、2.7（对应无修复策略）时，指标 I^{*} 迅速下降至 0 附近。

实际上，这里出现的阈值如 1.9、2、2.1、2.7 就称为关键抗风险阈值 θ^{*}，该阈值 θ^{*} 可以较好地衡量关联研发网络面对风险级联传播现象时所呈现的脆弱性大小。可以得出：当 $\theta \geqslant \theta^{*}$ 时，整个关联研发网络的所有成员企业均通过外部措施增加了足够多的风险容量，此时完全可以抵御其上发生的任何风险，因而整个关联研发网络不会发生风险级联传播现象；但当 $\theta < \theta^{*}$ 时，关联研发网络的大部分成员企业通过外部措施增加后的风险容量是有限的，因而风险级联传播很容易在整个关联研发网络上大面积发生从而导致大部分企业失效。因此，关键抗风险阈值 θ^{*} 的存在给我们这样一个启示：通过外部措施而增加研发企业的风险容量即提高参数 θ 的取值,有时候并不一定能够保证可以预防风险级联传播现象在关联研发网络上的发生,而只有当参数 θ 的取值超过特定情境下的某一特定关键抗风险阈值 θ^{*} 时，风险级联传播现象在关联研发网络上才可能得到根本预防与控制。

此外，关键抗风险阈值 θ^{*} 实际上也反映了风险控制策略在预防与控制风险级联传播现象方面的效率，即当 θ^{*} 值较小时，意味着只需投入较少的风险控制资源来增加研发企业的风险容量便可以预防与控制风险级联传播在关联研发网络上的发生；但当 θ^{*} 值较大时，意味着需投入较多的风险控制资源才可以预防与控制风险级联传播在关联研发网络上的发生。显然，关键抗风险阈值 θ^{*} 越大，表明风险控制策略的效率就越低，反之就越高。

从图 9-3 还可以看出，当 $\alpha = 0.10$ 、$\alpha = 0.20$ 、$\alpha = 0.30$ 、$\alpha = 0.40$ 时，采用三种修复策略时的关键抗风险阈值 θ^{*} 均小于不采用修复策略时的关键抗风险阈值 θ^{*} 。其中，采用容量大修复策略的 θ^{*} 最小，接下来依次是度大修复策略、随机修复策略。比如，当 α =0.20 时，采用随机修复策略时的关键抗风险阈值 θ^{*} =3.7，采用度大修复策略时的 θ^{*} =3.6，采用容量大修复策略时的 θ^{*} =3.5，均小于采用无修复策略时的 θ^{*} =4。该仿真结果说明，风险控制策略模型中提出的随机修复、度大修复和容量大修复这三种修复策略均能够在不同程度上较好地预防与控制风险级联传播在关联研发网络上的发生。其中，容量大修复和度大修复策略对预防与控制风险级联传播的效率最高，接下来是随机修复策略。

9.3.2　参数 α 对风险控制策略的影响

我们知道，参数 α（ $0\leqslant \alpha \leqslant 1$ ）控制着整个关联研发网络所有成员企业风险容量分布的平均程度，数值越大，意味着成员企业风险容量之间的差异度越大，否则越平均。现有研究表明，网络中各节点负荷之间的差异度越大，相继故障发生的概率就越高，发生的范围就越大，而均匀网络发生相继故障的概率和范围就相对较小。于是，我们推测参数 α 取值的大小可能对风险控制策略的效率产生一定的影响。接下来，我们对不采用修复策略、采用随机修复策略、度大修复策略、容量大修复策略下的关键抗风险阈值 θ^* 与参数 α 值之间的关系进行单独分析与对比分析，结果如图 9-4 和图 9-5 所示。其中，在此假定随机攻击研发网络 G^A 上的 10 个企业使其失效从而触发风险级联传播过程，同时假定关联研发网络之间的关联强度 S=20%。

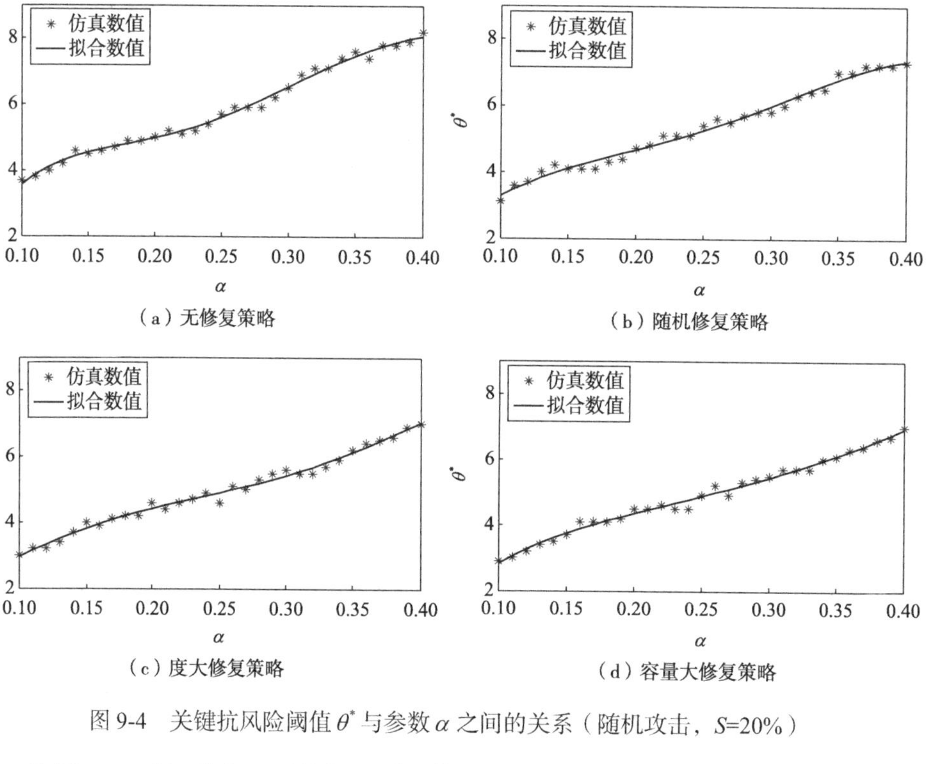

图 9-4　关键抗风险阈值 θ^* 与参数 α 之间的关系（随机攻击，S=20%）

从图 9-4 可以看出，不管是否采用修复策略还是采用何种修复策略，关键抗风险阈值 θ^* 均呈现出随参数 α 值增加而增加的大致趋势。该仿真结果说明，尽管通过外界措施如加强宏观政策调控、加大市场监管力度、规范研发活动秩序等投入较多的风险控制资源来增加研发企业的风险容量，但如果关联研发网络成员企业风险容量之间的差异度很大，那么此时风险控制策略的效率也不会很高。换句话说，关联研发网络成员企业风险容量之间的差异度越高即参数 α 值越大，风险控制策略在控制风险级联传播发生的效率就越低，反之就越高。

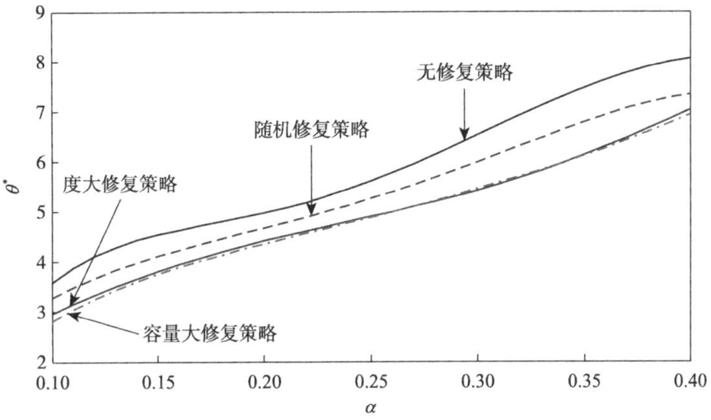

图 9-5　不同修复策略下 θ^* 与参数 α 之间的关系（随机攻击，S=20%）

该仿真结果给我们这样一个启示：要想提高风险控制策略的效率，除了加大风险控制资源的投入程度，还应该尽可能地缩小关联研发网络所有成员企业风险容量之间的差异度。进一步说，在保证实现最大化自身研发收益、快速获取互补性研发知识、降低研发成本、缩短研发周期等战略目标的前提下，研发企业应尽可能选择那些与自己资产规模相当、业务范围相同的研发企业作为合作伙伴，从而保证合作伙伴之间的最大抗风险能力即风险容量差距不是太大。该仿真结果也再次验证了均匀网络相比不均匀网络具有更强的抵制相继故障的鲁棒性这一结论。

此外，从图 9-5 的对比分析再次看出，当参数 α 取值相同时，不同修复策略在预防与控制风险级联传播方面的效率各不相同。其中，采用度大修复和容量大修复策略时的关键抗风险阈值 θ^* 相对较小且二者差别不大，接下来是随机修复策略，但均小于不采用修复策略时的关键抗风险阈值 θ^* 。该仿真结果再次验证了上述结论：三种修复策略均能够在不同程度上较好地预防与控制风险级联传播在关联研发网络上的发生，其中容量大修复和度大修复策略的效率相对较高。

9.3.3　关联强度 S 对风险控制策略的影响

如前所述，关联强度 S 取值越小，意味着两个研发网络之间存在的输入关联关系和共享关联关系数量越小，彼此之间的独立性越强，这样风险在两个网络之间的传播途径就变少，因而风险级联传播在两个网络上的发生概率和影响范围可能就较小。反之，风险级联传播的发生概率和影响范围可能就较大。因此，我们推测关联强度 S 的大小对风险控制策略的效率可能产生一定的影响。接下来，我们分别对不采用修复策略、采用随机修复、度大修复、容量大修复策略下，参数 α =0.20 时指标 I^* 与参数 θ 之间的关系进行数值仿真，结果如图 9-6 所示。其中，在此仍然假定

随机攻击研发网络 G^A 上的 10 个企业使其失效，从而触发风险级联传播过程。

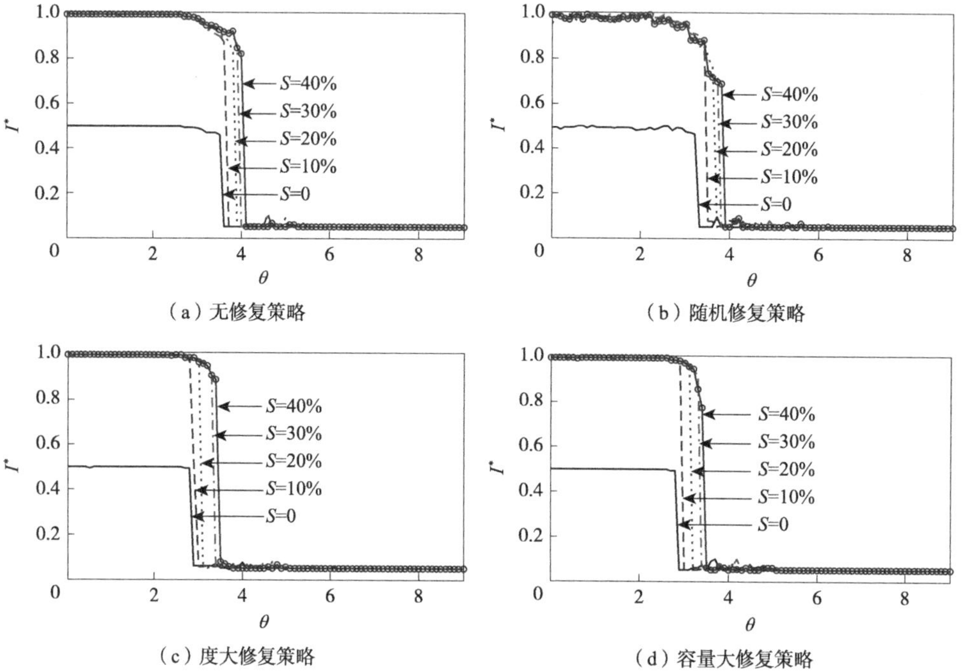

（a）无修复策略　（b）随机修复策略
（c）度大修复策略　（d）容量大修复策略

图 9-6　不同关联强度 S 下指标 I^* 与参数 θ 之间的关系（随机攻击，α =0.20）

从图 9-6 可以看出，不管是否采用修复策略还是采用何种修复策略，关键抗风险阈值 θ^* 均随着关联强度 S 的增加而不断增加。比如，当不采用修复策略时，关联强度 S=0 时的关键抗风险阈值 θ^* =3.6，关联强度 S=10%时的关键抗风险阈值 θ^* =3.7，S=20%时的关键抗风险阈值 θ^* =3.9，S=30%时的关键抗风险阈值 θ^* =4，S=40%时的关键抗风险阈值 θ^* =4.1；当采用度大修复策略时，S=0 时的 θ^* =2.9，S=10%时的 θ^* =3，S=20%时的 θ^* =3.1，S=30%时的 θ^* =3.4，S=40%时的 θ^* =3.5。该仿真结果说明，对任何一种修复策略来说，两个不同研发网络之间关联强度的增加在一定程度上可以降低该修复策略对预防与控制风险级联传播的效率。该仿真结果给我们这样一个启示：要想提高风险控制策略在控制风险级联传播方面的效率，在向关联研发网络投入有限的风险控制资源时，应优先向那些具有关联关系的研发企业分配资源来增加它们的风险容量，这可以在一定程度上降低关联企业因不能抵御过多风险负荷而失效的可能性，也就阻断了风险从一个研发网络级联传播到另一个研发网络的途径，从而在一定程度上大大减小了关联研发网络在面对风险级联传播时的脆弱性。

此外，从图 9-6 还可以看出，不管关联强度 S 取何值，采用容量大修复和度大修复策略时的关键抗风险阈值 θ^* 最小，接下是采用随机修复策略，但均小于不采用修复策略时的关键抗风险阈值 θ^*。比如，当 S=30%，采用容量大修复策略和度大修复策略时的关键抗风险阈值 θ^*=3.4，采用随机修复策略时的关键抗风险阈值 θ^*=3.8，而不采用修复策略时的关键抗风险阈值 θ^*=4。该仿真结果又一次验证了上述结论：三种修复策略均能够在不同程度上较好地预防与控制风险级联传播在关联研发网络上的发生，其中容量大修复和度大修复策略的效率相对较高，随机修复策略的效率最低。

9.3.4　不同攻击策略对风险控制策略的影响

在上述仿真过程中，均假定采用随机攻击策略即随机选取研发网络 G^A 上的 10 个企业进行初始攻击并使其失效，从而触发风险级联传播过程。事实上，除了随机攻击策略，复杂网络还经常面临第二种类型攻击：蓄意攻击策略，即有选择性地优先选取某些节点对其进行破坏。而优先选取哪些节点对其进行蓄意攻击，目前提出了不同的策略，如度大攻击策略、熟人攻击策略、改进的熟人攻击策略、重要度攻击策略等。在此，我们采用度大攻击策略（即对所有节点企业的度进行降序排列，从中选取节点度大的节点企业使其失效）和容量大攻击策略（即对所有节点企业的风险容量进行降序排列，从中选取风险容量大的节点企业使其失效），并运用数值仿真的方法来揭示不同攻击策略对风险控制策略的影响，结果如图 9-7 所示。

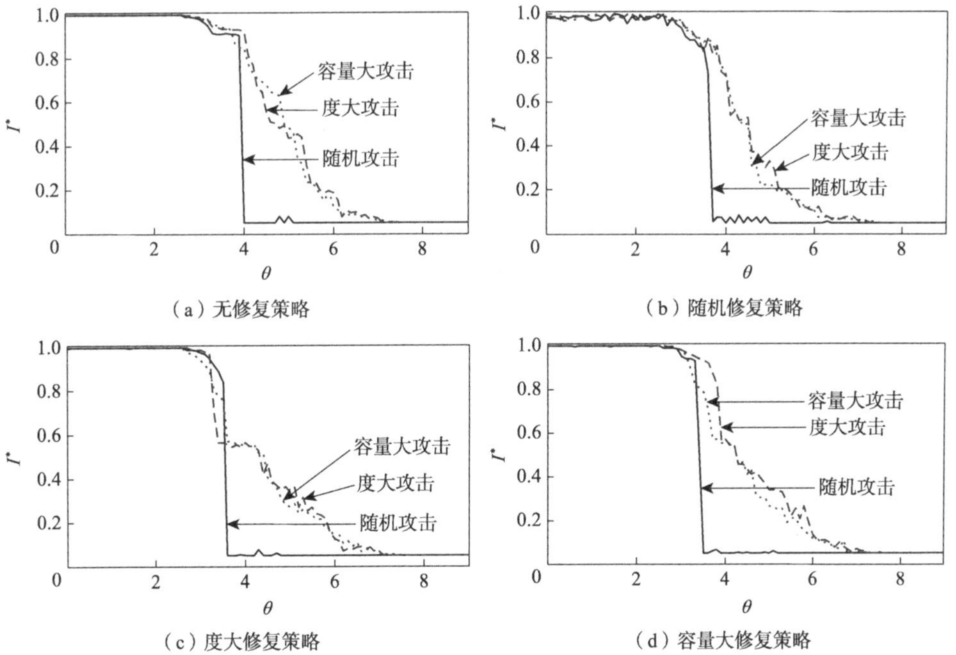

（a）无修复策略　（b）随机修复策略

（c）度大修复策略　（d）容量大修复策略

图 9-7　不同攻击策略下指标 I^* 与参数 θ 之间的关系（α=0.20，S=20%）

从图 9-7 可以看出，不管是否采用修复策略还是采用何种修复策略，关联研发网络面对度大攻击和容量大攻击时的关键抗风险阈值 θ^* 相对较大，面对随机攻击时的关键抗风险阈值 θ^* 最小。比如，以采用随机修复策略为例，关联研发网络面对随机攻击时的关键抗风险阈值 $\theta^*=3.7$，而面对度大攻击时的关键抗风险阈值 $\theta^*=6.3$，面对容量大攻击时的关键抗风险阈值 $\theta^*=6.2$。该仿真结果说明，不同攻击策略对风险控制策略的效率具有不同的影响。其中，容量大攻击和度大攻击对风险控制策略效率的影响程度较大，而随机攻击对风险控制策略效率的影响程度最小。

进一步发现，不管采用何种修复策略，度大攻击和容量大攻击对三种修复策略效率的影响程度基本一致。究其原因，就是关联研发网络中节点度较大即合作伙伴较多的中心性企业相对于外围性企业来说，它们受到周围企业的影响而触发风险的机会更大范围更广，因而不得不增加风险容量来抵御更多企业传来的风险负荷，因此，节点度较大的成员企业通常也是风险容量较大的成员企业。比如，图 9-7 中采用度大攻击策略时初始攻击研发网络 G^A 上的节点企业集合 $V^A_{度大攻击}=\{V_i^A \mid i=1,2,3,4,5,7,9,16,18,26\}$，采用容量大攻击策略时初始攻击的研发网络 G^A 上的节点企业集合 $V^A_{容量大攻击}=\{V_i^A \mid i=1,2,3,4,5,6,7,8,9,16\}$。事实上，整个关联研发网络所有节点企业的度分布与风险容量分布基本一致。该仿真结果给我们这样一个启示：要想提高风险控制策略的效率，还应该优先对那些节点度较大即合作伙伴较多的中心性企业或者风险容量较大的节点企业投入风险控制资源来增加它们的风险容量，从而最大可能减小因攻击这些企业而导致风险级联传播在关联研发网络上发生的可能性和影响范围。

9.4 本 章 小 结

风险在关联研发网络上具有级联传播的现象，这会给整个关联研发网络造成重大损失，因此有必要针对关联研发网络上的风险级联传播现象提出控制策略。首先，我们在前面提出的关联研发网络风险级联传播模型基础上，从风险级联传播发生之前如何提高未失效企业的风险容量和风险级联传播发生过程中如何修复已失效企业两方面，提出针对关联研发网络风险级联传播现象的控制策略模型。其中在风险控制策略模型中，共提出了三种不同的修复策略：随机修复策略、度大修复策略、容量大修复策略。其次，在第 7 章提出的关联研发网络形成模型基础上，运用数值仿真方法并借助 MATLAB 软件，分别揭示了抗风险能力提高参数 θ、参数 α、关联强度 S 及不同攻击策略对风险控制策略的影响。主要研究成果包括以下几点。

（1）不管是否采用修复策略还是采用何种修复策略，关联研发网络的失效企业占所有企业的比例即指标 I^* 刚开始随着参数 θ 取值的增加并没有出现明显下降的趋势，但当参数 θ 的取值不断增加并超过某一阈值时，指标 I^* 值便迅速下降至 0 附近。此时，出现的阈值就称为关键抗风险阈值 θ^*，该指标可以较好地衡量关联研发网络面对风险级联传播现象时所呈现的脆弱性大小。该仿真结果表明，通过外部措施增加研发企业的风险容量即提高参数 θ 的取值有时候并不一定能够保证预防风险级联传播在关联研发网络上的发生，而只有当参数 θ 的取值超过某一特定的关键抗风险阈值 θ^* 时，风险级联传播才可以得到根本预防。

（2）关键抗风险阈值 θ^* 也可以反映出风险控制策略在预防与控制风险级联传播现象方面的效率。即当 θ^* 值较小时，只需投入较少的风险控制资源来增加研发企业的风险容量便可以预防与控制风险级联传播在关联研发网络上的发生；但当 θ^* 值较大时，则需要投入较多的风险控制资源才可以预防与控制风险级联传播在关联研发网络上的发生。因此，关键抗风险阈值 θ^* 越大，表明风险控制策略的效率就越低，反之就越高。

（3）风险控制策略中提出的随机修复、度大修复和容量大修复这三种修复策略均可以在不同程度上较好地预防与控制风险级联传播在关联研发网络上的发生，从而验证了所提出的风险控制策略的有效性。而且，不同修复策略在预防与控制风险级联传播方面的效率各不相同。其中，容量大修复策略和度大修复策略对预防与控制风险级联传播的效率较高，随机修复策略的效率最低。

（4）关键抗风险阈值 θ^* 呈现出随参数 α 值增加而不断增加的趋势，这说明关联研发网络成员企业风险容量之间的差异度越高即参数 α 值越大，风险控制策略在控制风险级联传播发生的效率就越低，反之就越高。因此，研发企业在选择合作伙伴时，应在尽可能最大化实现自身研发目标的前提下，尽可能选择那些与自身资产规模相当、业务范围相同的研发企业，从而保证整个关联研发网络成员企业之间风险容量的差异度保持在合理可控的范围之内。该仿真结果也再次验证了均匀网络相比不均匀网络具有更强的抵制相继故障的鲁棒性这一结论。

（5）关键抗风险阈值 θ^* 随着关联强度 S 的增加而增加，这说明两个不同研发网络关联强度 S 的增加在一定程度上可以降低风险控制策略中不同修复策略的效率。因此，要想提高风险控制策略的效率，在向关联研发网络投入有限的风险控制资源时，应优先对那些具有关联关系的研发企业分配风险控制资源来增加它们的风险容量，从而减少风险在两个研发网络之间进行级联传播的途径和可能性，进而在一定程度可以减小关联研发网络在面对风险级联传播的脆弱性。

（6）容量大攻击和度大攻击对三种修复策略效率的影响程度较大，随机攻击的影响程度最小。其中，度大攻击和容量大攻击对三种修复策略效率的影响程度基本一致。主要原因在于关联研发网络中节点度较大的成员企业通常也是风险容量较大的成员企业，即整个关联研发网络节点企业的度分布与风险容量分布基本一致。因此，要想提高风险控制策略的效率，还应该优先对那些节点度较大即合作伙伴较多的中心性企业或者风险容量较大的节点企业投入风险控制资源来增加它们的风险容量，这可以减小因攻击这些企业而导致风险级联传播在关联研发网络上发生的可能性和影响范围，从而减小关联研发网络面对风险级联传播的脆弱性。

第 10 章　针对研发网络风险传播的对策机制

研发网络是由众多研发企业及彼此之间形成的错综复杂的合作关系所组成的动态复杂网络系统，风险传播现象一旦发生，将会给整个研发网络带来严重的损失。因而，针对研发网络风险传播的应对过程是一个系统工程。由前所述我们也知道，风险传播现象并不是瞬间爆发的，而是会经历酝酿期、爆发期、结束期等不同的阶段。因而，就应该根据风险传播发生的不同阶段有针对性地建立针对研发网络风险传播的对策机制。下面，我们将根据前面得出的研究成果和结论，分别针对风险传播发生前、风险传播发生时、风险传播发生后三个阶段分别提出有针对性的对策机制。

10.1　构建风险传播发生前的预警预防机制

对研发网络来说，在风险传播事件发生之前或刚刚发生还处于萌芽阶段的时候，如果可以采取一些措施进行提前预警与预防，就可以避免因个别成员企业发生风险而引起大规模风险传播现象的可能性，从而也就可以避免因风险传播而对整个研发网络造成的重大损失。因此，研发网络成员企业在构建风险预警与预防机制之前，需要注意两点：第一，应该根据企业自身制定的战略目标和实际的资源状况及企业自身的能力等现实情况，制定适合企业自身实际的风险预警与预防措施；第二，构建风险预警与预防机制是一个系统工程，需要成员企业相互配合与协作，以及需要成员企业之间实时共享信息，只有这样才能真正快速识别风险源及阻断风险传播路径，从而真正提高风险预警与预防的效率。如何构建风险预警与预防机制，具体有以下五个方面的措施。

（1）提高研发网络成员企业的风险监控意识与能力。风险监控就是研发网络成员企业实时观察并分析风险的发展变化状态与趋势，从而为下一步采取相应的风险应对措施做准备。如果不能对风险的演化状态进行实时监控，一旦风险由小到大并扩散至整个网络时，将给所有成员企业造成不可挽回的重大损失。因此，培养并提高研发网络成员企业的风险监控意识对构建完善的风险预警与预防机制尤其重要。这就需要成员企业对各种潜在的风险及其影响因素进行实时监控，实时分析各种风险的发展变化趋势以便后续采取相应的应对措施。在对风险进行监控过程中，一方面要加强技术人员与管理人员的风险监控意识，一旦发现风险源要及时进行反馈；另一方面，要采用现代化的风险监控技术与方法，为风险监控提供技术与方法保障，从而提高企业自身的风险监控能力与效率。

（2）增强研发网络成员企业的风险预警针对性。风险预警就是研发网络成员企业为了保障企业自身的有序运行，对监控到的各类风险信息进行分析与评判，从而对各类风险的大小进行客观评价，进而确定出各类风险与企业预设的预警线的偏离程度，并以此作为依据做出是否采取应对措施的决策。如果发现某风险的实时大小超过了企业的预警线，此时企业就应该采取应对措施将该风险控制在一定范围内，从而防止整个研发网络发生大规模的风险传播现象。其中，成员企业应当针对各类不同风险事件的自身特点，有针对性地量身定做不同风险的预警系统，即对监控到的不同风险信息要制定一套完善的、差异化且规范化的预警流程，以保证迅速地分析不同风险的状态并评估不同风险的等级，接下来就可以根据评估的风险等级做出相应的应对措施。

（3）构建统一的信息发布与共享平台。由于研发网络中的成员企业较多，且成员企业之间的异质性程度较高，各自都有一套自己的信息发布与沟通系统，这就给彼此之间想要进行无缝地信息沟通与交流带来了诸多不便。鉴于此，需要不同成员企业在整个研发网络范围内构建一个统一的信息发布与共享平台，并能够利用该平台对各类风险信息进行实时地发布与共享，实现信息的互换与交流，从而加强各个成员企业间的合作与联系，这是研发网络成员企业进行风险预防工作的有效手段。近几年来，现代通信技术与信息技术的快速发展与普遍应用，可以为构建统一的信息发布与共享平台提供有力的技术保障。利用现代通信与信息技术构建统一的信息发布与共享平台，可以实现网络中不同成员企业的全覆盖，可以将监控到的实时风险数据在所有成员企业之间进行共享，从而可以提高研发网络所有成员企业在出现风险传播时的反应速度，同时也为网络核心企业及时、有效、准确地做出应对措施提供强力的信息保障与支持。

（4）加大研发网络成员企业安全运营的培训力度。对研发企业来说，不同风险的产生在很大程度上根源于各级技术人员和管理人员安全意识与文化的淡薄与缺失。只有切实提高研发网络所有成员企业的安全意识与文化，并通过教育培训方式提高成员企业的安全运营能力与做法，才能从根源上杜绝与减少各类风险事件的发生，从而也就避免了风险传播在整个网络的发生。因此，提高成员企业的安全意识与文化、加强安全运营的培训力度与提高风险监控能力、增强风险预警能力及构建信息发布平台同等重要，共同构成了构建完善的风险预警与预防机制的主要内容。

（5）提高重要成员企业的抗风险能力。对研发网络来说，成员企业在网络中拥有的合作关系数量越多，说明该成员企业在网络的地位和作用越重要。因而，这些企业一旦发生风险对整个研发网络的影响范围就越广泛，同时受到其他成员企业上的风险影响就越容易。可以说，一旦拥有合作关系数量较多的重要成员企业因风险负荷超过自身拥有的最大抗风险能力即风险容量时，其所引发的风险传播对整个研发网络的影响后果将比其他成员企业所引发的风险传播后果严重得多。因此，需要重点提高研发网络中重要成员企业的最大抗风险能力即风险容量，这对提高整个研发网络的风险预防能力具有重要意义。此外，增强研发网络中重要企业的最大抗风险能力即提高风险容量，不仅可以达到预防风险传播大规模发生的目的，还可以在一定程度上降低整个研发网络的风险应对成本，从而提高风险应对的针对性与效率。

10.2　完善风险传播发生时的响应机制

风险预警与预防机制在一定程度上可以降低风险传播发生的可能性，但并不意味着一定可以预防风险传播的发生。因此，当研发网络不可避免地发生风险传播时，还应该完善控制风险传播进一步大规模发生的响应机制。在研发网络发生风险传播时，成员企业应该根据风险传播的规律与特点，采取相适应的响应策略和应对措施，这对控制风险传播的大规模发生具有重要意义。完善风险传播发生时的响应机制具体包括以下三方面措施。

（1）提升研发网络成员企业面对风险传播的响应速度。随着研发网络成员企业之间合作频率和程度的不断增加，以及通信技术的便利性，风险传播一旦在研发网络中进行传播，便会借助通信技术并通过合作关系迅速扩散开来，并在相对较短的时间内影响网络的大部分成员企业。针对风险传播的快速性，研发网络的成员企业需要认识到风险传播发生时往往是迅速的而且会造成严重的后果，提升自己在面对风险传播事件时迅速做出有效应对的能力，从而避免风险事件进一步传播给企业自身甚至整个网络带来的更大损失。同时，研发网络成员企业在提升风险响应速度时还需要认识到，风险事件对某企业的影响并不是一个孤立事件，而是可能会逐渐影响到企业自身或者其他成员企业，因此，需要以动态发展的眼光来看待风险传播事件，提前做好风险应对措施，从而将风险在未来可能对自己的影响降低到最低程度。

（2）提高不同保护资源投入的针对性。从理论上说，在控制风险传播进一步扩散的过程中，研发网络成员企业应该投入足够的人力、财力、物力等各类保护资源来保障自身的正常运营是阻止风险进一步传播的有效措施。但由于保护资源的有限性，网络所有成员企业不可能投入足够多的保护资源来保证其具有足够的抵抗能力来抵御风险传播的发生，而只能投入有限资源，这就需要提高保护资源投入的针对性。因此，在发生风险传播时，研发网络所有成员企业应该掌握风险传播类型及其规律，针对不同类型风险的传播特点有针对性地投入相应的有限资源来控制风险的传播，从而提高保护资源投入的针对性。此外，拥有合作关系数量较多的成员企业是整个研发网络的重要企业，这类重要企业一旦发生风险事件很容易引发大规模的风险传播现象从而对整个研发网络带来巨大的损失。鉴于重要成员企业对整个研发网络的重要性及保护资源的有限性，作为研发网络的主导核心企业就应该合理分配与优化保护资源，对网络中的重要成员企业优先投入优质的保护资源来保障其正常运营，以此提高这些重要企业的抵抗风险事件的能力，降低其失效的可能性，从而达到降低研发网络发生风险传播可能性的目的。

（3）加强不同风险相互触发的管控力度。对研发网络成员企业来说，针对某一种特定风险的传播现象进行控制相对容易一些。但是，现实中不同风险之间还具有相互影响与触发关系。不同风险之间的这种相互触发关系除了可以造成同类风险在整个研发网络中进行传播之外，还可以造成不同风险之间的相互触发进而造成各类风险在整个研发网络的传播。因此，对研发网络成员企业来说，一方面需要控制同类风险之间的触发现象，将该类风险传播的影响迅速控制在较小范围内；另一方面，还需要时刻关注由一种风险触发其他类型风险的现象，加强不同风险相互触发的管控力度，及时阻断不同风险之间的触发路径，从而降低不同类型风险在成员企业之间的相互触发概率，防止出现更大规模的风险传播现象，从而最终提高整个研发网络面对风险传播的鲁棒性。

10.3 重视风险传播发生后的恢复机制

对研发网络来说，针对风险传播采取响应措施并不意味着风险传播应对机制的结束。正所谓“事件过后，重在恢复”。虽然研发网络风险传播事件发生之后，不同的成员企业均通过各自的响应手段与措施对控制风险传播现象做出了自己的努力，但风险传播事件给企业自身甚至整个研发网络的影响需要每个成员企业深刻的反思与认真的总结。尤其是当下市场环境日益复杂，市场需求的变化也越来越明显，各类不同潜在风险的触发因素层出不穷，导致研发网络发生风险传播的可能性与日俱增。因此，需要研发网络成员企业重视应对风险传播后的恢复机制，不断分析与总结出各类风险事件发生的深层次原因，同时也要不断地更新针对风险传播的响应措施，具体措施包含以下两个方面。

（1）加强研发网络成员企业相关人员的再培训。事实上，研发网络成员企业每一种风险事件的发生都与相关人员的日常工作息息相关。正所谓“二分技术，八分人员”，指的是任何一个风险事件的发生，技术方面的原因占 20%，人员方面的原因占 80%。因此，对研发网络成员企业来说，要想在很大程度上减少风险传播事件所带来的损失和降低风险传播事件发生的可能性，需要成员企业加强对相关技术人员与管理人员的系统再培训，在风险传播事件应对结束后，深入总结风险传播事件发生前的征兆、发生的起因、发生的整个过程及响应措施，从中汲取成功的经验和失败的教训，以此保持相关人员面对风险传播发生前的警惕性、预见性和风险传播发生时的灵活性、果断性与针对性，从而进一步提高针对风险传播的应对效果与效率。

（2）尽快恢复研发网络成员企业的正常运营。研发网络风险传播现象一旦发生，将给成员企业的正常运行造成严重的影响，主要表现在关键岗位的关键人才流失，知识产权被违法使用，资金链出现危机或已经断裂，之前良好的企业形象被破坏，关键技术信息被盗取，创新任务不能如期完成等。因此，对研发网络所有成员企业来说，需要尽快地将风险传播的影响降低到最低程度，并采取相应的补救措施来尽快恢复企业自身的正常运营。对研发网络的核心企业来说，则需要重新选择合作伙伴来尽快地组建新的研发网络，同时制定更为科学合理的联盟协议或契约，进一步约束成员企业自身的行为规范及完善彼此之间的合作机制，防止道德风险的发生，从而尽可能地较少风险传播再次发生时对整个研发网络的影响范围和程度。

参 考 文 献

[1] Dittrich K，Duysters G. Networking as a means to strategy change：the case of open innovation in mobile telephony[J]. Journal of Product Innovation Management，2007，24（6）：510-521.
[2] Tödtling F. Innovation networks，collective learning，and industrial policy in regions of Europe[J]. European Planning Studies，1999，7（6）：693-697.
[3] Clark J，Guy K. Innovation and competitiveness：a review[J]. Technology Analysis & Strategic Management，1998，10（3）：363-395.
[4] 李占强，李广. 开放式 R&D、R&D 网络与 R&D 能力的互动演进——跨案例的纵向比较研究[J]. 科学学与科学技术管理，2013，34（6）：31-43.
[5] Dittrich K，Duysters G，de Man A-P. Strategic repositioning by means of alliance networks：the case of IBM[J]. Research Policy，2007，36（10）：1496-1511.
[6] Zhang Y，Yang N. Research on robustness of R&D network under cascading propagation of risk with gray attack information[J]. Reliability Engineering & System Safety，2013，117（9）：1-8.
[7] 韩峰. 高技术企业协作 R&D 网络的风险管理研究[D]. 长沙：湖南大学，2006.
[8] Albert R，Jeong H，Barabási A L. Error and attack tolerance of complex networks[J]. Nature，2000，406（6794）：378-382.
[9] Carlson J M，Doyle J. Complexity and robustness[J]. Proceedings of the National Academy of Sciences，2002，99（suppl）：2538-2545.
[10] Carlson J M，Doyle J. Highly optimized tolerance：robustness and design in complex systems[J]. Physical Review Letters，2000，84（11）：2529-2532.
[11] 王建伟，荣莉莉. 基于袭击的复杂网络上的全局相继故障[J]. 管理科学，2009，22（3）：113-120.
[12] Tan F，Xia Y，Zhang W，et al. Cascading failures of loads in interconnected networks under intentional attack[J]. Europhysics Letters，2013，102（2）：204-210.
[13] Andersson G，Donalek P，Farmer R，et al. Causes of the 2003 major grid blackouts in North America and Europe，and recommended means to improve system dynamic performance[J]. IEEE Transactions on Power Systems，2005，20（4）：1922-1928.
[14] von Ferber C，Holovatch T，Holovatch Y. Attack vulnerability of public transport networks[J]. Traffic and Granular Flow'07，2009，68（261）：721-731.
[15] Wu J-J，Sun H-J，Gao Z-Y. Cascading failures on weighted urban traffic equilibrium networks[J]. Physica A：Statistical Mechanics and its Applications，2007，386（1）：407-413.
[16] Goh K-I，Kahng B，Kim D. Fluctuation-driven dynamics of the internet topology[J]. Physical Review Letters，2002，88（10）：108701（1-4）.

[17] Wang W-X，Yang R，Lai Y-C. Cascade of elimination and emergence of pure cooperation in coevolutionary games on networks[J]. Physical Review E，2010，81（3）：035102（1-4）.

[18] Wang W-X，Lai Y-C，Armbruster D. Cascading failures and the emergence of cooperation in evolutionary-game based models of social and economical networks[J]. Chaos，2011，21（3）：033112（1-12）.

[19] Wang S. Cascading model of infrastructure networks based on complex network[J]. Journal of Networks，2013，8（6）：1448-1454.

[20] U.S.-Canada Power System Outage Task Force. Final report on August 14，2003 blackout in the United States and Canada：causes and recommendations[R]. 2004.

[21] Hallikas J，Karvonen I，Pulkkinen U，et al. Risk management processes in supplier networks[J]. International Journal of Production Economics，2004，90（1）：47-58.

[22] National Science Board. 2018 science & engineering indicators[R]. 2018.

[23] Sternberg R，Arndt O. The firm or the region：what determines the innovation behavior of european firms? [J]. Economic Geography，2001，77（4）：364-382.

[24] Freeman C. Networks of innovators：a synthesis of research issues[J]. Research Policy，1991，20（5）：499-514.

[25] Nonaka I，Takeuchi H. The Knowledge-creating Company：How Japanese Company Creat the Dynamics of Innovation[M]. New York：Oxford University Press，1995：175-187.

[26] Tijssen R J W. Quantitative assessment of large heterogeneous R&D networks：the case of process engineering in the Netherlands[J]. Research Policy，1998，26（7/8）：791-809.

[27] 王方红. 基于技术标准的跨国创新网络化战略体系研究[J]. 科技进步与对策，2008，25（3）：65-68.

[28] 曾德明，任磊，宁枫. 高科技产业企业的协作研发与政府政策[J]. 系统工程，2000，18（5）：59-63.

[29] 王珊珊，田金信，唐宇. 基于R&D联盟发展演化特点的管理体系优化研究[J]. 科学学与科学技术管理，2010，31（3）：56-60.

[30] 赵红梅，王宏起. 社会网络视角下 R&D 联盟网络的形成路径研究[J]. 科技进步与对策，2010，27（20）：1-5.

[31] Doloreux D，Shearmur R. Collaboration，information and the geography of innovation in knowledge intensive business services[J]. Journal of Economic Geography，2012，12（1）：79-105.

[32] 冯科. 协作研发网络提升企业对技术标准制定的影响力研究[D]. 长沙：湖南大学，2014.

[33] 毛蕴诗，黄程亮. 企业研发网络与技术学习模式选择：一个文献综述[J]. 学术研究，2017，（5）：73-78.

[34] 何建洪，席世超，姜玉琦. 韩国三星公司构建全球研发网络的经验借鉴[J]. 科技进步与对策，2016，33（7）：88-93.

[35] von Zedtwitz M，Gassmann O. Market versus technology drive in R&D internationalization：four different patterns of managing research and development[J]. Research policy，2002，31（4）：569-588.

[36] 刘洋，魏江，江诗松. 后发企业如何进行创新追赶？——研发网络边界拓展的视角[J]. 管理世界，2013，（3）：96-110.

[37] 李健. 我国协作研发网络的演化过程与结构特征研究——基于 R&D 国际化视角[J]. 科学

学与科学技术管理，2013，34（9）：27-36.
[38] 曾德明，朱丹，周青. 高技术企业协作 R&D 网络的特征、组织模式及其竞争优势研究[J]. 科学管理研究，2006，24（4）：103-106.
[39] Aspremont C，Jacquemin A. Cooperative and noncooperative R&D in duopoly with spillovers：erratum[J]. American Economic Review，1990，80（3）：641-642.
[40] Suzumura K. Cooperative and noncooperative R&D in an oligopoly with spillovers [J]. The American Economic Review，1992，82（5）：1307-1320.
[41] Goyal S，Moraga-González J L，Konovalov A. Hybrid R&D[J]. Journal of the European Economic Association，2008，6（6）：1309-1338.
[42] 周青，曾德明，朱丹，等. 企业 R&D 网络化的动态博弈模型[J]. 预测，2005，24（3）：61-65.
[43] 周青，曾德明，朱丹. 企业 R&D 网络化博弈与投资决策分析[J]. 管理工程学报，2008，22（1）：24-28.
[44] 王文亮，刘岩. 企业研发网络的特征和结构模式分析[J]. 技术经济，2010，29（10）：24-27.
[45] 张延禄，杨乃定，郭晓. R&D 网络的自组织演化模型及其仿真研究[J]. 管理科学，2012，25（3）：10-20.
[46] 赵红梅，王宏起. 社会网络视角下 R&D 联盟网络的形成路径研究[J]. 科技进步与对策，2010，27（20）：1-5.
[47] Zhang Y-L，Yang N-D. Research on the evolutionary mechanism of NPD project complexity based on the CAS theory[C]. 2012 International Conference on Management Science & Engineering 19th Annual Conference Proceedings，Dallas，TX，2012：230-235.
[48] Eggemann N，Noble S D. The clustering coefficient of a scale-free random graph[J]. Discrete Applied Mathematics，2011，159（10）：953-965.
[49] Barrat A，Barthélemy M，Vespignani A. Weighted evolving networks：coupling topology and weight dynamics[J]. Physical Review Letters，2004，92（22）：228701（1-4）.
[50] 罗筱如. 基于复杂网络理论的电力网络鲁棒性及脆弱性分析[D]. 成都：西南交通大学，2012.
[51] 郭迟. 基于复杂网络的 Internet 脆弱性研究[D]. 武汉：武汉大学，2010.
[52] Newman M E J. The structure and function of complex networks[J]. SIAM Review，2003，45（2）：167-256.
[53] Erdös P；Rényi A. On the evolution of random graphs[J]. Magyar Tud. Akad. Mat. Kutató Int. Közl.，1960，5：17-61.
[54] Watts D J，Strogatz S H. Collective dynamics of ‘small-world’ networks[J]. Nature，1998，393（6684）：440-442.
[55] Barabási A L，Albert R. Emergence of scaling in random networks[J]. Science，1999，286（5439）：509-512.
[56] Newman M E J，Watts D J. Renormalization group analysis of the small-world network model[J]. Physics Letters A，1999，263（4-6）：341-346.
[57] Dorogovtsev S N，Mendes J F F，Samukhin A N. Structure of growing networks with preferential linking[J]. Physical Review Letters，2000，85（21）：4633-4636.
[58] Bianconi G，Barabási A L. Bose-Einstein condensation in complex networks[J]. Physical Review Letters，2001，86（24）：5632-5635.
[59] Li X，Jin Y Y，Chen G. Complexity and synchronization of the world trade web[J]. Physica A：

Statistical Mechanics and its Applications，2003，328（1-2）：287-296.
[60] Li X, Chen G. A local-world evolving network model[J]. Physica A：Statistical Mechanics and its Applications，2003，328（1-2）：274-286.
[61] Barrat A，Barthélemy M，Vespignani A. Dynamical Processes on Complex Networks[M]. Cambridge：Cambridge University Press，2008：50-76.
[62] 张延禄，杨乃定，刘效广. 企业技术创新系统的自组织演化机制研究[J]. 科学学与科学技术管理，2013，34（6）：58-65.
[63] 赵红梅，王宏起. 社会网络视角下 R&D 联盟网络效应形成机理研究[J]. 科学学与科学技术管理，2010，31（8）：22-27.
[64] Hanaki N，Nakajima R，Ogura Y. The dynamics of R&D network in the IT industry[J]. Research Policy，2010，39（3）：386-399.
[65] Broekel T，Hartog M. Determinants of cross-regional R&D collaboration networks：an application of exponential random graph models[R]. Scherngell T. The Geography of Networks and R&D Collaborations. Berlin：Springer International Publishing，2013：49-70.
[66] Cassiman B，Veugelers R. R&D cooperation and spillovers：some empirical evidence from Belgium[J]. The American Economic Review，2002，92（4）：1169-1184.
[67] Albert R，Barabási A L. Statistical mechanics of complex networks[J]. Reviews of Modern Physics，2001，74（1）：47-97.
[68] Roediger S T，Barber M J. R&D collaboration networks in the European framework programmes：data processing，network construction and selected results[J]. International Journal of Foresight and Innovation Policy，2008，4（3-4）：321-347.
[69] Protogerou A, Caloghirou Y, Siokas E. The nature of EU-funded R&D collaboration networks in the area of information society technologies[R]. DIME Conference on Distributed Networks and the Knowledge-based Economy，Juan Les Pins，France，2007.
[70] Cloodt M, Hagedoorn J, Roijakkers N. Inter-firm R&D networks in the global software industry：an overview of major trends and patterns[J]. Business History，2010，52（1）：120-149.
[71] Barber M J，Paier M，Scherngell T. Analyzing and modeling European R&D collaborations：challenges and opportunities from a large social network[C]//Dehmer M，Emmert-Streib F. Analysis of Complex Networks：from Biology to Linguistics. Weinheim：Wiley-Blackwell，2009：401-423.
[72] Timmerman P. Vulnerability resilience and collapse of society：a review of models and possible climatic applications[J]. Environmental Monograph，1981（1）：1-42.
[73] Autant-Bernard C，Mairesse J，Massard N. Spatial knowledge diffusion through collaborative networks [J]. Papers in Regional Science，2007，86（3）：341-350.
[74] Scherngell T，Barber M J. Spatial interaction modelling of cross-region R&D collaborations：empirical evidence from the 5th EU framework programme[J]. Papers in Regional Science，2009，88（3）：531-546.
[75] Jackson M O，Watts A. The evolution of social and economic networks [J]. Journal of Economic Theory，2002，106（2）：265-295.
[76] Johnson C，Gilles R P. Spatial social networks[J]. Review of Economic Design，2000，5（3）：273-299.
[77] 谭劲松，何铮. 集群自组织的复杂网络仿真研究[J]. 管理科学学报，2009，12（4）：1-14.

[78] Hagedoorn J. Inter-firm R&D partnerships：an overview of major trends and patterns since 1960[J]. Research Policy，2002，31（4）：477-492.
[79] 任声策，宣国良. 专利联盟中的组织学习与技术能力提升——以 NOKIA 为例[J]. 科学学与科学技术管理，2006，27（9）：96-102.
[80] 华金秋，华金科. 研发联盟风险及其防范[J]. 科技管理研究，2006，26（5）：85-86，96.
[81] 索玮岚，樊治平，冯博. 一种合作研发风险因素识别方法[J]. 运筹与管理，2008，17（2）：62-67.
[82] Bernstein J I，Nadiri M I. Interindustry R&D spillovers，rates of return，and production in high-tech industries[J]. The American Economic Review，1988，78（2）：429-434.
[83] 王怡. 高新技术企业合作创新网络的风险管理机制研究[D]. 青岛：中国海洋大学，2008.
[84] 马庆江. 集群式供应链风险管理与控制研究[D]. 兰州：兰州大学，2009.
[85] Mayer R C，Davis J H，Schoorman F D. An integrative model of organizational trust[J]. Academy of Management Review，1995，20（3）：709-734.
[86] 赵道致，王元明. 基于 PERT 的项目工期风险传递机制[J]. 工业工程，2008，11（4）：14-18.
[87] 张延禄，杨乃定. 项目复杂性内涵、特征、类型及测度方法的研究综述[J]. 管理评论，2013，25（9）：131-139.
[88] Ni H，Chen A，Chen N S. Some extensions on risk matrix approach[J]. Safety Science，2010，48（10）：1269-1278.
[89] Komatsu T，Namatame A. Distributed consensus and mitigating risk propagation in evolutionary optimized networks[C]//Kim J H，Lee K，Tanaka S，et al. Advanced Methods，Techniques，and Applications in Modeling and Simulation. Tokyo：Springer，2012，4：200-209.
[90] Garas A，Argyrakis P，Rozenblat C，et al. Worldwide spreading of economic crisis[J]. New Journal of Physics，2010，12：113043（1-13）.
[91] Markose S，Giansante S，Shaghaghi A R. 'Too interconnected to fail' financial network of US CDS market：topological fragility and systemic risk[J]. Journal of Economic Behavior & Organization，2012，83（3）：627-646.
[92] 马源源，庄新田，李凌轩. 股市中危机传播的 SIR 模型及其仿真[J]. 管理科学学报，2013，16（7）：80-94.
[93] 熊金石，李建华，沈迪，等. 节点崩溃条件下信息系统安全风险传播[J]. 电光与控制，2014，21（1）：28-32.
[94] 马丽，张光明，李平. 供应链风险的传递机制与传递路径研究[J]. 科技情报开发与经济，2007，17（31）：96-98.
[95] 周南洋. 供应链的风险识别、评估研究[D]. 长沙：中南大学，2008.
[96] 杨康，张仲义. 供应链网络风险传播 SIS-RP 模型及仿真[J]. 北京交通大学学报，2013，37（3）：122-126.
[97] 杨康，张仲义. 基于复杂网络理论的供应链网络风险传播机理研究[J]. 系统科学与数学，2013，33（10）：1224-1232.
[98] 郭明芳. 供应链环境下企业风险传播仿真研究[D]. 保定：华北电力大学，2014.
[99] 易慧妮. 汽车供应链风险传播及控制研究[D]. 成都：西南交通大学，2015.
[100] 张永铮，方滨兴，迟悦，等. 用于评估网络信息系统的风险传播模型 [J]. 软件学报，2007，18（1）：137-145.
[101] 张永铮，田志宏，方滨兴，等. 求解网络风险传播问题的近似算法及其性能分析[J]. 中国

科学（E辑），2008，38（8）：1157-1168.

[102] 李钊，徐国爱，班晓芳，等. 基于元胞自动机的复杂信息系统安全风险传播研究[J]. 物理学报，2013，62（20）：200203（1-10）.

[103] 戴眉眉. 产业链复杂网络演化模型及风险传播模型研究[D]. 南京：南京航空航天大学，2012.

[104] 王娇俐，王文平，沈秋英. 基于风险传播机制的集群抗风险能力研究[J]. 大连理工大学学报（社会科学版），2012，33（1）：60-64.

[105] 孙国强，邱玉霞，李俊梅. 网络组织风险传导的动态演化路径研究[J]. 中国管理科学，2015，23（2）：170-176.

[106] 任南，韩冰洁，马梦园. 基于工作包排序的项目风险传播控制[J]. 系统工程，2015，33（12）：146-152.

[107] 姚洪兴，孔垂青，周凤燕，等. 基于复杂网络的企业间风险传播模型[J]. 统计与决策，2015，（15）：185-188.

[108] 刘筱驹，王越. 系统集成项目的工期风险传递算法及评价控制[J]. 运筹与管理，2004，13（1）：38-43.

[109] 何鹏，谭章禄. 项目群中风险传播理论研究[J]. 煤炭经济研究，2006，（5）：44-46.

[110] 夏喆. 协同视角下企业风险传导的演化进程分析[J]. 武汉理工大学学报，2010，32（24）：153-157.

[111] 夏喆. 企业风险传导的机理与评价研究[D]. 武汉：武汉理工大学，2007.

[112] 夏喆，邓明然. 企业风险传导过程中的规律研究[J]. 当代经济管理，2006，28（5）：32-34.

[113] 陈志. 企业风险传导过程的数理分析[J]. 理论月刊，2010，（7）：159-162.

[114] Callaway D S, Newman M E J, Strogatz S H, et al. Network robustness and fragility: percolation on random graphs[J]. Physical Review Letters，2000，85（25）：5468-5471.

[115] Cohen R, Erez K, Ben-Avraham D, et al. Breakdown of the Internet under intentional attack[J]. Physical Review Letters，2001，86（16）：3682-3685.

[116] Cohen R，Erez K，Ben-Avraham D，et al. Resilience of the Internet to random breakdowns[J]. Physical Review Letters，2000，85（21）：4626-4628.

[117] Solé R V, Rosas-Casals M, Corominas-Murtra B, et al. Robustness of the European power grids under intentional attack[J]. Physical Review E，2008，77（2）：026102（1-7）.

[118] Rosas-Casals M，Valverde S，Solé R V. Topological vulnerability of the European power grid under errors and attacks[J]. International Journal of Bifurcation and Chaos，2007，17（7）：2465-2475.

[119] 肖盛，张建华. 基于小世界拓扑模型的电网脆弱性评估[J]. 电网技术，2010，34（8）：64-68.

[120] Valente A X C N, Sarkar A, Stone H A. Two-peak and three-peak optimal complex networks[J]. Physical Review Letters，2004，92（11）：118702（1-4）.

[121] Motter A E，Lai Y-C. Cascade-based attacks on complex networks[J]. Physical Review E，2002，66（6）：065102（1-4）.

[122] Zhao L，Park K，Lai Y-C，et al. Tolerance of scale-free networks against attack-induced cascades[J]. Physical Review E，2005，72（2）：025104（1-4）.

[123] Wu Z-X，Peng G，Wang W-X，et al. Cascading failure spreading on weighted heterogeneous networks[J]. Journal of Statistical Mechanics: Theory and Experiment，2008，（5）：05013（1-14）.

[124] Wang W-X，Chen G R. Universal robustness characteristic of weighted networks against

cascading failure[J]. Physical Review E，2008，77（2）：026101（1-5）.
[125] Crucitti P，Latora V，Marchiori M. Model for cascading failures in complex networks[J]. Physical Review E，2004，69（4）：045104（1-4）.
[126] Holme P，Kim B J. Vertex overload breakdown in evolving networks[J]. Physical Review E，2002，65（6）：066109（1-8）.
[127] 王建伟，荣莉莉. 基于负荷局域择优重新分配原则的复杂网络上的相继故障[J]. 物理学报，2009，58（6）：3714-3721.
[128] 王建伟，荣莉莉，王铎. 基于节点局域特征的复杂网络上相继故障模型[J]. 管理科学学报，2010，13（8）：42-50.
[129] Moreno Y，Gómez J B，Pacheco A F. Instability of scale-free networks under node-breaking avalanches[J]. Europhysics Letters，2002，58（4）：630-636.
[130] Moreno Y，Pastor-Satorras R，Vázquez A，et al. Critical load and congestion instabilities in scale-free networks[J]. Europhysics Letters，2003，62（2）：292-298.
[131] 王建伟，荣莉莉. 超负荷边带有崩溃概率的相继故障模型上袭击策略研究[J]. 中国管理科学，2009，17（6）：147-156.
[132] 王建伟，荣莉莉. 面向相继故障的复杂网络上边袭击策略研究[J]. 系统工程学报，2011，26（1）：1-8.
[133] Bak P，Tang C，Wiesenfeld K. Self-organized criticality：an explanation of the 1/f noise[J]. Physical Review Letters，1987，59（4）：381-384.
[134] Lee D S，Goh K I，Kahng B，et al. Sandpile avalanche dynamics on scale-free networks[J]. Physica A：Statistical Mechanics & Its Applications，2004，338（1-2）：84-91.
[135] Watts D J. A simple model of global cascades on random networks[J]. Proceedings of the National Academy of Sciences，2002，99（9）：5766-5771.
[136] Lubos B，Karsten P，Hendrik A，et al. Efficient response to cascading disaster spreading[J]. Physical Review E-Statistical，Nonlinear，and Soft Matter Physics，2007，75（5）：056107.
[137] Dobson I，Chen J，Thorp J S，et al. Examining criticality of blackouts in power system models with cascading events[R]. 35th Annual Hawaii International Conference on System Sciences，Hawaii，2002.
[138] Dobson I，Carreras B A，Newman D E. A probabilistic loading-dependent model of cascading failure and possible implications for blackouts[R]. 35th Annual Hawaii International Conference on System Sciences，Hawaii，2002.
[139] Wu J J，Gao Z Y，Sun H J. Cascade and breakdown in scale-free networks with community structure[J]. Physical Review E，2006，74（6）：066111（1-5）.
[140] Xia Y X，Fan J，Hill D. Cascading failure in Watts-Strogatz small-world networks[J]. Physica A：Statistical Mechanics and Its Applications，2010，389（6）：1281-1285.
[141] Wu J，Deng H Z，Tan Y J，et al. Vulnerability of complex networks under intentional attack with incomplete information[J]. Journal of Physics A：Mathematical and General，2007，40（11）：2665-2671.
[142] Wu J，Tan Y-J，Deng H-Z，et al. A robustness model of complex networks with tunable attack information parameter[J]. Chinese Physics Letters，2007，24（7）：2138-2141.
[143] Gallos L K，Argyrakis P，Bunde A，et al. Tolerance of scale-free networks：from friendly to intentional attack strategies[J]. Physica A：Statistical Mechanics and Its Applications，2004，

344（3-4）：504-509.

[144] Gallos L K，Cohen R，Argyrakis P，et al. Stability and topology of scale-free networks under attack and defense strategies[J]. Physical Review Letters，2005，94（18）：188701（1-5）.

[145] Li J，Wu J，Li Y，et al. Attack robustness of scale-free networks based on grey information[J]. Chinese Physics Letters，2011，28（5）：058904.

[146] 丁琳，张嗣瀛. 灰色信息下复杂负载网络的鲁棒性研究[J]. 计算机工程与应用，2012，48（13）：5-10.

[147] 李占强，李广. 开放式 R&D、R&D 网络与 R&D 能力的互动演进——跨案例的纵向比较研究[J]. 科学学与科学技术管理，2013，34（6）：31-43.

[148] 高峰. 基于过程集成的研发项目进度风险分析方法与应用[D]. 长沙：国防科学技术大学，2005.

[149] 李建平，王书平，宋娟. 现代项目进度管理[M]. 北京：机械工业出版社，2008：1-10.

[150] Liu Y，Wang Z-F. Analysis of project schedule risk indexes in PERT network using Monte Carlo simulation[J]. Advanced Materials Research，2013，760：2205-2211.

[151] Zhang A L，Geng T T. Study on the schedule management methods of projects based on critical chain technology[J]. Applied Mechanics and Materials，2014，488：1454-1457.

[152] Wang J. A fuzzy project scheduling approach to minimize schedule risk for product development[J]. Fuzzy Sets and Systems，2002，127（2）：99-116.

[153] 朱宗乾，师红昆，张永辉. 基于影响图理论的 ERP 项目实施风险评价模型研究[J]. 管理评论，2010，22（12）：45-52.

[154] Luu V T，Kim S Y，van Tuan N，et al. Quantifying schedule risk in construction projects using Bayesian belief networks[J]. International Journal of Project Management，2009，27（1）：39-50.

[155] Yang Q，Zhang X F，Yao T. An overlapping-based process model for managing schedule and cost risk in product development[J]. Concurrent Engineering，2012，20（1）：3-17.

[156] Sambasivan M，Soon Y W. Causes and effects of delays in Malaysian construction industry[J]. International Journal of Project Management，2007，25（5）：517-526.

[157] Albert R，Jeong H，Barabási A L. Internet：diameter of the world-wide web[J]. Nature，1999，401：130-131.

[158] Barber M J，Krueger A，Krueger T，et al. Network of European Union-funded collaborative research and development projects[J]. Physical Review E，2006，73（3）：036132（1-13）.

[159] Smith R P，Eppinger S D. Identifying controlling features of engineering design iteration[J]. Management Science，1997，43（3）：276-293.

[160] Smith R P，Eppinger S D. A predictive model of sequential iteration in engineering design[J]. Management Science，1997，43（8）：1104-1120.

[161] Smith R P，Eppinger S D. Deciding between sequential and concurrent tasks in engineering design[J]. Concurrent Engineering，1998，6（1）：15-25.

[162] Lindner M，Maroschek M，Netherer S，et al. Climate change impacts，adaptive capacity，and vulnerability of European forest ecosystems[J]. Forest Ecology and Management，2010，259（4）：698-709.

[163] 孟俊仙，周淑秋，饶敏. 基于元胞自动机的人员疏散仿真研究[J]. 计算机工程与设计，2009，30（1）：241-243，246.

[164] 陈昕，宋玉蓉，蒋国平. 二维异步元胞自动机计算机病毒传播[J]. 北京邮电大学学报，2011，

34（S1）：90-94.
[165] 李维乾，解建仓，李建勋，等. 基于元胞自动机与智能体的水污染可视化模拟仿真[J]. 西北农林科技大学学报（自然科学版），2013，41（3）：213-220，227.
[166] 钱勇生，曾俊伟，杜加伟，等. 考虑意外事件对交通流影响的元胞自动机交通流模型[J]. 物理学报，2011，60（6）：103-112.
[167] Xu X J，Chen G R. The SIS model with time delay on complex networks[J]. International Journal of Bifurcation and Chaos，2009，19（2）：623-628.
[168] 李永奎，周宗放. 基于无标度网络的关联信用风险传染延迟效应[J]. 系统工程学报，2015，30（5）：575-583.
[169] Xu X-J，Peng H-O，Wang X-M，et al. Epidemic spreading with time delay in complex networks[J]. Physica A：Statistical Mechanics and Its Applications，2006，367：525-530.
[170] Kitsak M，Gallos L K，Havlin S，et al. Identification of influential spreaders in complex networks[J]. Nature Physics，2010，6（11）：888-893.
[171] 杨婧，陈英武，沈永平. 基于相互作用网络的大型工程项目组织结构风险分析[J]. 系统工程理论与实践，2011，31（10）：1966-1973.
[172] Rinaldi S M，Peerenboom J P，Kelly T K. Identifying，understanding，and analyzing critical infrastructure interdependencies[J]. IEEE Control Systems Magazine，2001，21（6）：11-25.
[173] Buldyrev S V，Parshani R，Paul G，et al. Catastrophic cascade of failures in interdependent networks[J]. Nature，2010，464（7291）：1025-1028.
[174] Huang X，Gao J，Buldyrev S V，et al. Robustness of interdependent networks under targeted attack[J]. Physical Review E，2011，83（6）：065101（1-4）.
[175] Parshani R，Buldyrev S V，Havlin S. Interdependent networks：reducing the coupling strength leads to a change from a first to second order percolation transition[J]. Physical Review Letters，2010，105（4）：048701（1-4）.
[176] Wang J W，Wu Y D，Li Y. Attack robustness of cascading load model in interdependent networks[J]. International Journal of Modern Physics C，2015，26（3）：1550030（1-14）.
[177] Zhang P，Cheng B，Zhao Z，et al. The robustness of interdependent transportation networks under targeted attack[J]. Europhysics Letters，2013，103（6）：68005（1-5）.
[178] Dueñas-Osorio L，Craig J I，Goodno B J. Seismic response of critical interdependent networks[J]. Earthquake Engineering & Structural Dynamics，2007，36（2）：285-306.
[179] Wang S L，Liu H，Min O，et al. Vulnerability analysis of interdependent infrastructure systems under edge attack strategies[J]. Safety Science，2013，51（1）：328-337.
[180] 张超，韩传峰，孟令鹏，等. 供电和供水系统关联失效动力学模型及修复策略[J]. 系统管理学报，2012，21（4）：564-570.
[181] 王淑良，陈学广. 关联基础设施网络在级联故障下的脆弱性研究[J]. 计算机仿真，2014，31（8）：310-316.
[182] Gao J，Buldyrev S V，Stanley H E，et al. Networks formed from interdependent networks[J]. Nature Physics，2012，8（1）：40-48.
[183] Lee E E，Mitchell J E，Wallace W A. Restoration of services in interdependent infrastructure systems：a network flows approach[J]. IEEE Transactions on Systems，Man and Cybernetics Part C（Applications and Reviews），2007，37（6）：1303-1317.
[184] 胡欣悦，孙飞，汤勇力. 跨国企业国际化合作网络结构演化——以华为为例[J]. 技术经济，

2016,(7):1-5,26.

[185] Li Y F, Sansavini G, Zio E. Non-dominated sorting binary differential evolution for the multi-objective optimization of cascading failures protection in complex networks[J]. Reliability Engineering & System Safety, 2013, 111: 195-205.

[186] Dai Y, Poh K L. Solving the network interdiction problem with genetic algorithms[C]. In: Proceedings of the Fourth Asia-Pacific Conference on Industrial Engineering and Management System, Taipei, 2002: 1-4.

[187] Arroyo J M, Fernández F J. A genetic algorithm approach for the analysis of electric grid interdiction with line switching[C]. In: Proceedings of the 15th International Conference on Intelligent System Applications to Power Systems, Curitiba, 2009: 1-6.

[188] Bier V M, Gratz E R, Haphuriwat N J, et al. Methodology for identifying near-optimal interdiction strategies for a power transmission system[J]. Reliability Engineering & System Safety, 2007, 92(9): 1155-1161.

[189] Salmeron J, Wood K, Baldick R. Analysis of electric grid security under terrorist threat[J]. IEEE Transactions on Power Systems, 2004, 19(2): 905-912.

[190] Rocco S C M, Ramirez-Marquez J E. Deterministic network interdiction optimization via an evolutionary approach[J]. Reliability Engineering & System Safety, 2009, 94(2): 568-576.

[191] Shao W, Vittal V. Corrective switching algorithm for relieving overloads and voltage violations[J]. IEEE Transactions on Power Systems, 2005, 20(4): 1877-1885.

[192] Granelli G P, Montagna M, Zanellini F, et al. Optimal network reconfiguration for congestion management by deterministic and genetic algorithms[J]. Electric Power Systems Research, 2006, 76(6): 549-556.

[193] Zio E, Golea L R, Sansavini G. Optimizing protections against cascades in network systems: a modified binary differential evolution algorithm[J]. Reliability Engineering & System Safety, 2012, 103: 72-83.

[194] Motter A E. Cascade control and defense in complex networks[J]. Physical Review Letters, 2004, 93(9): 098701(1-4).

[195] Eusgeld I, Kröger W, Sansavini G, et al. The role of network theory and object-oriented modeling within a framework for the vulnerability analysis of critical infrastructures[J]. Reliability Engineering & System Safety, 2009, 94(5): 954-963.

[196] Liu C R, Li D Q, Fu B W, et al. Modeling of self-healing against cascading overload failures in complex networks[J]. Europhysics Letters, 2014, 107(6): 68003(1-5).

[197] Yi C Q, Bao Y Y, Jiang J C, et al. Mitigation strategy against cascading failures on social networks[J]. China Communications, 2014, 11(8): 37-46.

[198] Yang R, Wang W X, Lai Y C, et al. Optimal weighting scheme for suppressing cascades and traffic congestion in complex networks[J]. Physical Review E, 2009, 79(2): 026112(1-6).

[199] Wang J W. Robustness of complex networks with the local protection strategy against cascading failures[J]. Safety Science, 2013, 53: 219-225.

[200] Wang J W. Mitigation strategies on scale-free networks against cascading failures[J]. Physica A: Statistical Mechanics and Its Application, 2013, 392(9): 2257-2264.

[201] Wang J W, Jiang C, Qian J F. Robustness of Internet under targeted attack: a cascading failure perspective[J]. Journal of Network and Computer Applications, 2014, 40(7): 97-104.

[202] 王建伟. 网络上的相继故障模型研究[D]. 大连：大连理工大学，2010.
[203] Scala A, Zlatić V, Caldarelli G, et al. Mitigating cascades in sandpile models: an immunization strategy for systemic risk? [J]. The European Physical Journal Special Topics, 2016, 225(10): 2017-2023.
[204] Cohen R, Havlin S, Ben-avraham D. Efficient immunization strategies for computer networks and populations[J]. Physical Review Letters, 2002, 91 (24): 247901 (1-4).
[205] Pastor-satorras R, Vespignani A. Immunization of complex networks[J]. Physical Review E, 2002, 65 (3): 036104 (1-8).
[206] Shao J, Buldyrev S V, Havlin S, et al. Cascade of failures in coupled network systems with multiple support-dependence relations[J]. Physical Review E, 2011, 83 (3): 1127-1134.
[207] 王建伟，蔡琳，蒋晨. 考虑边权重和耦合强度的相互依赖网络级联故障模型研究[J]. 管理工程学报，2018，32（4）：149-157.
[208] 韩海艳，杨任农，王哲. 保护策略下双层耦合网络风险传播模型研究[J]. 系统工程与电子技术，2017，39（6）：1298-1303.
[209] 魏龙，党兴华. 基于组织-惯例的相依技术创新网络级联失效模型研究[J]. 管理评论，2017，29（11）：74-88.